레지오 에밀리아 교육에서의 프로젝트 이야기

홍순옥·임영심·김창숙 지음

창지사

국립중앙도서관 출판시도서목록(CIP)

레지오 에밀리아 교육에서의 프로젝트 이야기 / 지은이:
홍순옥, 임영심, 김창숙. -- 서울 : 창지사, 2013

p. ; cm

ISBN 978-89-426-0732-7 93370 : ₩16000

유아 교육[幼兒敎育]

375.1-KDC5
372.21-DDC21 CIP2013017326

머리말

유아를 교육하면 할수록 어려움과 두려움을 느낍니다. 교육에 대한 연구를 한다고 해도 유아의 속성과 발달에 대한 모든 것들을 파악하기 어렵기 때문입니다. 그만큼 인간은 대단히 개인적이며 독특하고 다양하다고 할 수 있겠지요.

그러므로 유아를 어떻게 교육하는 것이 가장 바람직한 방법인지 한마디로 이야기할 수는 없습니다. 왜냐하면 100명의 유아들을 교육하는 방법은 100가지가 될 수 있기 때문입니다. 특히 유아교육기관에서는 개별 유아를 위한 교육이 힘들 뿐 아니라 개별 유아를 정확하게 파악하기도 어렵습니다. 그래서 학교에서는 대부분 집단으로 교육하며, 집단 교육을 통해 유아들은 학교 교육이 자신의 발달에 적합하면 받아들이고 아니면 받아들이지 못하고 그대로 넘어가거나 낙오되기도 합니다.

유아교육학자나 유아교육기관에서는 어떻게 하면 다수의 유아들을 효율적으로 교육시킬 수 있는지 연구해 오고 있습니다. 어떤 교육은 대집단으로, 어떤 교육은 소집단으로, 어떤 교육은 개별적으로 진행하는 것이 효과가 있다는 연구 결과를 밝히기도 합니다. 또한, 유아교육은 통합적으로 이루어지는 것이 효율적이므로 한 주제 안에 인지, 언어, 사회, 정서, 신체 발달의 요소를 다 포함해 교수하는 것이 좋다든지, 아니면 특별한 교과는 전문가가 교수하는 것이 좋다는 이론을 내놓기도 합니다. 각 유아교육기관에서는 이론에 따라 혹은 경험에 비추어 적절한 교수 방법을 선택하여 교육하고 있다고 생각됩니다.

그중에서도 개별 유아에게 더 많은 교육적 효과를 줄 수 있는 교수 방법을 생각하면서 학교를 운영하는 프로그램 중의 하나가 레지오 에밀리아 교육입니다. 레지오 에밀리아 학교에서는 유아에게 가장 효율적인 교육은 '소수 집단을 대상으로 유아들이 흥미를 가진 주제로 프로젝트를 진행하는 것' 이라는 신념을 갖고 있습니다. 프로젝트를 통해 유아와 교사, 유아와 유아는 심도 있는 상호작용을 통한 협상, 논의, 토론, 논쟁, 표상활동을 진행합니다. 레지오 에밀리아 학교의 교사들은 그 과정을 통해 유아가 스스로 지성과 인격을 갖추게 된다고 믿고 있습니다. 프로젝트는 유아의 상상력, 창의력, 호기심, 예술성 등을 자극하여 유아들이 가진 무한한 잠재력을 키워 주는 역할을 한다고 생각합니다. 프로젝트를 통해 개별 유아는 성장하고 발달하며 미래의 훌륭한 시민이 될 준비를 하는 것입니다.

레지오 에밀리아 학교의 교사는 유아를 위해 연구하고, 프로젝트 진행을 돕고, 매체를 제공하고, 프로젝트 과정을 기록하고, 부모를 교육하며, 협력하고, 지역사회와 연계를 돕고 있습니다. 이러한 일들은 곧 유아를 교육하기 위한 방법이며 가장 많은 유아들을 최적의 교육 효과에 참여시키기 위한 전략인 것입니다. 우리나라에서도 이미 약 15년 전부터 레지오 교육에 영감을 받은 유아교육기관들이 이를 적용하고 있습니다. 레지오 교육을 한국 상황에 적용하는 것이 매우 어렵고 힘든 상황이기는 하나 유아를 위한 바람직한 교육이기에 어려운 환경에서도 실천하기 위해 애쓰고 있습니다.

본서에서는 레지오 에밀리아 교육에 영감을 받아 이를 적용하고 있는 연세유치원(원장: 이정덕)의 '미래 프로젝트', 그림유치원(원장: 김창숙)의 '사진 프로젝트', 예랑유치원(원장: 이영숙)의 '텐트 프로젝트', 에덴유치원(원장: 윤향실)의 '배려 프로젝트'를 소개하고자 합니다. 위 유치원의 원장과 교사들은 저자들과 함께 각 유치원에서 진행하고 있는 하나 혹은 두 개의 프로젝트 진행 상황을 발표하고, 이에 대한 의견을 교환하며 서로에게 피드백을 받는 모임을 정기적으로 해 오고 있습니다. 본서의 저자들은 이 모임에 동참하면서 프로젝트의 진행을 관찰하고 조력하는 역할을 하였습니다. 1년여간의 모임 결과, 구성원들은 모임을 통해 유아들의 발달과 이에 적합한 교사의 협력이 낳는 예기치 않은 열매들, 유아들의 창의력, 상상력, 능력 등에 대해 다시 감동하였습니다. 특히 프로젝트를 진행한 교사들은 연구자가 지녀야 할 긍지를 크게 느끼게 되었다고 말하였습니다.

저자들은 네 유치원에서 진행된 프로젝트를 유아교육과정, 프로젝트, 발현적 교육과정, 환경, 기록, 교사 등의 주요 이론과 함께 정리하여 선을 보이게 됨을 무한히 기쁘게 생각합니다. 특히 저서의 문서작성 작업, 편집 및 교정을 기꺼이 맡아서 수고해 준 윤향실 원장님께 감사의 마음을 전합니다. 또한, 출판을 기꺼이 맡아 주신 창지사와 본 연구 모임에 재정적인 도움과 격려를 아끼지 않은 열린 유아교육학회에도 감사의 뜻을 표합니다.

저자 일동

차례

제10장 세상을 아름답게 만들어 주는 '배려' 프로젝트 • 183

제11장 우리들의 시간상자 '카메라' 프로젝트 • 217

제12장 우리들의 공간 '텐트' 프로젝트 • 229

Part 1 이론적 배경

제1장 최근 세계 유아교육의 통찰과 한국 유아교육의 입장

1. 국가수준 유치원 교육과정

우리나라 유치원과 어린이집은 국가수준 교육과정을 근간으로 단위기관 수준의 교육과정을 구성하고 운영해야 한다. 그동안 유아교육과 보육 분야는 지속적으로 통합에 대한 열망을 갖고 있었고, 2012년부터 교육과정의 통합이 이루어지는 쾌거를 이루었다. 교육과학기술부와 보건복지부의 공동 주관으로 고시된 「누리과정」은 현재 유치원과 어린이집을 다니는 만 3세~만 5세 유아들에게 적용·운영 중에 있고, 누리과정 교사용 지침서에서는 놀이중심 원리, 생활중심 원리, 통합의 원리, 활동 간 균형의 원리, 개별화의 원리, 흥미·몰입중심 원리, 상호작용의 원리를 교수 학습의 원리로 제시하고 있다(교육과학기술부·보건복지부, 2012).

영유아 교사는 유아교육과정 구성과 운영을 위해 일반적으로 무엇을 가르칠 것인지, 어떻게 가르칠 것인지, 왜 가르쳐야 하는지 등의 고민을 시작으로 교육목표, 교육내용, 교육방법, 교육평가에 관한 일련의 교육계획안을 구성해야 한다는 사실을 잘 알고 있다. 「유치원교육과정해설 I: 총론」(교육과학기술부, 2008)에서는 우리나라 교육과정의 성격을 국가에서 일방적으로 만들어서 '주어지는 교육과정'이 아니라 교육을 직접 실천하는, 각 유치원에서 다양하게 편성·운영하는 '만들어 가는 교육과정'이라고 하였으나, 누리과정에서는 이와 같은 성격의 규정을 표명하지 않고 있지만 그간 시행해 온 교육과정 재구성 과정은 크게 달라진 것 같지 않다.

그동안 유치원은 국가수준의 교육과정을 지역 차원에서 재구성한 내용을 다시 단위유치원 차원에서 재구성하는 것을 지향해 왔다. 대부분 영유아 교사들은 국가수준의 교육과정 해설서와 지도서를 근간으로 영유아 교육·보육기관이 처해 있는 지역사회, 영유아 보육기관, 학급 영유아들의 특성을 고려하여 교육과정을 재구성해야 한다. 교사는 연간계획안·월간계획안·주간계획안·일일계획안을 기본적으로 계획하며, 주제 선정과 주제 선정 이유를 인식해야 하고, 주제에 적합한 단위활동을 매일의 일과 속으로 시간대별로, 흥미영역별로, 통합적으로 계획하여 유아들의 전인발달에 도움을 주려고 노력한다. 일일계획안 속에 녹아들어가야 할 단위활동을 계획할 때는 실외·실내놀이의 조화, 대집단·소집단 활동의 조화, 정적·동적활동의 조화와 균형을 이룰 수 있도록 최선을 다한다. 모든 활동은 계획-전개-평가-차기 계획안에의 반영 등의 순환의 과정을 지속적으로 검토하면서 교육계획안을 수립하고 전개하고 평가해야 한다. 어느 정도 현장 경력이 있는 교사들은 이 정도의 교육과정 운영 방법에 대해서는 지도서와 해설서를 펼치지 않고서도 익숙해져 있고 문서로 교육과정을 수립하는 일도 능숙하게 잘 해낸다. 그러나 경력이 쌓여도 지속적으로 교사를 괴롭히는 일은 교육과정의 전개 과정에서 만나는 현실적 문제와 갈등이 자주 발생한다는 데 있다.

2012년부터 적용하고 있는 「5세 누리과정 교사용 지침서」(교육과학기술부·보건복지부, 2012)에서 제시하고 있는 '5세 누리과정 운영평가' 중 "둘째, 유아의 발달수준, 흥미, 요구에 적합한 경험 및 학습을 촉진할 수 있는 교수 학습 방법이 계획되고 통합적으로 운영되는지를 평가한다."라는 내용이 있다. 이 역시 교사가 아동중심 교육 원리에 입각하여 교수 행위를 하고 있는지 평가하겠다는 의미로 해석된다. 영유아들의 흥미는 어떤 대상에 대한 즉흥적이고 단순한 호기심에서 활동의 탐구과정에서 발생하는 지적 호기심의 지속성, 즉 몰입의 정도에 따라 다양하게 나타난다. 영유아들의 다양한 흥미는 실제 수업 상황에서도 발생하지만, 그렇지 않은 경우도 많기 때문에 이를 평가하는 일이란 쉽지 않아 보인다.

OECD가 권고하고 있는 중요한 교수 학습 원리는 아동의 자연스러운 학습전략에 대한 존중을 포함한 아동의 관점에 초점을 맞추는 것이고, 이탈리아의 레지오 에밀리아는 영유아를 지도하고 돌보는 주된 방법으로 경청하기와 프로젝트 작업, 기록화 활용하기에 초점을 맞추고 있다. 그뿐만 아니라 벨기에 교육과정의 평가 초점은 영유아들의 행복감과 안녕감이고, 이를 평가하기 위해 영유아들이 얼마나 자신의 활동에 '몰입' 하는지에 초점을 맞춘다. 이들의 원리는 모두 영유아에게 관점을 맞추고 그들의 흥미와 권리에 기반을 두고 있다. 영유아 시기에 교사, 부모, 성인들이 필요한 이유는 바로 영유아들이 그 시기에 마땅히 누려야 할 권리를 확보해 주기 위함이다. 교사의 전문성은 바로 이러한 돌봄과 가르침의 윤리의 가치를 건전하게 인식할 때 보장받을 수 있을 것이다.

영유아 교사로서 진정한 전문성의 발달을 소망하는 교사들은 이러한 가치 지향적, 교육학적 원리와 이론을 어떻게 실현해 나갈 것인가에 관한 현실적 과제에 지속해서 의문을 제기하게 된다. 앞서 언급한 가치 지향적 원리를 추구하는 교육 선진국들의 교육과정 원리의 핵심에는 Dewey의 '아동중심 교육 원리' 와 '구성주의 교육 원리' 가 있다. 우리 역시 이러한 원리가 유아교육과정의 구성과 운영의 근간이 돼야 한다는 것을 너무나 잘 알고 있다. 그러나 실제 적용 과정에서 영유아 교사들은 하루에도 수차례 이와 유사한 번민으로 시달려야 하는 고민스런 상황을 만나게 된다. 아동의 흥미를 어떻게 포착할 것인가, 아동의 놀이 순간에 어떻게 개입하여 어떻게 비계설정 할 것인가 등에 대한 고민의 수준은 거의 고문에 가까울 때가 많다. 이러한 고민들은 실험정신, 도전정신, 창조정신을 만드는 원동력이 되기도 하지만 일상과 편안한 타협을 하게 만드는 역기능의 요인으로도 작용하여 교사의 전문성의 본질을 겨냥하는 날카로운 부메랑이 되어 돌아오기도 한다. 어떻게 해야 하나? 무엇이 전문성인가? 무엇이 유아교사의 도덕성이며 책무성인가? 이에 대한 답은 유아교사 개인의 가치 지향적 관점과 교육적 신념이 결정할 몫인 것 같다.

유아교육·보육과정을 계획하기 위해 어떤 고민들을 해야 하는가? 일반적으로 유아교사들은 주로 국가수준의 교육과정을 기초로 교육계획안을 작성한다. 2007년 개정유치원 교육과정 지도서 총론(교육과학기술부, 2009)에 제시하고 있는 생활중심 통합교육과정의 계획과 운영은 계획, 실행, 평가의 3단계를 보다 구체적으로 요구조사 → 생활주제 선정 → 주제 및 소주제 선정 → 주요내용 선정 → 주제 관련 학문 분야 연구 → 월간 및 주간교육계획안 작성 → 환경구성 및 자료준비 → 일일교육계획안 작성 → 실행하기 → 평가하기의 10단계로 제시하고 있다.

「5세 누리과정 해설서: 총론」에서 누리과정 구성의 기본 방향을 "첫째, 만 5세아의 기본 생활 습관과 질서, 배려, 협력 등 바른 인성을 기르는 데 중점을 둔다. 둘째, 사람과 자연을 존중하고, 우리 문화를 이해하는 데 중점을 둔다. 셋째, 전인발달이 골고루 이루어진 창의적 인재를 기르는 데 중점을 둔다. 넷째, 초등학교 교육과정과의 연계성을 고려한다. 다섯째, 5개 영역을 중심으로 주도적인 경험을 강조하고, 놀이중심의 통합과정으로 구성한다. 여섯째, 1일 3~5시간의 기본 교육을 위한 과정으로, 3~5시간 운영을 기준으로 구성하였다."로 제시하고 있으며, 유아의 주도성과 놀이중심의 통합적인 교육·보육과정 운영이 지도 방법이 되어야 한다고 기술하고 있다(교육과학기술부, 보건복지부, 2012).

「누리과정 교사용 지침서」의 성격 및 구성 방향에 대해서는 "첫째, 유치원과 어린이집의 교사가 5세 누리과정에 근거하여 만 5세 유아를 대상으로 한 교육·보육 활동을 계획하고 실행하는 방법을 지원하기 위한 것이다. 둘째, 5세 누리과정의 목적 및 목표를 달성하기 위한 공통적이고 일반적인 기준을 제시한 것이다. 셋째, 만 5세 유아가 지역이나 기관에 관계없이 동질의 교육·보육 서비스를 받을 수 있도록 지원하기 위한 것이다. 넷째, 만 5세 유아를 지도하는 교사가 현장에서 활용하기 쉽게 구성하였다."라고 기술하고 있다(교육과학기술부, 보건복지부,

2012). 그 외에도 14가지 편성 운영 방법을 제시하고 있다. OECD가 중요하게 인식하고 있는 가치 지향적 교육과정의 원리와 개념들이 누리과정 구성과 편성의 중심 축을 이루고 있는지는 연구해야 할 과제이다. 영유아의 관점으로 교육과정의 패러다임을 바꾸는 일은 문서로서의 교육과정에서는 힘들고 여전히 현장의 몫으로만 남겨두어야 할까?

특히 지방의 읍·면 지역의 영유아 교육현장은 지역의 특성상 주로 혼합 연령으로 구성·운영하는 곳이 많다. 혼합 연령 학급 교사들은 연령별 수업과 1인 교사 체계에 관한 어려움을 겪고 있으며(배지희, 김은혜, 2012), 여러 가지 환경적 열세로 인해 일반인들의 관심으로부터 소외되기 쉬워 학급 운영에 있어서 삼중고의 어려움을 겪고 있는 실정이다. 누리과정은 유치원 교육과정과 표준보육과정의 통합된 교육과정의 첫 산물로서 과도기적 현상이 빚어낸 여러 측면의 모순점을 지닐 수밖에 없는 구조적 한계를 갖고 있는 것 같다. OECD가 선정하고 전 세계가 주목하고 있는 영유아 교육과정에 대한 탐구가 보다 체계적으로 이루어져야 할 필요가 있다.

2. 세계의 유아교육과정 경향

OECD는 1998년부터 2006년까지 유아교육과 보육정책 검토사업을 추진하면서 우수한 5가지 유아교육과정을 선정하였고, 스웨덴에서 '유아교육과 보육의 교육과정 및 교육학' 워크숍을 개최하였다. 나정, 임미령, 박창현(2011)은 그 워크숍 보고서 자료를 「OECD가 선정한 5가지 유아교육과정 *Starting Strong Curricula and Pedagogies in Early Childhood Education and Care: FIVE CURRICULUM OUTLINES*」라는 제목의 번역서를 내었다. OECD가 선정한 5가지 유아교육과정을 벨기에의 경험 교육과정-행복과 몰입을 통한 효과적 학습, 미국의 하이/스코프 교육과정-핵심경험을 통한 능동적 학습, 이탈리아의 레지오 에밀리아 접근법-유아의 이야기에 진심으로 귀 기울이기, 뉴질랜드의 테 와리키 교육과정-모두가 함께하는 교육과정, 스웨덴의 유아학교 교육과정-유아학교체제라고 소개한다.

유아교육·보육의 OECD보고서 「*Starting Strong II*」(OECD, 2006)에서 권하고 있는 유아교육의 원리는 보고서의 명칭만큼이나 강력한 힘을 발휘하고 있다. Peter Moss(2007)는 「Starting Strong」이 지속적으로 영유아의 관점에서 영유아의 흥미와 권리를 중시하는, 즉 "권리에 기초한 접근법(rights-based approach)"에 대해 언급하고 있다. 이 접근법은 평등주의에 기초하며 포괄적이고 총체적인 접근법이다. 「*Starting Strong II*」의 권고 내용을 검토해 보면, 0~6세 영유아 서비스의 통합을 강화하기 위해 중앙정부와 지방정부 수준에서 협력적인 정책구조를 수립하여 일하기, 다른 부처와 영역들 간의 협력을 추진할 수 있는 주무부처 지정하기, 개혁을 위한 협력적이고 참여적인 접근방식을 채택하기, 지역사회 차원에서 서비스 현장, 전문가, 부모를 연계하기를 권고하고 있다(OECD, 2006, 교육과학기술부·육아정책연구소 역). 또한 영유아 서비스와 교육체계 간의 긴밀한 관계와 연계성을 강화하기 위해 모든 아동의 취학 전 질 높은 ECEC(Early Childhood Education and Care) 서비스를 받을 권리가 있고, 유-초 연계와 통일된 접근방식의 채택을 권고하고 있다(OECD, 2006, Ibid). 또한 ECEC 서비스 질과 규제에 대해 정책 지향성의 질, 구조적 질, 교육 개념과 실천, 상호작용 또는 과정의 질, 운영의 질, 아동 성취의 질 또는 수행기준, 부모와 지역사회에 대한 접근 및 참여와 관련된 기준에 대해 검토할 것을 권고하며, 교직원 참여를 통한 질적 수준 향상을 위해 기록화, 기관 형성 평가, 영아/걸음마기 영아 환경 평정척도나 영유아 환경 평정척도를 고려해 볼 필요가 있음을 지적하고 있다(OECD, 2006, Ibid). 영유아 발달의 사회적 맥락에 주목할 영역, 아동의 관점과 자연스런 학습전략을 존중하며 아동의 복지, 생애 초기 발달과 학습이 유아교육·보육의 중심이다. 그중 후자에 해당하는 세부내용 중 국가 검토를 통해 아동 개인의 학습과 복리를 지원한다고 판단하여 선정, 제시된 2가지 원리는, 아동의 자연스러운 학습전략에 대한 존중을 포함한 아동의 관점에 초점 맞추기(스웨덴, 노르웨이)와 영유아를 지도하고 돌보는 주된 방법으로써 경청하기와 프로젝트 작업, 기록화를 활용하기(레지오 에밀리아) 등이다.

오늘날 지구촌이 지향하는 시대정신의 뿌리는 우리도 익히 잘 알고 있는 Dewey의 아동중심 교육철학과 사회문화적 구성주의 이론에 근간을 두고 있다. 영유아의 이미지와 교사의 전문성의 본질이 무엇인지, 무엇이 유아와 교사를 위한 참 교육인지 등에 대한 답을 구하려는 유아교육 전문가들은 유아교육과정을 이 시대가 요구하는 가치 지향적 방향으로 재구성하여 운영하려는 시도를 해야 할 것 같다.

이 시점에서 우리가 교육현장에서 재구성하여 운영하는 교육과정이 아동의 흥미중심에 적합한가에 대한 의문을 비판적 시각으로 제기할 필요가 있다고 생각된다. 생활주제, 소주제, 교육활동, 교재, 교수 방법, 지도상의 유의점 등이 아주 자세하게 이미 문서화되어 있고, 손쉽게 사용할 수 있도록 만들어져 있는 교재들도 우리 주변 도처에 널려 있다. 원리에 충실한 교육과정 구성과 운영의 문제는 더 이상 교재의 부족으로 실현될 수 없는 문제가 아니다. 경력이 어느 정도 되는 유아교사들에게 문서로서의 유아교육과정을 계획하는 일은 사실 크게 어려워 보이지는 않는다. 원리에 충실한 교육과정의 구성과 운영에 대한 교사의 전문성은 유아교육과정의 적용과정에서 그 빛을 보다 더 발휘하게 되기 때문이다. 이는 교사가 유아를 바라보는 관점, 유아들의 생각, 논리, 이론에 대한 의미 구성, 지속적으로 발전하고 변화해 나가려는 열정과 교육적 신념 등과 밀접하게 연관되어 있는 문제다. 원리에 충실한 교육과정의 구성과 운영에 대한 교사의 전문성은 자신의 교육적 신념을 반성적으로 사유하고 교사의 역량과 에너지를 가치 지향적 방향으로 사용하려고 노력하는 교사에 한해서 개발될 수 있을 것이다.

제2장 발현적 교육과정과 누리과정

1. 발현적 교육과정과 누리과정의 관계

국가수준 교육과정과 같은 문서로서의 교육과정에는 주제, 교육목표, 누리과정 관련 요소, 교육내용, 방법, 평가까지 교육계획에 대한 안내가 잘 되어 있다. 교육과정계획은 문서로서의 교육과정 속에서 기술되는 교육목표, 교육내용, 교육방법, 교육평가에 관해 기술함으로써 가능하다. 대부분 교사들은 국가수준 교육과정이 제시하고 있는 지침에 따라 교육안을 계획하고 교사가 계획한 주제를 계획한 목표대로 잘 성취했다고 판단되면 대체로 만족스럽게 평가할 것이다. 그러나 그것만으로 교사가 유아 관점의 가치 지향적 교육활동을 전개하였는지를 파악하기는 어려워 보인다. 이러한 계획들이 아동중심 철학과 구성주의 철학에 충실하였는가? 유아의 관점에 초점을 맞추는 가치 지향적 원리의 핵심가치들을 인식하고 실천하였는가? 이러한 질문들에 대한 답을 인식하고 적용과정에서 발생하는 현실적 충돌과 갈등, 문제들을 예측할 필요가 있을 것이다.

가치 지향적 교육과정의 원리는 분명 유아에게 초점이 맞춰져야 한다. 교사는 유아들이 어떤 맥락에서 어떤 생각을 하며 그 사고가 유아들의 교육 경험이 진화하면서 어떻게 함께 진화해나가는지 발견할 수 있어야 할 것 같다. 프로젝트는 개인이나 소수에게 시작되어 학급 전체로 확산되는 경우도 있지만, 그렇지 못하고 몇몇의 교육활동, 경험으로 그치게 되는 경우도 있다. 교사는 이러한 프로젝트들이 우리나라 국가수준의 교육과정과 어떻게 연결될 수 있는지 인식해야 할 필요가 있어 보인다.

1) 발현적 교육과정의 주제와 누리과정의 주제

우리나라 대부분의 유치원은 국가수준의 교육과정을 운영하고 있고, 이에 대한 유치원 평가나 장학지도를 받아야 한다. 따라서 레지오식 프로젝트 접근법으로 운영하기를 원하는 유아교사들은 유아들로부터 자연스럽게 발현되는 주제를 프로젝트 주제로 선정해야 할 상황에서, 이를 어떻게 누리과정과 연결해서 운영할 수 있을 것인지 고민하게 된다. 누리과정 지침서에 제시된 주제는 나를 중심으로 우리 → 지역사회 → 우리나라 → 세계 여러 나라 등 유아를 중심으로 동심원적 접근을 하기에 좋은 주제들로 구성되어 있다. 유아들의 흥미가 반드시 이 주제의 범주 내에서 유발되는 것은 아니지만 유아들이 갖게 되는 초기 흥미들은 누리과정 지침서에 제시된 주제와 연관되는 경우가 적지 않다.

〈표 2-1〉은 누리과정지도서에 제시된 생활주제, 주제, 소주제들이다. 이들을 하나의 예상 가능한 주제들로 볼 수 있을 것 같다.

〈표 2-1〉 누리과정 지도서에 제시된 예상 가능한 생활주제, 주제, 소주제

생활주제	주제	생활주제	주제
1. 유치원과 친구	유치원의 환경 유치원에서의 하루 유치원에서 만난 친구 함께 만드는 유치원	7. 교통기관	교통기관의 종류 고마운 교통기관 교통기관의 변천과정과 구조 교통 통신과 교통생활

<table>
<tr><th>생활주제</th><th>주제</th><th>생활주제</th><th>주제</th></tr>
<tr><td>2. 나와 가족</td><td>나의 몸과 마음
소중한 나
소중한 가족
가족의 생활과 문화</td><td>8. 우리나라</td><td>우리나라 사람들의 생활
우리나라의 놀이와 예술
우리나라의 역사
우리나라의 자랑거리</td></tr>
<tr><td>3. 우리 동네</td><td>우리 동네 모습
우리 동네 생활
우리 동네 사람들
우리 동네 전통과 문화</td><td>9. 세계 여러 나라</td><td>세계 여러 나라 사람들의 생활</td></tr>
<tr><td>4. 동·식물과 자연</td><td>궁금한 동·식물
동물과 우리의 생활
식물과 우리의 생활
자연과 더불어 사는 우리</td><td rowspan="2">10. 환경과 생활</td><td rowspan="2">물과 우리 생활
돌·흙과 우리 생활
바람·공기와 우리 생활
빛과 우리 생활
소리와 우리 생활</td></tr>
<tr><td>5. 건강과 안전</td><td>즐거운 운동과 휴식
깨끗한 나와 환경
맛있는 음식과 건강
안전한 놀이와 생활</td></tr>
<tr><td>6. 생활도구</td><td>다양한 생활도구
생활도구를 움직이는 힘
생활도구로서의 미디어
미래의 생활도구</td><td>11. 봄, 여름, 가을 겨울</td><td>봄
여름
가을
겨울</td></tr>
</table>

발현적 교육과정으로서 레지오 접근법은 프로젝트를 진행하고자 할 때, 〈표 2-1〉과 같은 주제들을 미리 제시할 수 없다. 유아들이 발현한 주제가 일련의 교육활동으로 전개된 이후에 교사가 프로젝트 전개과정을 정리하고 조직하면서 어떤 대주제와 하위주제들이 서로 밀접하게 연결되어 왔는지 체계화 할 수 있다.

이미 전개된 프로젝트의 사례를 통해 프로젝트 주제와 누리과정 주제 간의 관계를 살펴보기로 한다.

(1) 프로젝트 주제와 누리과정 주제: '소리' 프로젝트의 사례

누리과정을 운영해야 하는 유치원에서 발현적 교육과정을 운영하고자 레지오식 접근법을 수행하고자 할 때, 유아교사는 누구나 한번쯤 프로젝트 수행 초기 발현되는 주제가 누리과정의 생활주제, 주제, 소주제와 어떻게 연관될 수 있을까를 고민해 보았을 것이다. '소리' 프로젝트를 생활주제로 보기는 어려울 것 같다. 만일 이것을 〈표 2-1〉에서 제시한 생활주제와 연결해 본다면 어떻게 연결할 수 있을까?

'소리' 주제는 누리과정 생활주제인 '동·식물과 자연'과 연관지어 살펴볼 수 있을 것 같다. '동·식물과 자연'의 생활주제는 총 4개의 소주제로 구성되어 있고, 이는 다시 15~16개의 소주제로 구성된다. 각각의 주제와 소주제는 생활주제를 중심으로 개념이 구조화되어 있음을 알 수 있다. 미리 짜여져 있지만 프로젝트 접근법을 적용하고자 하는 교사는 이러한 구성체계를 반드시 수행해야 하는 교육내용으로 이해하기보다 다양한 가능성 중 한 가지 내용으로 이해해야 할 것 같다. 발현적 교육과정에서 주제가 발현된다고 할지라도 모든 프로젝트 전 과정이 마무리 되기 전까지 어떤 세부적 교육활동이 전개될 것인지 정할 수 없기 때문에 소주제와 교육과정 관련요소는 당연히 미결정 상태로 남겨두게 된다. 그러면 어떤 방향성을 설계해야 할 것인가, 누리과정의 생활주제, 주제, 소주제와 관련되는 활동들을 계획하고자 할 때 생활주제 '동·식물과 자연'의 주제는 궁금한 동·식물, 동물과 우리의 생활, 식물과 우리의 생활, 자연과 더불어 사는 우리로 구성되어 있다.

이 중 '소리' 주제는 '자연과 더불어 사는 우리'의 주제와 관련이 높아 보인다. 그러나 유아들이 전개해 나갈 활동들이 과연 이 주제와 소주제를 담아낼 수 있을지는 미지수이다. 그러나 교사는 예상되는 프로젝트 활동들 속에 이 주제와 어느 정도 관련성을 지니며 진행해 나갈 수 있는지에 관한 예측은 하되, 유아들의 흥미 수준을 고려하지 않은 채 교사가 일방적으로 짜맞추듯 제시해서는 안 된다. 프로젝트가 전개되는 과정에서 유아들의 초기관심이 누리과정의 주제와 소주제들과 어떻게 연관될 수 있을지 탐색할 필요가 있다. 유아교사가 평가나 장학을 위해 누리과정을 염두에 두어야 한다면, 이것이 누리과정 생활주제와 만날 수 있을 것인가, 그렇지 않은가의 문제를 우리가 왜 고민해야 하는가? 프로젝트는 유아들과 함께 생활하면서 발견하는 지식들을 유아와 교사가 함께 공유한 결과물들이다. 이 결과물들을 '어떻게 조직할 것인가?'에 관한 고민은 교사의 몫으로 남게 된다. 유아들은 그 과정을 즐기며 놀이하듯 학습하지만 교사는 유아들의 산만한 정보들이 어떻게 하면 깊은 사유의 결과로 한 단계 도약하는 지식으로 나아갈 수 있을 것인가를 고민해야 하기 때문이다. 누리과정은 우리 사회 유아교사 전문가 집단의 산물이다. 프로젝트 방식이 유아들을 보다 깊이 사유하게 하는 성향을 발달시키는 교수법이라고 믿는 신념을 가진 교사들이라면 국가수준의 교육과정과 발현적 교육과정 둘을 동시에 고려해야 한다. 교사는 유아들의 발현된 주제의 전개과정에서 그들 사유의 높고, 낮음, 가깝고, 먼 곳의 방향성을 지속적으로 따라가면서 적절한 순간순간 자연스럽게 스케폴딩해 나가야 한다. 동시에 발현된 주제 아래에서 전개된 교육활동들이 어떻게 누리과정의 5개 영역과 생활주제들과 연결될 수 있는지 인식해야 한다. 앞서 전개된 '소리' 프로젝트가 어떤 방향성을 갖고 진행될 것인가, 우리는 어떻게 예상할 수 있는가에 대해 교사는 프로젝트의 전개과정에 나타나는 유아들의 관심이 어떤 방향으로 변화해 나가는지 민감해져야 한다. 유아들의 관심이 어떤 방향으로 나아가고, 퇴행하며, 확장되어 가는지에 지속적인 관심을 기울여야 한다. 이때 페다고지스타와 교사 간 협의는 도움이 된다.

- 생활주제 : 동식물과 자연
- 주　　제 : 소리
- 소 주 제 : 미결정
- 교육과정관련요소 : 미결정

- **페다고지스타와 교사 협의를 토론**
  - 소리란 무엇인가?
  - 유아들에게 소리는 어떤 관점으로 이해될 수 있나?
  - 소리는 일상생활과 어떤 관계를 지니고 있나?
  - 소리의 시각화를 위해(청각과 시각의 협력적 지원을 위해) 어떤 자료를 지원해 줄 것인가?

(2) 발현된 주제, 소주제의 조직

발현된 유아들의 프로젝트는 교육활동을 전개해 나가는 동안 다양한 활동들의 전개과정을 조직하면서 주제와 소주제를 분류해 볼 수 있다. 유치원에서 전개해 온 '소리' 프로젝트의 전 과정이 마무리된 후 어떤 교육활동들이 이루어졌는지를 교사의 저널, 유아들의 활동자료, 사진 등의 다양한 기록물을 정리하면서 조직해 보자. 주변 돌아보기, 산책하기와 같은 활동은 유아들에게 자연탐색과 관련되는 주제에 관한 관심이 자연스럽게 발현되도록 돕는다.

'소리'는 자연탐색 시간 동안 유아들로부터 자연스럽게 발현된 주제이다. 한 유아가 산책을 하던 중 우연히 들려온 소리에 관심을 보이면서 흔히 성인들이 사용하는 의성어와는 다소 다른 목소리로 주변의 소리를 흉내 내기 시작하였다. 이를 본 주변에 있던 친구들이 재미있어하자 소리 흉내 내기 활동은 자연스럽게 친구들과 함께 나누게 되었는데, 개인적 관심이 소집단의 관심으로 이어지면서 자연스럽게 이 사건은 '소리' 프로젝트가 발현되는 단초를 마련해 주었다. 이렇듯 '소리' 주제는 유아들이 일상생활을 하는 동안 무심코 지나가는 주변의 소리를 흉내 내면서 발현되기 시작하였다.

꽃이 피고 초록색 새싹이 돋아나는 참 좋은 계절이다. 3월의 어느 날, 여느 때와 같이 유아들과 함께 따뜻한 봄의 바람과 정취를 느끼러 산책하러 나갔다. 갑자기 하늘에서 요란한 소리를 내며 비행기가 지나갔다. 유아들은 자신의 귀를 막기도 하고, 그 소리를 흉내내어 보기도 하였다. "부응 부응", "콰앙~~~ ", " 진짜 재미있다" 어느덧 대화의 주제는 '소리'가 되었고, 그 후로 소리를 탐색하기 시작하였다.

〈교사 저널〉

위와 같이 발현된 '소리' 프로젝트가 마무리된 후, 또는 전개되어 가는 과정에서 주제와 소주제의 조직 방법은 다양할 수 있다. 프로젝트의 전개과정을 프로젝트 진화의 연대기별로 구분하면서 조직하는 것도 하나의 방법이 될 수 있을 것이다. 여기서는 소리 프로젝트 태동기, 소리 프로젝트 인식기, 소리 프로젝트 확장기, 소리 프로젝트 재방문시기로 구분해 보고자 한다.

① 태동기 : 태동기에 나타난 활동은 소리 흉내 내기가 주로 나타났다. 이를 세부적으로 살펴보았더니 주변의 소리 흉내 내기, 자연의 소리 흉내 내기, 친구의 소리 흉내 내기 등의 유아활동을 관찰할 수 있었다.

② 인식기 : 인식기에 나타난 활동은 독특한 소리 창안하기, 미술을 통해 소리 인식하기, 음악을 통해 소리 인식하기가 나타났다.

③ 확장기 : 확장기에 나타난 활동은 2차원 공간의 소리 시각화물을 3차원 공간의 소리 시각화물로 변환하기, 소리의 다양한 의미 상징화하기 등이 나타났다.

④ 재방문시기 : 재방문시기에 나타난 활동은 환경 속에 패널로 변화한 유아들의 많은 아이디어와 상징물들을 다시 공유하면서 소리에 대한 의미구성을 새롭게 하는 활동들이 나타났다.

시기별로 나타난 주제와 소주제를 망으로 조직해 보면 다음과 같다.

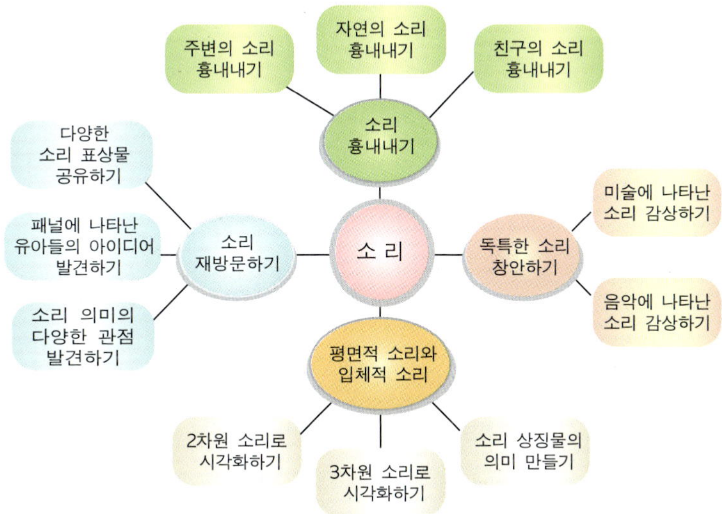

2. 발현적 교육과정의 교육목표와 누리과정의 교육목표

▶ '올림픽' 프로젝트 사례를 통해

1) '도착역' 으로의 교육목표와 '환승역' 으로서의 교육목표 인식하기

프로젝트는 주로 유아들이 발현되는 주제를 선정하게 된다. 따라서 교사 중심의 교육목표는 설정하지 않지만, 교사는 유아들의 교육활동을 지속적으로 따라다니면서 전개될 목표를 예측할 수 있어야 한다. 일반적으로 문서화된 모든 교육목표의 설정은 유아들이 도착해야 할 지점을 알려 주는 도착역의 기능을 하지만 레지오 접근법에서 전개되는 모든 교육활동의 목표는 전개해 나가는 동안 '환승역' 의 역할을 하며, 이는 교사의 머릿속에 예상될 수 있지만 유아들에 의해 언제나 변화 가능하며, 흥미가 바뀌어감에 따라 다른 지점을 향해 갈아타야 하는 '환승역' 의 기능을 한다.

'올림픽' 프로젝트는 사회적 이슈가 되는 사건이 유아들의 관심거리가 된 주제다. 2012년에는 4년마다 열리는 올림픽이 런던에서 개최되었다. 유아들은 '2012 런던올림픽' 에 대해 매스컴을 통해 이미 알고 있었고, 유치원에서도 유아들과 함께 뉴스에서 본 내용을 이야기 나누며 많은 관심을 보이기 시작했다. 일반적으로 세계 여러 나라의 주제는 10월에 주로 전개하지만, 교사는 유아의 흥미를 고려하여 6월에 전개하기로 하였다. 누리과정 생활주제인 '세계 여러 나라' 와 연관지어 살펴볼 수 있을 것 같았다. 유아교사는 '올림픽' 을 프로젝트 주제로 선정하면서 다음과 같은 교육목표를 예상하였다.

처음에 교사의 머릿속에는 국제화 시대에 맞춰 유아들의 시각 또한 세계적인 수준으로 넓히는 기회가 될 수 있으며, 이는 좋은 교육적 가치가 있다고 판단하였다. 이러한 교사의 생각은 교육목표를 예상하는 하나의 지표가 될 수 있다. 교사는 유아들의 관심거리와 흥미의 수준을 파악하기 위해 올림픽에 대한 경험을 나누기 시작했다.

세계인의 축제에 대한 관심의 시작은, '올림픽이 뭘까?'에서 비롯되었다. 유아들은 처음 올림픽에 대해 이야기를 나눌 때 자신이 알고 있는 운동경기 종목을 이야기하기 시작하였다.

그러다 선수의 이름이 나오자 선수가 땄던 메달, 나라 그리고 그것들을 어디에서 보았는지에 대한 이야기가 나오게 되었다. 텔레비전에서 곧 런던올림픽이 열린다는 광고를 봤다며… 우리들의 올림픽 이야기는 그렇게 시작되었다.

〈교사 저널〉

2) 되살아나고 변환되는 유아들의 흥미와 교육목표 인식하기

예상한 교육목표는 유아들의 초기 관심사와 어떻게 어우러지게 될까? 교사가 예상한 '올림픽'의 교육목표가 유아들의 '올림픽'에 대한 초기 관심사 속에서 어떻게 만날 것인지는 유아들과 함께 '올림픽'에 대해 서로의 '경험 나누기' 활동을 하는 동안 인식할 수 있다. 올림픽에는 여러 나라가 참여하므로 여러 나라 문화, 언어를 자연스럽게 만날 수 있을 것이라는 교사의 생각은 정확히 일치했다. 유아들은 다양한 참여국에 대해 보다 더 많은 것을 알고 싶어했다.

'올림픽'에 대한 유아들의 초기 관심은 신문기사, TV 뉴스, 잡지 등 다양한 미디어에서 전하는 기사나 뉴스내용에 있었다. 다양한 미디어에 대한 관심, 올림픽에 참여하는 나라에 대한 관심은 국제적 수준에 해당하였다. 유아들은 새롭게 알게 된 나라 이름에 대해 신기하게 생각하면서 더 많은 올림픽 참여 나라에 대해서 알기를 원했다.

〈교사 저널〉

(1) 유아들의 초기 흥미는 다음 교육활동을 예측하는 목표설정의 근거가 된다.

'올림픽에는 어떤 나라들이 참여할까?' 처럼, 유아들의 '올림픽'에 대한 초기 관심거리는 다음 교육활동을 예측하는 목표설정의 근거가 된다. 유아들의 흥미는 교육활동을 구성하게 하는 중요한 준거가 된다. 이러한 준거를 인식하게 되면 교사는 유아들이 궁금증을 풀어 가는 자원을 비치하고 구성하게 된다. '올림픽' 과 같은 사회적 이슈가 되는 주제의 교육목표를 성취하기 위해 신문, TV, 잡지와 같은 미디어들을 활용하면 도움이 된다.

(2) 유아들의 초기 흥미는 예측한 교육목표를 성취하도록 돕는 기능을 한다.

유아들의 궁금증을 풀도록 제공한 사회적 자원, 교재는 유아들의 초기 흥미를 더욱 고조시키도록 만들고, 나아가 초기 흥미가 예측한 교육목표를 성취하도록 돕는 기능을 한다. 아래의 상황에서 교사는 '올림픽' 과 관련된 정보를 스크랩하여 유아들에게 제공해 주었다. 그러자 유아들은 점점 올림픽 참가국에 대한 관심이 고조되었고 개최지인 영국 런던에 대해 관심을 갖게 되어 자료를 찾아보고 영국 런던에 대한 정보를 인식하도록 도왔다. 유아들은 개최지인 영국 런던에 관한 정보 이외에도 '올림픽' 에 대한 더 많은 소식을 알고 싶어했다.

교사: 올림픽에는 어떤 나라들이 참여할까?
유아: 참가하는 나라가 너무 많은데요?
유아: 런던올림픽이니깐 런던을 찾아보자.
유아: 런던은 영국에 있어… 영국의 수도가 런던이래!

교사: 영국은 지도에서 어디쯤 있을까?
유아: 유럽대륙 서부쪽에 있는 섬나라예요.
유아: 전통의상은 킬트래요.
유아: 올림픽 경기장은 어디에 있을까?
유아: 경기장의 모습이 다 달라요.

(3) 유아들의 지적 호기심은 교사의 교육활동과 교육자원 제공의 근거가 된다.

이는 '올림픽' 이 뭘까?' 에 대한 지적 호기심을 도모하게 하였고, 궁금증을 해결하기 위해 교사는 유아들의 '올림픽' 에 대한 관심의 정도, 현재 유아들의 지식 수준이 어느 정도인지 파악할 필요성을 깨닫기 시작했다. 이것은 '올림픽' 브레인스토밍 교육활동을 구성하게 하는 원동력이 되었다. 또한 브레인스토밍은 새로운 아이디어 내용을 조직하게 돕고 누리과정의 예상 가능한 주제들을 구상하고 조직하도록 도왔다.

1 '올림픽' 브레인스토밍

교사: '올림픽' 하면 생각나는 것들이 뭐지?

스케이트, 축구, 야구, 수영, 펜싱, 배구, 탁구, 마라톤, 체조, 김연아 선수, 박지성 선수, 박태환 선수, 금메달, 은메달, 월드컵, 일본, 중국, 미국, 아프리카, 그리스, 브라질, 경기장, 마스코트, 대한민국, 짝짝짝짝짝, 응원, 붉은 악마, 빨간 머리띠, 심판, 비행기, 기자, 텔레비전…, 런던올림픽, 영국… 경기, 우승, 골대, 응원, 박수, 수비수, 공격수, 골키퍼, 태극기, 호랑이 마크.

2 유아들의 아이디어 조직하기

유아들의 '올림픽' 에 대한 초기 관심사는 단편적이고 지엽적인 경우가 많다. 이러한 초기 관심사가 '어떻게 심화되고 확장되어 깊이 있는 교육활동에 도달할 수 있는가?' 의 문제는 대부분의 경우 교사의 조직력과 관계가 깊다. 유아들의 흩어진 아이디어를 어떻게 조직하는가에 따라 유아들의 순간적이고 현상적인 생각들을 보다 깊이 있는 지적 호기심으로 이끌어 낼 수 있기 때문이다. 교사가 프로젝트를 하는 중요한 목표 중 하나가 유아들로 하여금 깊이 생각하고 사고하는 성향으로 자라도록 안내하는 것이다. 유아들은 신선한 아이디어들을 창안하지만, 이를 교사가 어떻게 조직하고 심오한 사고 수준에 이를 수 있도록 안내하느냐에 따라 교육의 방향성은 깊어지기도 하고 얕아지기도 한다. 브레인스토밍은 유아들의 초기 관심거리를 교육활동으로 이끌기 위해 사용하는, 즉 유아들의 아이디어를 조직하기 위한 하나의 좋은 예가 될 수 있다.

3. 발현적 교육과정과 누리과정의 교육활동 조직

누리과정의 교육활동은 누리과정 해설서를 기초로 교사용 지도서에 잘 예시되어 있다. 교사용 지도서에는 각 활동의 명칭과 누리과정 해설서에 제시된 5개 생활영역과 어떠한 관련요소를 갖고 있는지, 또한 활동방법, 확장활동 및 지도 시의 유의점까지 자세하게 조직하여 제시해 놓고 있다. 그러나 레지오 접근법의 교육활동을 전개하는 교사는 유아들의 흥미의 방향을 따라가는 동안 교육활동 전개에 대한 예상은 하고 있지만 미리 조직해 놓지는 않고 유아들과 함께 만들어 간다. 그 방향성을 감지하고 흩어진 유아들의 개별적 이론과 흥미들을 모아 주고 조직해 주어 집단적 관심이 되고, 보다 깊고 넓은 지적 탐험을 할 수 있도록 도와주어야 할 때 누리과정을 기초로 할 필요가 있다.

유아들의 흥미가 교육활동으로 발현되기 위해 어떤 고민을 해야 할까? 프로젝트 전 과정에서 드러난 교육활동들을 어떻게 조직할 수 있을까? 발현되는 교육활동들을 전개하는 동안 유아들이 공유한 의문들, 이론, 논리는 무엇이었는가? 교사는 이들을 파악하고 조직하는 힘이 있어야 한다. 유아들은 어떤 대상에 대해 지적 호기심이 발생하면 그 의문과 과제에 대한 자신의 이론을 만들어 낸다. 개별적 이론이 집단에서 서로 나누는 동안 개별 지식과 이론은 집단 지식과 이론으로 다듬어져 나가게 된다. 교사는 유아들의 이론이 어떻게 발전해 나가는지 관찰하고 분석하면서 실제적 발달 수준과 잠재적 발달 수준 사이에서 스케폴딩 해 주는 역할을 수행해야 한다.

'소리' 프로젝트가 전개되는 과정에서 유아들의 초기 관심이 어떻게 확장되어 가는지 사례를 통해 교육활동이 어떻게 조직될 수 있을 것인지 살펴보자.

1) 교육활동 조직: 사례 – '소리' 프로젝트

유아들의 초기 관심은 주로 개별적으로 발생하는 경우가 많다. 이러한 개인적 초기 관심은 친구들과 공유하면서 집단적 관심으로 확장하게 된다. 유아들이 자신의 개별적 관심을 어떻게 또래들과 공유하게 되는지, '소리' 프로젝트를 통해 그 예를 살펴보고 유아들의 '소리' 이론의 발달과정을 살펴보자.

유아들이 '소리' 를 발견할 당시 처음에는 각자 주변의 소리를 따라하거나 흉내 내면서 즐거워하였다.

개인적 관심의 시기에 유아들의 '소리' 에 대한 이론은 '주변에는 소리가 있고, 소리를 흉내 낼 수 있으며, 소리를 흉내 내는 것은 재미있다.' 에 해당하였다.

집단적 관심의 시기에는 여러 유아들이 각자 주변의 소리를 흉내 내면서 친구들의 목소리는 모두 다르고 독특하다는 것을 알게 된다. 유아들은 주변의 소리들에 대한 자신의 경험을 이야기 나누면서, 우리 주변에는 다양한 소리들이 있으며, 우리가 소리를 만들 수 있다는 것을 알게 된다. 뿐만 아니라 사물의 소리를 흉내 내면서 만드는 의성어도 같지 않다는 것을 알게 된다. 이는 사물을 청각적으로 인식하는 느낌이나 수준이 다르기 때문에 그것을 자신의 목소리로 변환하는 수준도 다를 수 있을 것이라는 인식을 하게 만든다.

상황 1

유아 : 저번에 비행기 소리 아주 시끄러웠지?
유아 : 맞아. 우리 이야기하고 있는데 막 큰 소리로 '부웅~' 하고 지나갔어.
유아 : 사람들이 걷는 소리. 지하철에서 이렇게 걸어. 거인이 걷는 소리야. 이렇게 '쿵쿵쿵쿵'
유아 : (옆에 있는 비닐봉투를 만지면서) 이것도 소리 난다. 비닐소리, 'ㅅㅅㅅㅅ'
유아 : 종이 비비는 소리도 나. 봐봐. 'ㅊㅊㅊㅊ'

상황 2

유아 : 저기 물 소리. 주루루. 비행기 소리는 쉬이이잉~

> 유아 : " 블록 소리 난다. 탱크처럼 쾅쾅거려.
> 유아 : 국기 흔들리는 소리. 우리나라 태극기. 살랑 살랑 살랑
> 유아 : 바람소리도 있어. 비가 많이 올 때 바람이 아주 세게 불어.
> 딴단단. 딴단단단단. 딴단단.
> 유아 : 아닌데? 휘~~~~~~~~~ 잉. 휘잉.
> 유아 : 나 자동차 게임 진짜 많이 좋아하는데… 게임 소리는 부응~ 이건 카트라이더 소리.

상황 1과 2를 살펴보면, 주변의 소리 탐색에서 소리 만들기로 이어지더니 소리를 의인화하는 데 재미를 느끼게 된다. 유아들은 자신의 독특한 감각적 느낌으로 의성어를 고안하려 했고, 주변 소리에 대해 새롭고 다양한 은유적 표현을 창안하려 했다. 프로젝트 초반에 유아들은 자신이 직접 소리를 내보거나 주변의 다양한 소리를 듣고 흉내 내는 것에 흥미를 느꼈던 반면, 같은 소리를 서로 다르게 낼 수 있음을 발견하고 자신이 창안한 독특한 의성어로 소리 내는 것에 큰 흥미를 보였다.

유아들은 몇 주 동안이나 주변의 소리를 탐색하면서 보다 청각을 예민하게 만들려고 하는 것 같아 보였다. 프로젝트를 하지 않는 시간에도 뭔가를 찾으려는 듯 가만히 귀를 기울이거나 주변에서 나는 소리에 예민한 자세를 취하였다. 또한 '소리'를 발견할 때마다 자신만의 독특한 목소리로 은유와 비유를 사용하여 표현하기도 하였다. 유아들이 창안한 '소리 언어들'은 점점 다양하고 새로워졌다.

2) 레지오 접근법의 교육활동과 누리과정의 교육활동 차이

유아들의 흥미에 기초한 '소리' 프로젝트 확장활동들은 누리과정 일과 운영에서 전개되는 활동들과 어떻게 다른가? 누리과정에서도 주제중심 활동을 하고 유아들의 흥미를 지속시키기 위해 확장활동을 연이어 계획하고 실행에 옮길 수 있도록 다양한 아이디어를 제공하고 있다.

'소리' 프로젝트는 발현적 주제라는 점에서 차이가 있다. 주변의 소리를 탐색하

는 일상적 활동에 있어서 소리를 발견하는 시각적 활동과 '소리'를 들으려는 청각적 활동을 색다른 관점에서 적용하였다는 점에서 창의성이 돋보인다. 미술은 시각적 감각을 자극하는 매체이지만 이를 통해 청각적 감각을 활용하려는 아이디어를 창안하였고, 음악은 청각을 자극하는 매체이지만 이를 통해 시각적 느낌을 가져 보려고 시도했다는 점에서 독특하다. 대비되는 정서를 눈빛을 통해 전해 받으려 했고, 눈 속에 비쳐진 다양한 감정들을 언어로 표현하며, 그림으로 표현하고, 매체를 활용하여 구성해 보려는 시도를 함으로써 감각과 사고, 그림과 언어의 연관성을 이해하고 일차원적 표현의 방식을 삼차원 공간에서 표현해 봄으로써 다상징적 사고의 가능성을 열어놓고 있었다. '소리' 프로젝트를 통해 유아들은 얼핏 보면 서로 무관할 것 같은 다양한 감각기관들이 사실 실제 상황 속에서 서로 긴밀하게 협력하고 있음을 인식할 수 있었다. 또한 일반적으로 협력의 의미를 사회적 관계 속에서 찾으려고 하지만 우리 신체의 감각기관 속에서도 찾을 수 있음을 인식할 수 있었으며, 우리 신체의 각 기관들은 분리되어 존재하는 것이 아님을 깨닫게 해 주었다. '소리' 프로젝트를 통해 신체기관들 간의 협력적 구조의 의미와 중요성을 탐색하는 동안 우리는 우리 지역사회의 중요 유관기관들이 분리될 수 없고, 협력하지 않으면 안 된다는 중요한 의미를 비유적으로 알 수 있었다.

4. 발현적 교육과정의 한국 적용의 한계

누리과정을 운영해야 하는 우리 실정에서 레지오 접근법의 프로젝트를 진행하기는 쉽지 않다. 이를 경험하면서 실제로 교사가 느낀 제한점과 극복해야 할 문제들에 대해 이야기해 본다.

1) 환경

교사가 환경을 구성할 때 어려운 문제점, 갈등 - 문제가 무엇인지 기록하고, 이를 어떻게 극복하면 좋을까?

유아들의 경험을 패널로 만들어 환경을 구성하고자 할 때 교사 혼자하기에는 너무 힘이 들어 포기하고 싶을 때가 많다. a교사는 프로젝트 환경을 구성하기가 너무 힘이 들어 하루는 유아들과 함께 프로젝트 환경을 구성해 보기로 하였다. 교사는 유아들과 함께 환경구성에 필요한 다양한 재료와 자료를 유아들도 안전하게 자유롭게 다룰 수 있을 뿐 아니라 미적으로도 아름다운 것을 준비하기로 하였다. 교사는 자신의 미적 감각이 뛰어나지 않다고 생각하여 이를 키울 필요성을 느끼고 노력을 기울이게 되었다. 이러한 미적 감각은 하루아침에 형성되지 않기에 시간적인 여유를 갖고 서서히 노력해야 할 것 같다는 생각을 하게 되었다.

〈A교사 저널〉

다음은 '시장' 프로젝트를 진행하는 동안 부모님을 초대하기 위해 A교사와 유아가 자유선택시간에 함께 교실의 각 영역들을 다양한 가게로 구성하여 제시한 교실의 환경 사진들이다. 각 사진에 나타난 환경구성의 특성과 비치된 자료들의 특성을 살펴보면 다음과 같다.

정성과 행복을 담은 꽃가게~^□^

행복한 딱지장난감 가게~^□^

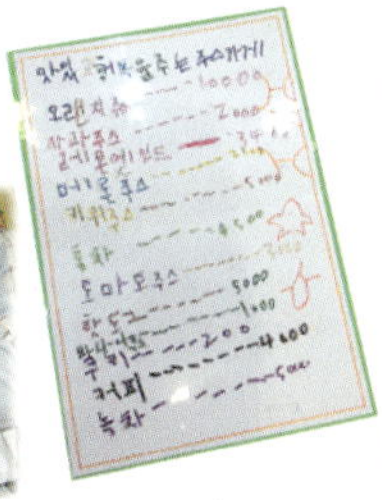

맛있고 행복을 주는 주스가게~

반짝반짝 개그맨이랑 공짜로 주는 뻥튀기 가게~^□^

유아들의 관심이 교사가 예상한 주제 이외의 주제로 이어질 때 환경이나 자료를 어떻게 준비해야 할 것인지 혼란스러울 때가 있다. 특히, 보조교사 없이 담임교사 혼자 학급을 운영해야 할 때 더욱 그러하였다. 자유선택활동 시간을 활용하여 유아들과 함께 환경구성을 하는 방법으로 문제를 해결할 수 있었다.

2) 관심의 확장

모든 프로젝트가 완성되는 것은 아니다. 때로는 프로젝트가 진행되어 가는 동안 유아들의 관심이 확장되지 못한 채 흐지부지 끝나 버리는 경우도 있다. 그런 경우, 원인이 무엇인지 반추해 보는 일은 교사의 전문성 개발을 위해 필요해 보인다. 프로젝트에 대한 유아들의 초기 관심이 지속적으로 확장되기 위해 교사는 어떤 노력을 할 수 있을지 A교사의 경험담을 통해 살펴보자.

교사 자체가 주제에 대한 두려움과 어떻게 이끌어 가면 좋을지에 대한 확신이 없었기에 마무리를 짓지 못한 채 끝내기도 하였다. 어떻게 하면 프로젝트의 주제에 관한 유아들의 흥미가 단절되지 않고 더 많은 유아들의 관심을 끌 수 있을까? 이는 교사들이 지속해서 하는 고민 중 하나이다. 프로젝트 주제와 관련해 교사 자신이 그 주제의 지식에 대한 확신이 없을 경우 프로젝트 수행에 대한 자신감이 결여되는 현상을 많은 교사들이 경험하는 것 같다. A교사가 프로젝트 진행에 자신이 없는 중요한 이유 중 하나는 그 주제에 대해 교사 자신이 충분한 지식과 관심이 없기 때문이라고 생각한다.

그동안 했던 프로젝트 중 유아들과 함께 관심을 가지고 즐겁게 참여했던 책, 공룡, 올림픽, 자전거, 시장, 월드컵, 텐트는 마무리를 지었지만 자화상 프로젝트는 중단되었다. 생각해 보니 교사의 관심이 중요한 이유였던 것 같다. 유아들은 자화상 프로젝트에 흥미를 보였지만 교사는 자신이 처한 상황이 너무 힘들다고 생각하여 유아들에게 도움을 주지 못하였다. 그 결과 프로젝트는 흐지부지하게 되었다. 교사가 조금만 도움을 주었더라면 프로젝트가 온전하게 진행될 수 있었을 텐데....

〈A교사 프로젝트에 대한 회고〉

3) 관찰과 기록

A교사는 기록의 중요성을 인식하여 녹음을 하기도 하고 수첩에 기록도 하지만, 그럼에도 불구하고 많은 유아들의 행동을 놓쳐버리는 것 같다고 한다. 이는 자신이 무엇을 관찰할 것인지에 대한 인식이 부족한 것은 아닐까? 하는 고민을 하게 만들었다. 특히 관찰과 기록한 내용을 어떻게 살아 있는 생생한 이야기로 만들 수 있을 것인지? 평가의 한계에 대한 고민이 커졌다.

(1) 살아 있는 생생한 이야기 만들기

실제 수업시간에서 발생하는 많은 유아들의 이야기를 관찰하고 기록한 후 어떻게 살아 있는 생생한 이야기로 생명을 부여할 것인가? A교사는 레지오 교사 교육 모임을 통해 교사의 관심이 유아들의 이야기를 생생하게 만들어 줄 수 있다는 것을 인식하였지만, 실제로 수업시간에서 발생하는 많은 유아들의 이야기를 관찰하고 기록하여 그들의 이야기를 생생한 이야기로 다 살려 주지 못하는 것 같아 고민이 많았다. 어떻게 하면 유아들 자신이 직접 체험한 생생한 경험들을 시각적으로 확인하도록 할 것인가?

교사는 유아들의 이야기에 생동감이 생기도록 유아들의 이야기에 생명을 부여하는 '패널 만들기' 를 하고자 하였다. 유아들의 경험은 시간적, 공간적, 선형적으로 발생하지 않는다. 유아들의 경험은 시공간적인 다양한 차원의 것이다. 그런 의미에서 '패널 만들기' 는 자신의 경험과 타인의 경험이 동시적 시공간의 선상에서, 함께 공유하는 동안 유아들에게 자신의 경험들을 객관적으로 조망할 수 있도록 기회를 제공하기도 하고, 새로운 시각으로 다른 이야기를 만들어 내기도 해야 한다. 패널은 중요하지만 생명을 가진 패널을 만들기 위해 교사는 기본적으로 유아들의 일상을 있는 그대로 나타내 주는 방법을 사용해야 한다. 그러나 일상의 경험은 선형적이지 않고 역동적이며 다양하다. 그러한 역동성과 다양성에 의미를 부여하는 패널이 되기 위해서는 어떻게 해야 할까?

1 유아들의 이야기에 생명을 부여하는 패널 만들기

하트별날라야~

어느 날~ 하트가 몰려오더니.. 하트세상이 되었어요!!

이때 사람이 지나갔어요..
"왜 하트만 있지? 심심하겠다.."
그러자 하늘에는 별이 뜨기 시작했어요~

"우와~ 하트 별 날라다.."

유아들이 그린 그림 옆에 유아들의 이야기와 사진을 붙여 주었다. 다른 유아들도 자신의 작품이 기록되는 것을 원하였고, 작품을 구성하거나 만들 때 더욱 신경써서 완성해 나가는 것을 알 수 있었다. 너무 어렵다는 생각을 바꾸는 노력을 해야 할 것 같다.

단위 경험들이 의미 있는 생생한 경험들로 다시 태어나기 위해 교사는 유아들의 경험들이 어떻게 논리적으로 의미 부여될 수 있을 것인지에 대한 조직 능력이 필요하다고 생각했다. 프로젝트 과정에서 일어나는 활동을 어떻게 논리적으로 조직할 것인가? 또한 프로젝트 수행 후 전 과정을 어떻게 논리적으로 조직할 것인가? 이는 패널 만들기의 문제해결의 핵심 요인이 되는 것 같다. A교사는 물리적이나 과학적 사고를 필요로 하는 경험들을 조직할 때 많은 부족함을 느낀다고 한다. 그럴 때마다 논리적 조직에 한계를 느끼게 되어 대부분의 경험들을 나열하는 수준에 머물게 된다고 한다. 최근 A교사는 원장님과 연구 자문 교수님의 도움을 받아 조직의 중요성을 조금씩 알아가고 있다.

(2) 평가의 한계

프로젝트 전 과정에서 수집한 모든 기록 작업은 교육활동을 평가하는 중요한 자료가 되고, 이를 교사가 인식할 필요가 있다. 특히, 전문가 학습 공동체에서 논의된 유아에 대한 사고, 학습과정에 대한 이해, 기록 내용에 관한 여러 다른 관점의 토론 자료들은 유아를 바라보는 이해의 폭을 넓혀 준다. 그러나 이것을 기관평가나 유아평가를 위한 자료로 활용하기 어려워하는 교사들이 많다. 아직 교사들은 발현적 교육과정을 조직하고 평가에 활용하는 방법이 익숙하지 않아 어려움을 느끼고 있다. 실제 이루어진 자료를 어떻게 활용하고, 문제가 무엇인지 기록하고, 이를 어떻게 극복하면 좋을지에 관한 좋은 사례를 발굴할 필요가 있어 보인다.

프로젝트를 진행하면 프로젝트에 관심이 없는 유아들이 있을 수 있다. 그렇기 때문에 유아를 평가할 때 적극적으로 참여하지 못하는 유아의 기록, 자료가 충분하지 못하여 평가에 적절한 기록 자료를 활용할 수 없는 경우도 발생한다. 이러한 유아가 비록 개인이라고 할지라도 왜 프로젝트에 참여하지 못하는지 파악할 필요가 있다. 만일 관심거리가 달라 그와 같은 상황이 발생했다면, 그 유아가 관심 있어 하는 것을 주제로 프로젝트에 활용해 보는 것도 좋을 것 같다. 유아들 자신이 자유놀이 시간에 활동한 것을 귀가 시 컴퓨터 화면을 통해 스스로 평가하게 하거나 다음의 계획을 스스로 세우도록 하는 것이다.

기관평가는 한 주에 두 번씩 교사협의를 해서 서로 수업 모니터링을 통해 서로의 장·단점을 논의하고 보완하고 평가한다. 유치원에 페다고지스타가 상주하지 않는 경우에는 원감이나 원장 또는 경험이 풍부한 교사들과 의논하고 조언을 구한다. 경험이 풍부한 교사들의 조언이 도움이 되는 경우가 많다. 교육용 동영상 자료나 레지오에 관련된 책을 읽고 토론하기를 통해 평가하기도 한다. 그러나 교사들이 이와 같이 하기 어려운 문제는 시간적 여유가 별로 없고, 20명이 넘는 유아들을 돌보면서 기록하기에는 무리가 있기 때문이다.

평가는 기록화한 모든 전반적인 과정을 보여주는 글, 그림, 조형물로 드러낸 유아들의 표상물과 교사의 관찰기록, 사진, 동영상 등을 활용하여 유아들을 체계적으로 이해하려고 노력하려는 과정이어야 한다. 그러나 많은 한계가 있음을 알 수 있고, 프로젝트 활동들은 유아평가, 기관평가에 활용하는 방안을 다각도로 연구할 필요가 있어 보인다.

제3장 프로젝트 접근법 이해

유아교육현장에서는 유아중심 교육과정 운영 시 유아의 흥미와 요구를 반영하는 능동적 역할을 강조하며 주제를 좀 더 구체적으로 구성하여 조직적으로 접근하는 프로그램을 선호하고 있다. 대표적인 프로그램으로 프로젝트 접근법(Project Approach)를 들 수 있다. 이 장에서는 프로젝트 접근법의 이해를 돕기 위해 역사적 배경과 프로젝트의 의미, 목적 그리고 특성에 대해 알아보고자 한다.

1. 프로젝트 접근법의 역사적 배경

1830년대 실생활과 무관한 주입식 교육에 불만을 갖고 자신의 가정에서 실생활에 필요한 활동을 통한 교육방법을 시도한 Cobbet의 교육방법이 오늘날의 프로젝트 학습방법과 유사하였다(Stewart, 1986). 이러한 교육방법을 교수-학습의 중심활동으로 시도했던 대표적인 인물로 Dewey를 들 수 있다. Dewey(1938)에 의하면, 인간은 사회 혹은 환경과의 부단한 상호작용과 생활을 통한 경험의 계속적인 재구성 과정을 통해 스스로 성장·발달하는 존재라는 것이다. 그는 1886년 자신의 실험학교에서 교사에 의한 피동적 교육이 아닌 유아들의 능동적 참여와 적극적 활동을 통한 학습을 실현하고자 하였다. 따라서 그의 실험학교 교육과정은 기존학교의 전통적인 교과목에 의한 것이 아니라 프로젝트 형식을 취하는 일련의 워크숍과 유사한 것이라고 할 수 있다. 즉, 유아들이 주어진 프로젝트를 수행하고 문제를 해결하는 과정에서 필요한 경우에만 관련 교과를 도입하는 것이었다.

Dewey에 이어 1919년 Kilpatrick은 컬럼비아 대학 논문집인 Teacher's College Record에 '프로젝트법(The project method: The use of the purposeful act in the educative process)'이라는 제목의 논문을 발표하며 프로젝트에 의한 학습활동을 구체적으로 체계화하였다(하성수, 2008). Kilpatrick은 프로젝트를 '전심을 다하는 유목적적 활동'이라고 정의하였고, 목적 달성을 위해 학습자들이 프로젝트 진행과정에 능동적으로 참여함으로써 학습자 스스로가 주체적인 역할을 수행하고 스스로 내적 동기화되어 활동에 전념하게 된다고 하였다.

Kilpatrick(1919)이 제시한 프로젝트 유형 분류는 다음의 〈표 3-1〉과 같다.

〈표 3-1〉 Kilpatrick의 프로젝트 유형 분류

유형별	목적	진행단계	구체적 사례
유형 1	아이디어나 계획을 외적인 형태로 구현	목적→계획→실행→평가	배 만들기 연극하기
유형 2	심미적 경험	목적이 전 과정을 안내	이야기 듣기 그림 감상하기
유형 3	인지적 문제의 해결	Dewey의 반성적 사고 과정을 따름	왜 하늘에서 이슬이 내리는가? 뉴욕이 대도시로 발전한 까닭은 무엇인가?
유형 4	기능이나 지식의 획득	목적→계획→실행→평가	Thorndike Scale의 단계학습 불규칙 동사의 학습

출처: Kilpatrick(1919). The project method.

1920~30년대 프로젝트법은, 미국의 진보주의 교육운동이 1957년 소련의 스푸트닉 인공위성 발사 이후 학문중심 교육과정이 대두되면서 쇠퇴하였다. 1960년대 말 미국에서는 지나치게 정형화된 그 당시 교육과정에 대한 비판과 교육의 비인간화 현상을 우려하는 소리가 높아지면서 자유학교운동(free school movement)이 등장하였다.

1970년대 인간중심 교육이 대두되면서 프로젝트 학습 활동에 대한 관심이 다시 살아나게 되었다. 특히 유아교육에서는 프로젝트의 아이디어를 교육에 적용하려는 노력이 꾸준히 진행되어 왔다. 예로, 뱅크 스트리트 대학(Bank Street College)의 뱅크 스트리트 접근법(Bank Street Approach)을 들 수 있으며, 이는 프로젝트법과 매우 유사한 특성을 지니고 있다(Katz & Chard, 1989).

1980년대 Katz와 Chard(1989)는 종전의 프로젝트에 의한 학습방법을 '프로젝트 접근법' 이라는 용어로 재조직하였다. Katz와 Chard는 '프로젝트 접근법' 용어 사용의 이유를, 첫째, 프로젝트를 각 교육기관의 여러 가지 여건과 상황에 따라 교육과정의 다양한 방법으로 통합할 수 있다는 점과, 둘째, 유아교육에 관한 하나의 접근으로서의 프로젝트 활동은 가르치고 배우는 내용에 관한 것뿐만 아니라 교수-학습방법에 관한 것까지도 포함한다는 점을 들었다. Katz와 Chard는 지난 20년간 이루어진 프로젝트 활동과 관련된 많은 연구들을 검토한 결과, 프로젝트에 의한 학습활동이 유아의 학문적, 인지적, 정서적 발달에 매우 바람직한 영향을 미친다는 점을 확인할 수 있었다고 주장하였다.

따라서 프로젝트 접근법은 Dewey의 이론적 바탕 위에 Kilpatrick이 체계화한 '프로젝트법' 을 Katz와 Chard가 오늘날 교육의 현실에 맞게 재조직한 교육방법이라고 할 수 있다(지옥정, 2002). 한편, 레지오 에밀리아 교육에서도 프로젝트 수업을 진행하고 있다. 특히 John Dewey의 이론을 받아들여 유아들이 경험을 재구성하고 표상함으로써 사고가 깊어지고 소집단으로 진행하는 프로젝트 수업을 통해 유아들은 사회 정서적인 발달을 키워 간다는 철학을 바탕으로 하고 있다.

2. 프로젝트 접근법의 개념

'Project' 란 뜻은 '앞으로 던진다', '생각한다', '연구한다', '탐색한다' 는 뜻으로 학습자가 스스로 생각하며 계획을 세우고 학습활동을 수행한다는 의미가 내포되어 있다고 하였다. 또한 아동의 잠재 가능성 속에 숨어 있는 다양한 감각기관과 경험, 기질, 성향, 동기, 흥미들을 모두 끌어내어 표상하고 의사소통하도록 도와줄 수 있기 때문에 무엇보다 중요한 수업 방법이자 동시에 교육과정 이론이 되고 있다고 하였다(한미영, 2009). Katz와 Chard(2000)는 프로젝트 접근법을 한 명 또는 그 이상의 아동이 특정 주제에 관하여 심층적으로 연구하는 것이라고 정의하였고, 유승희와 성용구(2007)는 프로젝트 접근법이란 적극적·능동적 탐구의 주체자인 아동이 교사, 또래 및 환경과의 상호 조정적 협력을 통하여 흥미 있는 주제를 중심으로 심층적으로 탐구해 가는 자기 주도적 활동이라고 정의하였다.

함종규(1998)는 프로젝트란 '마음 속에서 생각하고 있는 것을 구체적으로 실현하고 형상화하기 위하여 자기 스스로 계획을 세워 수행하는 활동' 이라고 하였으며, 류창열(2000)은 프로젝트 접근법이란 '학습 결과로서 광범위하고 다양한 학습활동이 기대되며, 해당 학습주제와 관련된 일련의 여러 단일과제를 실시하여 교수-학습활동을 이끌어 가는 학습방법' 이라고 정의하였다.

위의 정의들을 종합해 볼 때 프로젝트 접근법은 '아동들이 학습의 주체자가 되어 학습할 가치가 있는 특정 주제에 대해 서로 간의 협력을 통해 흥미를 갖고 심층적으로 연구하는 자기 주도적 학습활동' 으로 정의할 수 있다(한미영, 2009).

3. 프로젝트 접근법의 목적

프로젝트 접근법의 궁극적 목적은 '유아의 정신 계발' 에 있다. '정신' 이란 지식, 기능뿐만 아니라 정서적, 도덕적, 심미적인 감수성까지를 포함하는 개념이다

(하성수, 2008). Katz와 Chard(2000)는 프로젝트 접근법을 통해 다음과 같은 목적을 기대할 수 있다고 하였다.

첫째, 유아로 하여금 자신이 생활하고 있는 주변 세계가 심층적으로 탐구할 만한 흥미로운 것임을 깨닫게 해 준다.

둘째, 참여자들의 관심과 흥미를 중시하므로 유아의 자발적 참여와 능동적 활동을 통하여 학습활동에 몰입하게 한다.

셋째, 교사와 유아들이 서로 협의, 협동, 토론을 통하여 모든 학습 과제를 해결하면서 하나의 공동사회를 경험하고 소속감과 협동심을 기르며, 유아들은 학교생활을 통하여 자유와 책임, 감정과 사회성을 기르게 된다.

넷째, 교사 자신도 다양한 프로젝트의 탐구과정을 통해서 새롭게 도전받는다.

다섯째, 문제 해결을 위해 다양한 매체 자료를 활용하여 다매체적 접근이 가능하다.

프로젝트 접근법은 효율적인 학습을 위한 접근방법으로, 다음과 같은 긍정적인 학습효과를 얻을 수 있다(Katz & Chard, 2000).

첫째, 새로운 지식을 습득하는 것을 돕는다. 유아들이 조사하고 토론하는 과정을 통하여 새로운 정보와 개념을 접하고 이를 자신의 기존 지식에 첨가하여 그 의미를 이해하고 파악한다. 즉, 사실, 개념, 정보, 아이디어 등을 알고 관련성 있게 개념적으로 의미를 파악한다.

둘째, 유아들은 프로젝트 활동을 통해 지적, 사회적 의사소통 및 신체적 능력 발달에 필요한 기술들을 획득할 수 있다. 유아들이 서로 다른 의견이나 대안을 제시하면서 논쟁을 할 때 의사소통 기술을 배우고 조사활동을 하는 동안 관찰과 질문 기술이 습득되며, 자료를 만들면서 소근육 운동 기술을 익히고, 그 외에도 표현 기술, 문제해결력 기술, 사회적 기술 등을 익히게 된다.

셋째, 유아들은 관찰하면서 보다 면밀하게 보는 성향, 탐색활동에 흥미를 느끼고 몰입하는 성향, 장기간 문제를 가지고 해결하려는 성향, 보다 나은 이해를 위하여 질문하는 성향, 탐색활동에 대해 실험적으로 접근하는 성향, 어려움에 직면했을 때 지구력과 지적 호기심을 잃지 않는 성향, 성취보다 과정을 중시하면서 노력하고 도전하는 성향 등을 배울 수 있다.

넷째, 수용감과 자신감, 유능감 등 감정을 발달시켜 준다. 유아들이 서로 상대방의 공헌을 칭찬해 주고 집단의 소속감을 갖게 해 주며, 문제를 해결하면서 자신감이 길러지고, 부모들이 자녀들의 요구를 수용하면서 연계성, 안정감, 유대감을 높일 수 있다. 활동과정에서 또래 교사들과의 접촉을 통해서 상호의존성, 존중감, 감사하는 감정 등을 기르게 된다.

4. 프로젝트 접근법의 특성

Katz와 Chard(2000)의 프로젝트 접근법의 목적과 긍정적 학습효과를 참고로 하여 그동안 우리나라에 프로젝트 접근법을 적용한 결과를 바탕으로 그 특성을 제시하면 다음과 같다(유승희·성용구, 2007).

첫째, 유아의 능동적·적극적·주체적 참여가 이루어진다. 프로젝트 접근법은 유아가 흥미 있는 주제에 따라 학습내용을 선정하고 교사와 유아가 함께 학습방법을 모색해 나가는 것으로, 유아중심 교육원리가 가장 잘 실현된 수업이론이라고 할 수 있다.

둘째, 유아의 내적 동기유발을 가능하게 한다. 프로젝트 접근법은 유아가 관심 있는 주제에서 출발하기 때문에 자율적으로 그 주제에 대해 흥미를 갖게 되고 유아 자신에게 의미 있는 탐구활동을 할 수 있게 해 준다.

셋째, 교육과정의 상위목표 달성이 실현된다. 프로젝트 과정 속에서 유아들은 인간을 사랑하는 능력, 긍정적 자아개념, 사회성 등 통합적이고 전인적인 인격형성의 목표에 한 걸음 더 가까이 다가갈 수 있게 된다.

넷째, 창의적으로 새로운 발견을 할 수 있는 기회를 제공한다. 프로젝트를 수행하는 과정에서 유아들이 자발적으로 발견을 통해 지식을 구성해 가는 자기주도적 학습이 자연스럽게 일어날 뿐만 아니라 유아들의 창의성을 길러 줄 수 있고 수업 또한 새롭게 창조할 수 있다.

다섯째, 공동체 정신을 살리는 사회적 협동교육이다. 프로젝트는 주로 소집단 활동을 많이 하며 소집단 유아들끼리 토의 및 논의를 통해 판단하는 과정에서 협동정신이 발휘된다. 또래와의 상호작용을 통해 미처 생각하지 못했던 것을 알게 되며, 자신의 사고를 수정하기도 하면서 공동체 구성원으로서의 역할과 책임을 학습하게 된다.

여섯째, 생활과 삶 속에 학습이 자연스럽게 통합된다. 프로젝트는 분리된 교과목 속에서 지식을 습득하는 것이 아니라, 많은 현장학습과 조사 및 탐구과정을 통해 교실 그 자체가 생활이 이루어지는 유아들의 행복한 삶의 장이 된다.

일곱째, 전통적 교실에서 부족했던 활동성과 몰입이라는 두 가지 양상이 두드러지게 나타난다. 프로젝트는 현장학습 및 조사탐구 과정이 많아 유아들의 수업이 적극적이고 활동적이다. 한편, 심층탐구하고 반성적으로 사고하는 과정에서 몰입하는 양상이 강하게 나타난다.

5. 프로젝트 접근법의 과정

프로젝트 접근법의 각 단계는 수업자에 따라 다양하게 진행될 수 있다.

Kilpatrick(1919)은 프로젝트법에서 목적의 단계, 계획의 단계, 실행의 단계, 평가의 단계 등 4단계로 이루어진 학습활동을 제시하였으며, 그 전개 과정은 다음과 같다.

〈Kilpatrick의 프로젝트법 전개 과정〉

목적의 단계 →	계획의 단계 →	실행의 단계 →	평가의 단계
• 학습문제 선택 • 학습목표 확인 • 흥미 유발	• 학습 계획 • 자료 수집 • 학습 설계	• 안전에 유의 • 창의력 발휘 • 격려	• 자기반성, 평가 • 전시와 보고 • 상호 평가

출처: Kilpatrick(1919). The project method.

Katz와 Chard(2000)의 프로젝트 접근법에서는 활동중심 교육과정의 특성을 강하게 반영하면서 프로젝트의 단계를 시작 단계, 전개 단계, 정리 단계의 3단계로 설정하였다. 즉, Kilpatrick의 목적과 계획의 단계를 묶어서 프로젝트의 예비계획을 세우고 주제망을 작성하는 시작 단계로 설정하였으며, 전개 단계는 Kilpatrick의 실행의 단계에 해당하는 것으로 토의, 현장학습, 표현, 조사, 탐구활동 등이 이루어지는 단계이다. 그리고 정리 단계는 Kilpatrick의 평가의 단계에 해당하는 것으로 표현과 전시활동을 중심으로 마무리가 이루어지는 과정을 제시하고 있다.

레지오 에밀리아 교육에서는 Katz와 Chard의 프로젝트 접근 방법을 따르기보다는 유아의 흥미에 따른 자연스러운 과정을 더 중요하게 생각한다. 또한 레지오에서는 프로젝트를 시작하기 전에 교사들이 모여 여러 가지 예상되는 프로젝트의 방향 등을 논의한다. 레지오 교육에서는 프로젝트에서 우리 속의 나를 중요하게 생각한다. 프로젝트의 내용보다는 유아들이 다른 유아들과 함께 느끼고 생각하고 발전해 나가는 모습을 더욱 중요하게 여긴다.

(1) 프로젝트 접근법의 준비 단계

교사는 시작 단계 초기에 유아들로 하여금 여러 가지 표현 방법을 통해 주제에 관련된 자신의 경험을 발표하게 함으로써 교사나 유아들 서로 간에 경험이나 지식을 공유하도록 하고, 프로젝트 주제에 대한 학급 전체의 이해 정도를 파악하여야 한다(지옥정, 2002). 이 단계에서 진행되어야 할 과정은 초기 토론과 학습 주제망 작성, 학습활동 계획, 학습자원 목록 및 질문 목록표 작성 등이다. 각 과정에 대해 세부적으로 살펴보면 다음과 같다(하성수, 2008).

1 초기 토론과 학습 주제망 작성

프로젝트 주제와 관련된 경험의 공유 및 유아들의 이해 정도를 파악하기 위하여 초기 토론을 진행하고 발현된 주제에 대한 주제망을 작성한다. 교사가 먼저 주제와 관련된 경험을 이야기해 주거나 주제와 관련된 유아들의 경험이나 지식은 글과 그림으로 표현하기, 역할극 등을 통해 표현될 수 있으며 이러한 표현은 유아들끼리 서로 공유되는 과정을 통해 초기 토론을 활성화 시키는 계기가 된다(이명조·배미희, 2007).

발현된 주제에 대한 주제망은 브레인스토밍, 유목화, 표제 붙이기, 주제망 그리기의 순서로 진행된다. 브레인스토밍은 '생각 모으기'로 사용되고 있다(이명조·배미희, 2007; 지옥정, 2006; 하순련, 2008). 브레인스토밍은 유아의 현재 경험과 지식을 바탕으로 주제에 관해 마음속으로 연상을 하면서 떠오르는 생각을 종이에 한 단어씩 적는 것을 말한다. 유목화는 브레인스토밍을 통하여 나온 주제어들을 같은 범주에 속하는 것끼리 분류하여 그룹을 재조정하는 것이다. 그리하여 유목화 해놓은 각 그룹에 이들 그룹의 주제어에 대한 내용을 총괄할 수 있는 용어로 표제를 붙인다.

유목화와 표제 붙이기 활동이 정리되면 다음 과정은 주제망을 그리는 것이다. 전지의 중앙에 원을 그려서 프로젝트 주제를 적은 후 유목화된 그룹의 제목을 쓰고 소주제에 들어 있는 단어를 나열하여 주제망을 완성한다. 작성한 주제망을 교실 벽에 붙여 놓으면 유아들이 학습의 주제와 내용에 관심을 가지며 자연스럽게 학습하게 되어 학습활동을 계획하고 동기유발을 하는 데 좋은 자료가 된다.

2 학습활동계획

주제망 작성이 끝나면 소주제를 중심으로 탐구하고 해결해 나갈 과제들을 도표로 작성하여 학습활동 계획을 세운다.

3 학습자원 목록 및 질문 목록표 작성

교사와 유아들이 함께 유아들이 알고 싶고, 가보고 싶고 궁금한 것에 대한 질문을 정리하면서 과제 해결 방안을 연구하고 조사탐구가 가능한 방안을 의논하면서 학습자원 목록 및 질문 목록표를 작성한다. 이러한 목록표 작성은 다음과 같은 이점이 있다(하성수, 2008).

첫째, 유아들이 주제에 대해 가지고 있는 문제의식과 궁금증을 교사가 분명하게 이해하여 교수학습 활동을 효과적으로 도울 수 있다.

둘째, 교사는 유아들의 궁금증을 민감하게 포착하여 사고의 확장과 학습활동으로 연결할 수 있도록 안내해 줄 수 있다. 유아들이 궁금해하는 문제들을 해결하기 위하여 문제해결에 어떻게 접근할 것인지에 대한 적절한 해결 방법을 모색하는 데 도움을 줄 수 있다.

셋째, 유아들의 문제의식과 문제해결의 접근법을 이해하게 되면 교사의 비계설정이 보다 효과적으로 진행될 수 있다. 이러한 과정 속에서 소극적이거나 관심이 적었던 유아들도 주제에 대해 흥미와 관심을 가질 수 있게 된다.

넷째, 교사는 매일매일 새롭게 나온 질문거리를 소주제별로 분류하여 어떤 질문들이 나왔고 어떤 질문들이 해결되었는지를 쉽게 확인할 수 있다. 활발한 질문찾기는 프로젝트가 원활하게 진행되고 있다면 꼬리에 꼬리를 물면서 이루어지기 마련이다. 그러므로 교사는 과연 프로젝트가 효과적으로 잘 진행되고 있는가를 점검하면서 동시에 질문 촉진 방법을 활용하여야 할 것이다(지옥정, 2002).

(2) 프로젝트 접근법의 전개 단계

프로젝트 접근법의 전개 단계에서는 질문 목록을 중심으로 한 조사탐구 활동과 특정 목표에 의한 활동이 주로 이루어진다. 그리고 이를 활성화하기 위한 교사계획과 교사와 유아들 간의 활동과정 및 결과물 공유가 병행하여 진행된다. 이러한 과정을 통해 유아들은 최선을 다해 임하려는 태도가 길러지며, 정보를 공유하고 의견을 교환함으로써 부족한 부분을 보완할 수 있다. 그리고 학습효과의 극대화를 꾀할 수 있으며 조화로운 프로젝트로의 발전을 도모할 수 있다(지옥정, 2002).

이 단계에서 진행되어야 할 과정은 다상징화와 다매체적 접근, 현장학습, 기타 학습활동, 학부모와의 계속적인 상호작용 등이다. 각 과정에 대해 세부적으로 살펴보면 다음과 같다(하성수, 2008).

1 다상징화와 다매체적 접근

프로젝트의 전개 단계에서는 유아들의 프로젝트 학습활동이 적극적으로 이루어진다. 학습활동이 이루어지는 가운데 유아가 지니고 있는 사고를 드러내는 활동을 표상활동이라 한다. 표상활동은 시작 및 전개 단계에서 모두 사용하며 표상, 재표상의 순환적 전개과정을 거친다. 유아들은 자신의 생각을 구체화하고 의사소통을 하기 위해 상징적 매개수단을 동원하여 표현함으로써 표상활동을 한다. 어떤 주제나 개념의 이해를 위해 다양한 매체를 사용하여 표상, 재표상의 과정을 거쳐 다양하게 표상한다면 각 매체의 서로 다른 특성이 통합·축적되어 주제에 대한 학습이 심화될 수 있다. 이러한 교수 학습 방식을 다상징적 교수법이라 한다.

유아들이 주제를 탐구하기 위하여 사용할 수 있는 매체는 다양하다. 유아들은 각기 다른 학습 양식과 흥미를 가지고 있으므로 유아들에게 다양한 매체를 지원하는 일은 중요하다. 표상활동을 위한 매체는 찰흙에서부터 수많은 자연물에 이르기까지 매우 다양하며, 이러한 매체들은 유아들이 반복적이며 주기적인 표상활동을 하는 데 도움이 된다. 교실에서 유아들의 생각을 그림이나 만들기와 같은 다양한 매체를 활용하여 다상징화 하는 것은 결국 반성적 사고를 거쳐서 유아들에게 온전한 지식으로 내면화되어지는 것을 목표로 한다.

2 현장학습

프로젝트 학습의 대표적인 특성 중의 하나가 현장학습이다. 현장학습은 유아들이 구체적 경험을 할 수 있는 좋은 기회이다. 유아들이 프로젝트 주제와 관련하여 관심 있는 질문거리를 찾아 해결해야 할 방향의 정보와 지식, 사실을 알 수 있으며 실제생활과 관련된 구체적 경험을 통해 사고력 발달 및 언어 발달과 개념 형성에 도움을 받기 위하여 현장학습이 필요하다(하순련, 2008).

3 기타 학습활동

유아들이 프로젝트를 수행할 때 전문가와의 면담이나 초청은 중요하게 작용한다. 전문가의 방문은 유아들의 활동을 매우 활성화시키는 역할을 한다. 관심 있는 주제에 대한 경험을 풍부히 하기 위해 적절한 전문가를 초청하여 유아들의 질문에 답하거나 함께 활동하는 것은 프로젝트의 활성화에 큰 도움을 준다. 그리고 문제를 해결하는 데 있어 전문가 초청과 더불어 백과사전과 같은 전문서적을 참고하여 과제를 해결하는 데 도움을 받을 수 있다. 프로젝트 주제 중에서 원리에 대한 이해를 하려면 실험이나 가상 현실 체험을 함으로써 이해가 가능하다. 그리고 어떤 주제는 실물이나 표본을 직접 관찰함으로써 유아들의 궁금증이나 과제를 해결할 수 있다.

4 학부모와의 계속적인 상호작용

학부모는 유아교육을 위한 동반자로서 프로젝트 과정 중에도 부모의 참여는 계속적으로 다양하게 이루어진다. 그 방법은 면담, 보조교사나 일일교사로 참여하기 그리고 교사와 부모 간 메일이나 메모를 통한 상호작용 등이 있다.

(3) 프로젝트 접근법의 마무리 단계

마무리 단계에서는 그동안 진행해 온 프로젝트를 정리하고 평가도 하게 된다. 이 단계는 발표회 및 전시회를 통해 프로젝트를 종결짓는다는 의미뿐만 아니라 주제에 대한 새로운 경험을 얻는 단계라 할 수 있으며, 이러한 과정을 통해 재창조의 기회를 갖게 된다(이명조·배미희, 2007; 지옥정, 2002; 하순련, 2008).

이 단계에서 진행되어야 할 과정은 마무리 행사를 위한 토의, 발표회, 전시회, 보고서 산출, 프로젝트의 평가 등으로, 각 과정에 대해 세부적으로 살펴보면 다음과 같다(하성수, 2008).

1 마무리 행사를 위한 토의

프로젝트의 종결을 위하여 교사는 유아과 함께 프로젝트의 전 과정을 돌아보며 어떤 일이 있었는지를 되짚어 보는 시간을 가지고 마무리 행사를 계획하기 위한 토의를 하게 되는데 그 주요과정은 다음과 같다.

첫째, 프로젝트가 진행된 전체 과정을 돌아본다.

둘째, 전시회와 발표회의 날짜 및 시간을 정한다.

셋째, 전시회와 발표회의 형식과 초대 대상을 정한다.

넷째, 전시하고 발표할 항목을 정한다.

다섯째, 준비 일정표를 만든다.

여섯째, 유아의 각자 역할을 정한다.

2 발표회

발표회는 프로젝트의 정리이기도 하지만 유아들의 신체적·사회적·정서적 표출의 장이기도 하다. 때로는 유아들의 숨어 있는 장기와 재능이 발견되기도 하고 이를 통해 자신감이 길러지기도 한다. 또한 발표회는 유아들에게 있어 프로젝트의 전 과정을 학부모나 다른 교사들과 함께 공유하고 질문과 생각을 나누는 기회가 된다.

3 전시회

전시회는 프로젝트의 전 과정을 새롭게 구성하고 재창조해 보는 기회를 갖게 한다. 전시회를 통해 유아들은 프로젝트의 전 과정을 돌아보고 맡은 역할에 대한 수행능력과 책임감 및 성취감을 느낄 수 있는 기회를 가지게 된다.

4 보고서 산출

유아들이 진행한 프로젝트의 결과물 중 주요한 부분을 묶어 보고 서로 보고서를 산출할 수 있다. 보고서를 작성하는 경험을 통하여 유아들은 자료를 순서나 계열에 의하여 체계적으로 정리하는 능력, 자신의 생각을 다른 사람에게 효과적으로 잘 드러내는 방법, 시각적 표현 능력, 문장 능력 등이 길러질 수 있다

5 프로젝트의 평가

프로젝트의 평가는 유아 개인의 성취도를 알아보기 위한 과정으로 개별 유아는 물론 유아집단을 위한 교육을 계획하는 데 중요한 자료가 되며, 프로젝트 준비과정부터 교재교구 환경구성 및 교수학습 활동에 이르기까지 교사의 교육과정 운영 전반을 점검해 보는 기회가 된다. 평가는 프로젝트가 종료되는 시점뿐만 아니라 프로젝트 학습이 진행되는 동안에도 이루어져야 한다. 프로젝트 학습 중에 이루어지는 평가는 프로젝트를 보다 개선·발전시켜 유아의 학습 효과를 높이고, 프로젝트 종료 후 평가는 프로젝트 전체를 반성하고 유아에게 나타난 학습 효과를 평가해서 차후 다른 프로젝트 학습을 보다 효과적으로 수행하도록하는 데 그 목적이 있다(이명조·배미희, 2007; 하순련, 2008).

제4장 레지오 에밀리아 교육과 프로젝트

많은 교육이론들이 실제 교육의 현장에서 어떻게 수용되고 적용될 수 있는가에 대한 검증이 제대로 이루어지지 않고 사라지는 것에 반해, 레지오 에밀리아 교육은 프로젝트 중심의 학습, 발현적 교육과정의 운영, 표상을 활용하는 다상징적 교수법, 사회적 상호작용을 통한 협력학습, 기록화의 교육적 활용, 프로젝트에 부모의 공동 참여, 지역사회 중심의 운영, 학습을 자극하는 물리적 환경, 전문적 교사 교육 등 새로운 교육방법을 계속적으로 개발하여 교육현장에 실제적으로 적용해 오고 있기 때문에 더욱더 교육자를 비롯한 많은 사람들의 관심을 받고 있다(홍지연, 2002).

레지오 교육은 상징적 표상에 체계적으로 초점을 맞춤으로써 상징적 기술과 창의력 등을 길러 주는 프로젝트를 통한 발현적 교육과정을 운영하면서 유아중심의 교육을 전개하고, 통합적 교육과정, 총체적 언어접근, 문제해결 상황의 제공 등의 맥락에서 유아교육자의 관심의 대상이 되고 있다. 레지오 에밀리아에서 프로젝트 수업은 교육과정에서 대단히 큰 비중을 차지하고 있다. 또한 레지오에서 프로젝트는 Katz나 Chard가 말하는 프로젝트 접근법과는 다르게 운영되고 있다.

레지오에서 운영하고 있는 대표적 교수방법인 프로젝트 접근법을 좀 더 구체적으로 살펴보고자 한다.

1. 레지오 에밀리아 프로젝트의 교육 원리 및 방법

1991년 미국 『Newsweek』지가 '세계 최고의 유아학교'로 선정한 바 있는 이탈리아의 레지오 에밀리아 유아학교는 오늘날까지 세계적 관심과 찬사를 받고 있으며(Peter Moss, 2007), 우리에게도 잘 알려져 있다. 레지오 에밀리아 유아교육에서 유아는 스스로 자신만의 의미를 창조하지만, 또래와 성인으로부터 자신의 유능감을 확인받게 될 때 강한 지지를 받는다고 지적하였다(Rinaldi, 2000). 유아는 따뜻하고 상호적인 관계 속에서 강력하고 외향적이며 확실한 자아개념을 발달시켜 나가며, 이는 자신의 의미 만들기 과정의 일부가 된다고 한다. 교육이란 사람 간, 유아 간, 환경 간의 사고관계의 구성물이다. 가장 핵심적 개념은 관계, 의사소통, 주관성 및 상호 주관성이며, 모든 유아는 자신만의 의미를 창조해 나가기 때문에 유아의 학습은 개별적이어야 한다.

그리고 유아를 지속적으로 질문하고 주변과 상호작용을 통해 자신의 이론과 의미를 구성해 나가는 존재로 보았다. 유아의 다 상징적 언어의 표현과 사용의 강조, 유아와 교사의 학습과 연구를 위한 맥락으로서의 장기프로젝트의 발달, 교육주체(유아, 교사, 부모)들의 관계를 지원하는 제3의 교사로서 환경의 역할을 강조하며, 유아는 비록 삶의 초기단계에 있지만, 물리적, 생물학적, 사회적 세계에 대한 이론들을 개발해 나갈 수 있다고 보았다. 유아는 그래픽, 조형, 음악, 몸짓 언어 등의 유아 특유의 수백 가지 언어를 사용하여 대화와 의사소통을 하고 의견을 내며, '이론들'을 구축할 수 있는 능력, 즉 현실을 생각하고 해석할 수 있는 능력을 획득해 나간다.

레지오 에밀리아 유아교육접근법은 일종의 발견 여정과 같아서 지식과 삶을 위한 근본적 가치인 인간의 역량을 지속시켜 준다. 집단별 기록화와 프로젝트 작업을 통해 서로 다르게 표현하는 것을 허용하고 유아의 아이디어의 교환과 비교를 통해 서로 협상하고 촉진하도록 돕는다. 협력, 연구자로서의 교사, 기록화, 제3의 교사로서의 환경은 중요한 개념들이다(나정·임미령·박창현, 2011).

레지오 에밀리아 접근법은 유아교육에 대한 철학적 가정, 교육과정과 교수방법, 지역 공동체의 교육환경들이 어우러져 이탈리아의 사회문화 맥락 안에서 이해될 수 있는 독특한 통합 유아교육체제이다(신화식 외, 2004).

레지오에서는 미리 계획되고 정해진 교육목적이나 교육목표가 없다. 레지오 접근법의 교육목표는 지역의 사회문화적 요인과 적절하게 조화되어 있으며, 유아와 교사, 부모, 지역사회 구성원 간의 관계를 통해 교육은 상호협력적으로 이루어진다(New, 1999). 레지오의 장기 프로젝트는 관찰과 과거 경험, 기록을 중요하게 생각하는 자연스러운 교육활동을 통해 교육목표가 성취되며, 그 성취는 또 다른 목표를 만든다(Glassma & Whaley, 2000).

레지오에서 이루어지는 교육내용은 소집단 과정에서 발생하는 인지적 갈등 및 해결 과정, 다상징적 표상활동, 유아활동에 대한 교사들의 기록 및 분석, 논의의 과정을 통한 융통성 있는 목표설정 등을 통해 새롭게 발현해 나간다. 즉, 교사가 사전에 활동의 방향을 예상하고 준비하기도 하고, 때로는 유아의 흥미와 교육적 가치를 고려하면서 무엇을 배우고 경험하게 할 것인가를 의논하며 전개한다(김희진·오문자, 1996). 레지오 교육과정을 대표하는 교육내용은 장단기 프로젝트 활동, 일상생활 관련활동, 협력활동, 관계 알기 활동, 다양한 사고와 표현 존중 활동, 지역공동체 참여의 가치 알기가 있다(신화식 외, 2004).

대부분의 유아교육 전문가는 '프로젝트'의 용어를 시용해 레지오의 교육내용을 설명하는데(신화식 외 2004), 프로젝트는 유아들이 몰입할 수 있는 주제를 가지고 협력집단 속에서 다양한 문제를 해결하는 것으로, 창의적 표현을 강조하며 지역사회와 연계해 활동을 전개하는 특성을 지니고 있다(New, 2000).

프로젝트를 제공하는 가장 중요한 이유는 유아가 몰입할 수 있기 때문이고, 유아가 몰입을 할 때 학습의 효과는 극대화 되기 때문이다(오문자, 2000).

교사가 유아와 함께 참여하는 프로젝트는 전통적으로 교사들이 생각하는 단원이나 주제에 대한 학습과는 다르며, 레지오에서 프로젝트를 실시할 때는 유아의 흥미를 토대로 주제를 선정하지만 유아에게 전적으로 의존하지는 않는다. 오히려 교사는 유아가 표현한 '100가지 언어'를 기초로 유아들이 관심을 보이는 것, 유아들에게 교육적으로 가치가 있는 것, 그리고 사회적·문화적 맥락에서 의미있는 것이 무엇인가를 고려하여 유아들이 무엇을 배우고, 경험하게 하며, 표현하게 할 것인가를 결정한다(유현수·김주아, 2008).

1) 레지오 에밀리아 접근법과 지식의 구성

레지오 에밀리아의 교육목적은 유아가 스스로 창조하고 발견하게 하는 것이다. 따라서 유아에게 능동적인 탐구과정을 통하여 배울 수 있도록 문제해결 상황을 제시해 주어야 하는데(김희진, 2004), 레지오 에밀리아 교육에서는 한마디로 상호 조정적 교육과정(negotiated curriculum)이 적용된다. 상호 조정적 교육과정은 발현적 교육과정(emergent curriculum)이라고도 하는데, 학습할 내용에 대하여 교사와 유아가 토론을 통하여 상호 조정하여 정한다는 것이다. 교육과정은 사전에 국가의 교육과정과 학교, 지역사회의 여건, 유아의 특성 등을 감안하여 교사가 미리 재구성하여 잠정적으로 교육내용을 선정하지만, 수업 시간에 유아의 흥미, 욕구, 적성 등을 고려하여 얼마든지 변화가 가능하며, 교육과정의 내용 결정에 있어서 동기유발과 학습의 효과를 위하여 융통성 있게 운영한다(성용구, 2006).

레지오 에밀리아에서는 이미 짜인 교육과정을 교사가 유아들에게 일방적으로 제시하는 것이 아니고 교사와 유아들이 함께 창의적으로 만들어가는 예술로서의 교육과정이 전개된다. 이때 교사는 유아들의 지식과 경험을 바탕으로 앞으로 일어날 학습 상황을 예견하고, 유아들의 흥미와 관심에 부합하는 교육내용들을 계획해야 한다. 따라서 학습주제는 학급 상황 속에서 유아들의 동기유발이 잘 되어지도록 교사의 적극적인 준비와 더불어 발현되며, 수업의 전 과정에서 교사와 유아 간의 계속적인 협상과 조정을 통하여 발현된다.

레지오 에밀리아 교육방법에서는 관계, 의사소통, 상호작용이 매우 중요하며, 모든 지식은 유아 자신과 사회적 관계를 형성하는 과정에서 얻어진다고 믿는다. 유아는 수동적으로 경험하는 것이 아니라 사회적 과정 속에서 또래와 함께 적극적 역할을 하면서 배우며, 또래 유아와의 관계에서 반대, 협상, 수용, 전체의 재구성을 통하여 학습한다(Rinald, 1998).

사회적 구성주의에서는 Vygotsky의 사회적·인지적 발달이론에 근거하여 지식 구성의 주요 요인은 인간의 인지적 작용과 사회적 관계의 역동적이고 밀접한 상호작용에 의한 것이라고 본다. 이렇게 볼 때 레지오 에밀리아의 교육방법은 유아에게 이런 사회적 관계를 역동적으로 형성함으로써 지식 구성에 적극적인 도움을 주는 방법이라고 볼 수 있다.

2) 표상활동

표상(representation)이란 겉으로 드러나 보이지 않는 유아들의 생각이나 이미지를 드러내 보이도록 상징수단을 활용하여 표현하는 것이다. 유아들은 자신의 생각을 구체화하고 의사소통을 위하여 상징적 매개수단을 동원하여 표현함으로써 표상활동을 한다. 상징적 매개수단에는 글씨, 그림, 언어, 기호, 몸짓 등이 있으며, 학습에서 표상활동은 그림, 도표, 만들기, 시뮬레이션, 모형 등을 통하여 이루어진다. 표상활동은 회화적·심미적 가치에 있지 않고 유아들이 생각을 표현하고 다른 사람들과 의사소통을 하는 학습의 도구로 활용하는 데 가치가 있다.

교실현장에서 유아들은 그림, 점토, 블록, 철사 등 다양한 매체를 가지고 자신의 생각을 표상한다. 유아들은 이러한 표상을 해석하여 학습에 반영하고 그 결과로 나온 생각을 다시 표상, 재표상(re-representation)하여 이해의 깊이를 더해 간다(성용구, 2004). 이처럼 레지오 에밀리아 접근법에서의 표상활동은 유아들이 새로운 아이디어를 탐색하는 데 도움을 줌으로써 그들이 지식을 구축하고 심화·확대해 나가는 데 가치가 있다.

3) 교사의 스케폴딩과 유아의 지식 구축 과정

학습이 이루어지려면 학습자의 경험 수준과 잠재발달 수준의 간격인 근접발달영역(ZPD)에서 학습과 인지발달이 역동적으로 일어날 수 있도록 교사의 적절한 지원(scaffolding)이 있어야 한다.

스케폴딩의 목표는 유아가 근접발달영역 안에서 과제를 수행할 수 있도록 과제와 환경을 구조화하여, 유아의 요구와 능력에 맞추어 성인이 개입하는 양을 지속적으로 조절함으로써 유아들이 적절하게 도전하도록 하는 것이다.

스케폴딩의 가장 본질적인 요소는 사회적 상호작용에서 참여자들이 유아의 근접발달영역 안에 있는 상황에 대한 공통의 의견을 얻기 위해 항상 협의하고 타협하는 것이며, 그 과정에서의 긍정적인 반응이라고 할 수 있다. 가장 중요한 것은 학습자의 주도권과 호기심에 대한 성향, 흥미, 그리고 개인 능력을 보존하고 있는 것이다(성용구, 2004).

학습을 촉진하기 위해서 교사는 매개체를 통한 다양한 도움을 만들어 내고 그 결과 서로 다른 형태의 공유된 활동을 창안해 내야 한다. 스케폴딩에서 교사의 역할은 Vygotsky와 같은 학자들이 말하는 교육적 대화(educational dialogue)를 통해 더욱 자세히 설명될 수 있다. 교육적 대화는 공유된 활동에 참여하는 한 가지 방법이기도 한데, 교사가 일정한 교육목표를 가지고 그 목표를 달성하기 위해 계획을 수립하며 학습자들을 안내하는 것이다. 교사의 스케폴딩은 유아의 반응에 따라 설정되어야 하기 때문에 유아의 반응을 분석하지 않고는 성공적인 스케폴딩이 수행되기가 어렵다(유승희, 2007).

4) 레지오 프로젝트의 특징

프로젝트 과정에서 강조되는 특성은 크게 다섯 가지로 나누어 볼 수 있다(신화식 외, 2004).

첫째, 발현적 교육과정이다.

교사가 일반적인 목표는 세우지만 구체적인 교수계획을 세우지는 않는다. 프로젝트 진행 내용을 협의하고 그 순간의 상황에 따라 발현되는 아이디어를 중심으로 교육을 이끌어 간다. 교사는 유아들의 근접발달지대를 잘 관찰해 수준에 맞게 유아의 흥미와 관심을 끌 수 있는 환경을 제공할 뿐만 아니라 유아의 잠재성과 창의성을 이끌어 내기 위해 토의하며 교육내용을 협의해 간다.

교사와 유아의 대화, 교사 간의 협의와 조정을 통한 발현적 교육과정은 유아들이 창의적인 프로젝트를 자발적으로 이끌어 가도록 돕고, 유아를 독특한 개체로 인정해 잠재 능력을 상징적으로 표현해 주므로 유아의 활동을 자연스럽게 유도한다.

둘째, 상징적 표상의 중요성이다.

상징적 표상은 여러 상징매체를 통해 표현이 가능한데, 유아는 자신의 생각을 구체적으로 나타내기 위하여 상징적 매개체를 사용하여 표상활동을 한다(Bodrova & Leong, 1996). 특히 시각 표상으로 그림 그리기는 학습의 도구로 활용하는 데 가치를 두고 있으며, 교사는 표상과정을 다음 학습의 심화과정으로 사용한다. 이러한 표상활동은 유아 자신의 아이디어, 감정, 상상한 것, 관찰한 것을 잘 표현하게 하고, 또 다른 관찰과 새로운 표상으로 이어지는 논의의 기초가 된다. 이러한 상징 표상은 레지오 교실의 유아들에게는 익숙하며, 각각의 기관은 별개의 아틀리에, 즉 표상활동이 가능한 공간을 가지고 있고, 여기에 유아들은 미술교사와 함께 서로 공유활동을 하면서 사고를 도전받고 고쳐 나간다.

셋째, 기록 작업의 병행이다.

기록은 탐구와 발견의 전환점을 보여주고 개인과 그룹 작업의 과정 및 성과를 요약해 준다. 기록은 유아와 주고받은 대화의 내용, 그림과 조형물 등의 유아 작품, 활동과정의 사진과 비디오, 활동에 대한 교사진의 해석과 주석 등을 포함한다(오문자, 2000). 기록은 교사회의 자료로 쓰이며, 유아 개인의 평가에서부터 학습 활동의 계획 및 학습 자료로도 활용된다. 교사는 진행되는 프로젝트를 기록함으로써 어떤 부분을 심화시키고 연구해야 할 것인지를 알게 되며, 유아의 발달 수준을 이해함에 따라 교수전략을 수립하는 근거가 마련된다(Forman, 2002). 부모에게는 프로젝트에 어떻게 협조하여 참여할 것인지에 대해 구체적으로 알게 해 준다. 이러한 기록 작업은 레지오에서 중시되는 것 중 하나이며, 프로젝트의 성공을 위해 필수적인 요소이다(New, 2000; Forman, 1999).

넷째, 사회적 상호작용이다.

프로젝트 진행 중에 생기는 교사와 유아, 유아와 유아 간의 관계 형성 및 협력과 같은 사회적 상호작용은 유아와 교사 모두에게 중요한 요소이다(Krechevsky & Stork, 2000). 유아를 둘러싼 사회적 관계와의 실제적인 교류를 통해 유아의 지식이 구성되므로(Stone, 1993), 레지오에서 유아를 둘러싼 교사와 지역사회 구성원의 사회적 상호작용을 통한 협력과 참여는 유아의 학습과 발달에 중요한 역할을 하고 있다.

다섯째, 창의성 강조이다.

창의적 사고 형성을 위해서 교사는 발현적인 방법으로 예기치 못한 사건에서 시작되는 유아들의 탐구와 발견의 가치를 존중해 주며, 이러한 가치를 지원해 주기 위하여 장기 프로젝트를 계획한다. 또한 교사의 격려와 지원은 유아의 아이디어가 명확하게 표상화되도록 해서 유아들의 잠재된 창의력이 나타나도록 도와준다.

2. 레지오 에밀리아 접근법과 프로젝트 접근법

프로젝트의 요건은 유아들의 관심이나 놀이, 일상경험에 따라 유아에 의해 시작되고, 유아에 의해 지도되며 유아에 의해 전개된다.

프로젝트 접근법과 레지오 에밀리아 접근법의 공통점은 프로젝트 중심의 학습

활동을 한다는 것이다. 프로젝트 접근법이 다양한 관찰과 직접 경험을 강조하여 프로젝트 주제에 대한 유아들의 '이해의 폭을 넓히는 데' 초점을 둔다면, 레지오 에밀리아는 지식의 구조를 강조하여 주제에 대한 '이해의 깊이를 심화시키는' 나선형적 프로젝트 전개방식을 활용한다. 레지오 에밀리아 접근법이 프로젝트 접근법과 다른 점을 요약해 보면 다음과 같다(김경미 외, 2012).

첫째, 체제의 종합성을 들 수 있다.

프로젝트 접근법은 프로젝트를 통한 교수학습 방식을 오늘날의 시각에서 재정립한 일종의 교수법이라 할 수 있다. 이에 비해 레지오 접근법은 30여 년간 부모와 지역사회를 근간으로 발달시켜 온 행정체계, 환경조직, 철학, 교수학습이론, 교육과정을 통칭하는 총체적인 영유아 보육 체계로서 프로젝트 중심의 학습 방식은 레지오에서 활용하는 여러 가지 교수법의 하나에 해당한다.

둘째, 학습 원리에 차이가 있다.

프로젝트 접근법에서는 진보주의 교육이론에 기초하여 통합적 교육을 강조한다면, 레지오에서는 영유아들 간의 사회인지적 갈등을 통한 문제해결에 초점을 두는 구성주의적, 나아가 사회적 구성주의의 학습 원리에 토대를 두고 있다.

셋째, 학습내용의 구조적 차원이 서로 다르다.

프로젝트 접근법에서는 프로젝트 주제에 대한 이해의 폭을 넓힐 수 있도록 하는 다양한 관찰, 조사, 탐색활동에 초점을 둔다, 이에 반해 레지오식 프로젝트에서는 지식의 구조를 강조하여 탐색, 재탐색하고, 구축, 재구축해 나가는 나선형적 재순환 방식을 통해 프로젝트 주제의 하위 내용 간 이해의 깊이를 심화시키는 방식에 초점을 둔다.

넷째, 표상의 활용에 있어 차이가 있다.

두 가지 접근법에서는 모두 그림을 통한 표상을 비롯하여 언어적, 동작적, 다양한 상징적 표상을 강조한다. 그러나 그 활용면에 있어서 프로젝트 접근법에서는 유아들이 주제에 대해 관찰하고 이해하고 조사한 것을 시각적, 언어적, 극화놀이 등을 통해 표현하고 표상한 내용을 전시하여 공유하는 데 의미를 둔다.

3. 다상징 프로젝트 수행을 위한 절차 및 제안

프로젝트 수행에 있어서 주제 선정, 전개 방향, 운영 방법 등에 있어 지켜야 하는 방식은 없다. 레지오식 프로젝트는 더욱 그러하다. 오히려 구성주의, 나아가 사회적 구성주의 시각에서의 학습 원리, 영유아관, 교사의 역할에 대한 이해와 가치를 바탕으로 영유아의 흥미나 욕구와 교사의 경험에 따른 판단에 기초하여 진정한 영유아 존중의 교수-학습 방식을 융통성 있게 실천해 나가는 것이라 말할 수 있다. 프로젝트의 수행 절차는 다음과 같다(김경미 외, 2012).

● 프로젝트 주제를 선정한다.

일과에서 다루는 주제를 심화 또는 확장시킨 수준에서 주제를 선정한다. 두 가지 이상의 주제가 상정된 경우, 교사 또한 주제 선정에 개입하여 학습의 잠재력을 염두에 두고 협의하며 성인 시각의 학구적인 주제보다 영유아의 시각에서 흥미 있는 주제도 포함시킨다.

● 프로젝트 집단을 구성한다.

연령에 따라 2명에서 5명 정도의 소집단을 구성한다.

● 프로젝트의 전개 가능성을 '사전 정찰' 하여 계획한다.

전개 가능 방향을 다양하게 연구한다. 경우에 따라 전문적 고찰이나 조사 또는 문헌 연구 또한 필요하다. 학문적인 내용을 어디서 자연스럽게 다룰지 예측한다.

● 주제에 대해 유아들이 아는 바를 자유롭게 말로 표출하는 것으로 프로젝트를 시작한다.

유아의 언어적 표현에 대해 칭찬이나 인정으로 강화하거나, 정보를 더해 주는 식으로 피드백을 주기보다는 영유아가 생각을 더 이야기하고, 관심을 밖으로 표출하도록 기회를 충분히 준다.

● 말로 표현한 바를 그림으로 그려 주제에 대한 유아들의 지식을 가시화한다.

유아는 생각을 그림으로 가시화하면서 자신의 사고를 재고찰하고 새로운 아이디어를 더해 나간다.

● 그림을 매개로 사회적 상호작용을 한다.

유아들은 각자가 그린 그림에 대해 설명하고 질문에 답하면서 자연스럽게 사회인지적 갈등을 경험한다.

● 유아들이 그린 초기 그림을 기록화한다.

유아들의 가설을 그림에 적어 기록화한다. 기록화를 토대로 교사는 프로젝트의 방향을 연구하며, 이후의 학습에서 재방문하여 반성적 사고를 할 수 있도록 전시한다.

● 영유아들의 가설을 확인할 수 있는 활동, 직접 경험을 제공한다.

매 활동 시 기록화를 통해 이전 경험이나 생각을 확인한 후, 새로운 경험을 시작한다.

● 경험 후에 달라진 이해를 그림으로 표현한다.

유아들의 첫 가설 그림, 직접 경험에 대한 사진과 유아가 한 말들을 기록화하여 전시하고 경험 후 새로워진 시각에서 달라진 이해를 그림으로 표상한다.

● 경험 후에 그린 그림을 이전 가설 그림과 비교한다.

두 가지 그림을 비교하여 그 차이점에 대해 생각하고 이야기한다.

- 프로젝트 주제에 대한 심화된 학습을 위해 다양한 주기를 활용한다.

그간의 활동을 고찰하여 주제에 대한 유아들의 부족한 이해를 포착한다.

- 매활동 주기마다 진정한 의미의 재순환이 이루어지도록 한다.

단순히 새로운 주기가 아니라 경험할 대상물이나 상황에 대해 반드시 미리 예측하고 가설을 세우고 갈등을 가진 후, 가설을 확인하는 경험이 되게 함으로써 추론과 반성이 내재되게 한다.

- 표상활동의 전과 후에 필요할 때마다 또래 간의 진정한 의사소통이 이루어지도록 한다.
- 표상 시에 사회적 과제 조건을 고려한다.
- 다양한 표상 전략을 활용한다.
- 끊임없이 기록화하고 전시하여 학습에 활용한다.
- 프로젝트에 참여했던 유아들이 학습한 내용을 학급이나 기관 전체에 발표한다.
- 프로젝트의 마무리는 여러 가지 요인에 의해 자연스럽게 결정된다.

4. 주제 발현

프로젝트에서 주제들은 매우 다양한 방법으로 일어난다. 우연히 유아들의 흥미를 불러일으키는 상황이 일어났을 때, 즉 교실 안에 새가 날아들어 왔다든가, 키우던 생물이 죽었다든가, 날씨가 갑자기 급격하게 변화되었다든가 하는 경우에 유아들의 흥미가 집중이 되면 자연스럽게 그에 대한 이야기가 전개되고 그것이 계기가 되어 프로젝트로 진화할 수 있을 것이다.

또한 우연히 나온 유아들의 대화를 통해 프로젝트가 발현되기도 한다. 예를 들어, 바깥놀이를 나가려는데 비가 와서 나갈 수 없게 되자 한 유아가 "미래에는 날씨를 조정할 수 있는 기계가 나올 거야"라는 말을 했을 때, 유아들은 미래라는 단어에 흥미를 보일 수 있을 것이다. 우연히 발생되는 프로젝트의 사례는 많다. 다만 교사가 그 상황을 얼마나 예민하게 포착하느냐 하는 것이 프로젝트 진행의 활성화를 이룰 수 있는가와 연관이 있을 것이다. 이때 교사는 집단에 따른 다양한 해석에 의해 활동주제를 그 그룹의 정체성이 드러나게 발현해야 한다.

한편 프로젝트의 발현이 교사나 기관의 의도가 관련되는 경우도 있다. 대표적인 것이 이탈리아 레지오 에밀리아의 디에나 유아학교에서 진행했던 극장막 프로그램이었다. 당시 레지오 에밀리아 시에서 디에나 유아학교의 유아들에게 시내에 있는 극장의 막을 그려 줄 것을 부탁하였고, 교사와 유아들이 이를 받아들여 프로젝트를 진행하였으며, 아직도 극장에는 막이 걸려 있다. 이는 시와 학교 유아들이 한마음이 되어 진행한 훌륭한 프로젝트로 남아 있다. 이런 대형 프로젝트가 아니더라도 교사가 유아들에게 배려가 필요하다고 생각했다거나 올림픽이 진행 중인데 유아들은 별 관심을 보이지 않을 경우 먼저 교사가 프로젝트의 큰 줄기를 가늠하여 적합한 문화적 자료를 선정하고 나름의 가설을 세워 본 다음에 유아들과 만나도록 한 후 주제를 발현시키면 유아들의 관심과 흥미가 배어 있는 활동주제를 선정할 수 있게 된다.

뿐만 아니라 그 외에도 다양한 방법으로 프로젝트는 발현될 수 있다. 유아들의 흥미는 무한하며 이에 대한 흥미를 이끌어가는 능력도 대단하다. 다만 다양한 매체와 흥미를 지속할 수 있는 교사의 적극적인 지원은 필수적인 조건이다.

제5장 발현적 교육과정을 통해 본 창의 인성교육

로리스 말라구찌(1997)는 교육의 목적은 어린이가 창조하고 발견할 가능성을 높이는 것이며, 말이 지식으로 가는 지름길로 사용되어서는 안 된다(케롤린 에드워즈·렐라 간디니·조지포먼 편저, 김희진·오문자역, 1997)고 하였다. 이는 교사가 수립한 계획안에 유아들을 따르도록 만들기보다 유아들에게 다양한 관점, 아이디어, 자료, 질문, 단서들을 제공하는 일이 중요한 교사의 역할이 되어야 함을 강조한다. 이와 같은 교수학습 방법은 오늘날 세계가 주목하는 방법이다.

"교육의 질은 교사의 질을 넘을 수 없다"는 지극히 상식화된 문구가 우리 주변에 공허한 구호로 남아 있다. 미래의 인간형은 구호나 형식을 탈피하고 전체를 조망하고 진정한 관계를 형성해 내는 능력을 필요로 한다. 나와 너의 관계에 공감이 드러나지 않을 때 그 관계는 형식적이 된다. 유아의 행복과 교사의 보람을 되찾기 위해서는 인식 있는 전문가들의 실천에 옮기려는 부단한 노력이 필요하다.

오늘날의 복잡한 사회적 변화는 산업화로 인한 급성장, 물질만능, 핵가족화, 맞벌이 가정의 증가와 같은 사회구조의 변화와 무관하지 않다. 지나치게 경쟁적 사회 분위기 속에서 학교폭력, 집단 따돌림, 청소년 자살 등과 같은 문제가 끊이지 않게 되자, 최근 들어 인성교육에 대한 중요성과 필요성의 목소리가 더욱 높아지게 되었고, 정부는 유아기부터 인성교육의 필요성을 강조해야 한다고 역설하기 시작했다. 이러한 필요에 따라 유아기의 바른 인성교육 문화를 확산시키기 위해 인성교육 우수사례를 일반화하려는 취지로 유아기 인성교육 심사지표를 개발하였다. 개발 방향은 첫째, 인성교육이 기관 전체 교육·보육과정 내에서 통합적으로 연계·실시되고 있는지를 파악하는 데 중점을 둔다. 둘째, 유아기부터 강조해야 하는 인성교육 덕목을 포함하고 있는지를 파악하는 데 중점을 둔다. 셋째, 인성교육이 연간 지속적으로 이루어지는지를 파악하는 데 중점을 둔다. 넷째, 인성교육이 일상생활 속에서 실천적으로 이루어지는지를 파악하는 데 중점을 둔다. 다섯째, 서류나 문건보다는 실제 교육·보육활동 장면에서 관찰되는 부분과 교사의 역량을 파악하는 데 중점을 둔다. 여섯째, 원장을 포함하여 전체 교직원이 인성교육의 중요성을 인식하고, 함께 실천하려고 노력하는지를 파악하는 데 중점을 둔다. 일곱째, 가정과 부모의 인성교육 역량 강화를 지원하고 있는지를 파악하는 데 중점을 둔다. 여덟째, 현재까지의 인성교육 운영에 근거하고, 기관의 인적·물적 여건을 감안하여 향후 지속적이고 발전적인 추진 계획을 수립하고 있는지를 파악하는 데 중점을 두는 것이었다.

많은 변화들이 급속하게 진행되는 과학화, 정보화 시대인 현대의 유아에게 중요시되는 특성 중의 하나는 창의성이다. 사회가 고도로 정보화되고 과학화되어 감에 따라 창의성이 강조되고 있는데, 이는 창의성이 개인과 사회, 국가의 발전에 있어서 원동력이 되기 때문이다. 창의성이 없는 개인이나 사회, 국가는 발전하거나 진보하지 못할 뿐 아니라, 창의성은 생존의 수단이 되고 있다. 즉, 변화가 가속화되고 있는 상황에서 사회에 적응하고 생존하기 위해서는 능동적인 새로운 방법을 찾아낼 수 있는 능력으로서의 창의성이 필수적이다.

그러므로 오늘날처럼 급변하는 사회에 대처하기 위해서는 창의력 또는 사고의 유연성이 필요하며, 유아기 때부터 창의적인 어린이로 자랄 수 있도록 환경을 마련해 주어야 한다. 유아들이 주변 생활에서 일어나는 상황에 대해 좀 더 독특하게 생각하고 다양하게 사고할 수 있는 창의성은 인간 삶의 질과도 깊은 연관성을 가지고 있기 때문에 자신의 삶을 한층 풍요롭고 윤택하게 할 것이다.

21세기는 정보화, 세계화, 개방화 사회의 시대로 개별적 삶의 패턴보다 공동체적 삶의 양식을 필요로 한다. 개인의 능력만으로는 이 시대의 복잡한 환경에 적응하며 살기에 많은 한계가 있다. 따라서 여럿이 모여 생각과 감정을 나누고 서로의 장점을 개발할 수 있도록 상호지원하고 공동 협력함으로써 성공적 삶을 살아갈 수 있다. 생각하고 창조하는 일에 용기와 도전을 갖고 인내하며 감정을 조절하고 다른 사람과 정서를 나누며 협력할 수 있는 올바른 인성을 기르도록 적절한 EQ(정서지능)가 계발되어야 한다. Gardner는 인간의 지능이 논리수학적 지능, 공간적 지능, 신체운동적 지능, 음악적 지능, 자연탐구 지능, 자기이해 지능, 대인관계 지능 등 다양한 차원에서 설명될 수 있다고 하는 다중지능이론을 주장하였다. 다중지능이론은 지능(IQ)이 높은 유아가 모든 영역에서 우수하다는 종래의 지능관을 비판하고, 인간의 지적 능력이 서로 독립적이며 상이한 여러 유형의 능력으로 구성된다는 점을 강조한다. 또한 개인에 따라 신체운동적 지능이 높은가 하면 언어적 지능이 낮을 수도 있고, 논리수학적 지능이 높은가 하면 개인 간 지능이 낮을 수도 있는데, 이러한 지능분포를 바르게 진단하고 통합적으로 교육하는 것이 중요하다고 한다. 21세기 사회는 고도의 발달로 인해 개인지능으로는 해결하기 어려운 집단지능을 요구함으로써 그야말로 다지능 시대로 들어왔다고 할 수 있다. 유아들의 정서적 스트레스가 불안증, 우울증, 부적응 등의 증상을 확산시키고 있는 이 시대는 도덕적·정서적 위기의 시대라고 해도 과언이 아니다.

유아들은 참과 거짓, 선과 악 등의 추상적인 이미지를 구체적 사물 속에서 찾아 조형물을 통해 표상하는 활동을 즐긴다. 창의·인성교육에 초점을 맞추어 전개된 '두근두근 콩닥 거짓말' 프로젝트와 '자석 로봇' 프로젝트에 나타난 유아들의 사고의 변화과정을 살펴보자.

1. '두근두근 콩닥 거짓말' 프로젝트

유아들의 참과 거짓에 대한 생각의 변화과정을 살펴보기로 한다. 거짓말은 거짓말하는 사람의 의도에 따라 착한 거짓말, 나쁜 거짓말, 즐거운 거짓말 등 여러 종류가 있다. 유아들은 다툼이 발생한 상황에서 상대의 말이 거짓말이라며 속상해한다. 거짓이라는 증거는 코와 눈의 움직임 때문이라고 말한다. 거짓말은 반드시 나쁘기만 할까? 유아들의 거짓말에 관련된 담론은 다양하다. 좋은 거짓말도 있고 즐거운 거짓말도 있다는 것이다. 이러한 거짓말의 정의에 대한 담론이 주는 의미는 무엇일까? 거짓말을 사용하는 의도가 어디에 있느냐에 따라 선할 수도 즐거울 수도 있음을 말한다.

1) 거짓말이라는 것을 어떻게 알 수 있을까? 거짓말은 왜 하는 것일까?

유아들은 '거짓말'과 같은 내적 마음과 관련되는 언어를 '표정'과 같은 외적이며 신체적인 언어에서 찾을 수 있다고 생각하였다. 내면과 외면, 즉 마음과 표정은 연관되어 작동한다는 것을 이야기하고 있는 것이다. 이는 신체와 정신의 세계가 분리되어 있지 않음을 의미한다. 유아들은 내면과 외면이 서로 연결되는 공존관계를 인식하고 있었다. 거짓말하는 이유로 유아들은 '거짓말 세포가 몸속에 있어서 거짓말을 하게 된다'고 말한다. 이는 마음이라는 무형적 차원을 신체라는 유형적 차원에서 찾으려는 것을 나타낸다. 몸속의 거짓말 세포를 표상할 수 있다고 생각하는 것은 추상적 단어를 구체적 이미지로 시각화할 수 있다고 생각하는 것을 의미한다. 추상적 개념을 구체화하고 시각화하면서 표상을 즐기는 성향은 유아기 특성처럼 보였다.

(1) 발현시기

파릇한 새싹이 돋는 어느 아침 등원하는 길에 유아들 사이에서 다툼이 일어났다. 무엇인가 자신의 생각을 주장하는 유아들의 목소리가 점점 커졌고, 교사는 가만히 유아들의 다툼에 귀를 기울였다. 유아들은 서로 친구가 거짓말을 하고 있다고 이야기하며 눈물을 글썽이며 다투고 있었다. 교사는 다툼이 있는 유아에게 "거짓말인 것을 어떻게 알았어?"라고 물어보았다. 그러자 한 유아가 "거짓말은 다 알아요. 마음을 속이고 있잖아요. 그래서 코가 벌렁벌렁하고 눈이 끔벅끔벅하고 입이 올라가요."라고 이야기하는 것이다. 유아들은 거짓말에 대해 어떻게 생각하고 있을까? 유아들과 이야기를 나누면서 거짓말에 담긴 생각과 감정에 대해 알게 되었다.

1 거짓말은 나빠

유아 1: 거짓말은 나쁜 거야. 거짓말을 들으면 기분이 나쁘고 눈물이 나.

유아 2: 거짓말을 들어서 속상했던 적이 있어?

유아 1: 응. 엄마가 인형가방 사준다고 했는데 안 사줬어. 그럴 땐 기분이 나빠.

유아 2: 나는 학습지 다 안 했는데 엄마한테 혼날까 봐 다 했다고 했어. 치카도 안 했는데 했다고 했어.

유아 3: 나는 우리 동생하고 놀 때 내가 사탕 가지고 있었는데 없다고 했어.

유아 2: 왜?

유아 3: 그럼 나는 못 먹고 동생이 다 뺏어 먹잖아요.

유아 2: 나는 집에 주사위 게임하는 거 있는데, 서진이가 자꾸 망쳐. 그래서 서진이가 미워서 서진이 파워레인저 장난감 몰래 숨겨 놓고 어디 있는지 모른다고 했어요.

교 사: 그래서 서진이 어떻게 했어?

유아 2: 막 울었어요. 그래서 미안해서 그냥 찾아줬어.

2 좋은 거짓말도 있어.

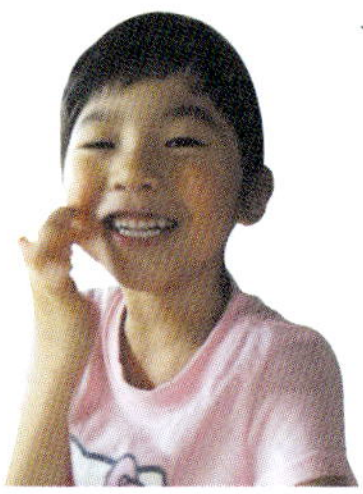

유아 1: 그런데 좋은 거짓말도 있어. 자유선택시간에 친구가 비즈로 목걸이 만들어서 예쁘냐고 물어봤는데 친구가 상할까봐 그냥 예쁘다고 했어. 사실 진짜 마음은 안 예뻤어.

유아 2: 그런데 왜 예쁘다고 했어?

유아 1: 친구가 속상하니까. 이런 건 행복한 거짓말이야.

유아 3: 저도요 엄마가 추울 땐 나한테 안기는데 나는 몸이 뜨거워서 진짜진짜 덥다고 이야기했는데 엄마가 자꾸 같이 있고 싶다고 해서 그냥 안 덥다고 괜찮다고 했어. 근데 난 진짜 더웠어.

유아 1: 그러니까 그건 착한 행복한 거짓말이지. 착한 거짓말은 다른 사람의 마음을 좋게 해 주는 거짓말이야.

유아 4: 천사 거짓말이네.

3 장난 거짓말은 친구들을 즐겁게 해.

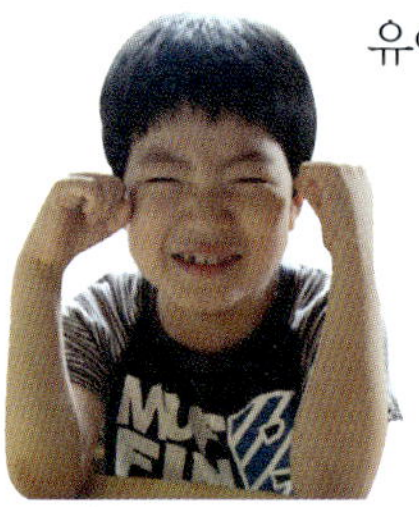

유아 2: 장난으로 하는 거짓말도 있어. 장난 거짓말은, 음… 그냥 친구들 웃기려고 하는 거짓말이야. 내가 양말을 신고 있었는데 내가 몰래 벗고 나서 없어졌다고 하는 거짓말이야. 그다음에 마술처럼 찾는 거야. 이건 그냥 친구들 재밌게 해주려고 하는 거짓말이야.

유아 5: 나도 그런 적 있는데. 내가 장난 거짓말을 하면 친구들이 막 웃어. 정말 재미있어.

유아 6: 나는 거짓말 안 하는데… (한참 생각하더니) 그런데 딱 두 번 있었는데 저번 주랑 일 년 전에 누나한테 세훈이 장난감통에 뭐 있다고 해서 누나가 막 찾았는데 사실 없었어.

유아 5: 왜 그런 거짓말을 했는데?

유아 6: 그냥 세훈이가 거짓말하는 것을 아나 모르나 궁금했어. 그리고 일 년전에는 아빠한테 세훈이가 영어 잘한다고 했어.

교 사: 왜?

세 훈: 그렇게 이야기하면 아빠가 세훈이한테 뭐 해 줄 것 같아서요.

4 표정을 보면 거짓말인지 알 수 있어

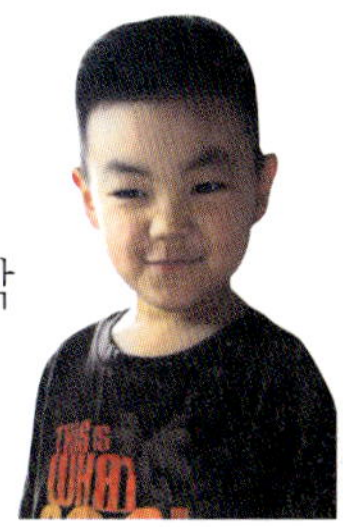

유아 1: 그런데 나는 표정을 보면 거짓말인지 아닌지 알 수 있어.

교 사: 거짓말인지 알 수 있다고? 어떻게 알 수 있는데?

유아 1: 표정을 잘 보면 돼요. 말을 하면서 코가 씰룩하고 눈이 작아지면 거짓말을 하는 거예요. 봐봐요.

유아 2: 맞아. 표정을 보면 거짓말을 알 수 있어. 나쁜 거짓말을 할 때는 심장이 쿵쾅쿵쾅 하고 천사 거짓말을 할 때는 입이 씰룩씰룩해. 장난 거짓말을 할 때는 눈이 옆으로, 쭉 일자가 되지.

5 거짓말은 왜 하는 것일까?

유아들과 일상생활에서 하게 되는 거짓말에 대해 이야기 나누던 중 교사는 유아들이 왜 거짓말을 하는 것인지에 대해서 궁금증을 갖게 되었다. 그런데 유아들의 대답은 매우 흥미로웠다.

교 사: 그런데 너희는 왜 거짓말을 하는 것 같니?

유아 1: 그건 말이에요. 우리 몸에 거짓말을 하게 하는 세포가 있기 때문이에요.

유아 2: 맞아요. 그건 우리 몸에 거짓말 세포가 있어서 그런 거예요. 거짓말 세포는 우리에게 장난 거짓말을 하게 하기도 하고 나쁜 거짓말을 하게 하기도 해요.

유아 1: 응 맞아. 우리 몸 안에 거짓말 세포가 있어. 나는 거짓말을 하고 싶지 않은데 거짓말 세포가 자꾸 거짓말을 하도록 하는 거야.

유아 3: 거짓말 세포? 그럼 거짓말 세포는 어떤 모양일까? 아! 알겠다. 거짓말 세포가 어떻게 생겼는지 알 것 같아.

유아 1: 거짓말 세포가 우리 몸속에 있다가 서진이가 장난꾸러기처럼 하면 거짓말 세포가 살살살 커지면서 나오는 거야.

유아 2: 거짓말 세포가 커지면 거짓말을 하게 되는 거야. 그치?

6 거짓말 세포는 어떻게 생겼을까? 표상

유아들과 이야기 나누면서 거짓말 세포는 도대체 어떤 모습이기에 우리에게 재미난 거짓말을 하게 하기도 하고 나쁜 거짓말을 하게도 하는 것일까? 눈에 보이지 않는 것을 표현하기 위한 첫 번째 방법인 목소리 그림으로 표현하기 위해 목소리에 대한 느낌을 더욱 세밀하게 이야기 나누고 그림으로 표현해 보는 작업을 진행하였다.

교 사: 너희들이 이야기하는 거짓말 세포는 어떻게 생겼을까?

유아 1: 내 생각에는 거짓말 세포는 아주 예쁜 나비처럼 생겼을 것 같아요. 세포가 날아다니면서 천사 거짓말을 하도록 해 주는 거예요.

유아 2: 나는 거짓말은 거미처럼 생겼을 것 같아. 거미의 색이 겉으로 보면 예쁘지만 무서운 독을 가지고 있거든. 그러니깐 나쁜 거짓말을 할 때는 무서운 독이 나와서 거짓말을 하게 하는 거야.

유아 3: 나는 하트 날개처럼 생겼을 것 같아. 하트에 날개가 있어서 사랑을 전해주고 착한 거짓말을 하게 하는 거야.

유아 4: 나는 하트 꽃처럼 생겼을 것 같아. 천사 거짓말을 할 땐 예쁜 하트였는데 장난 거짓말을 할 땐 꼬불꼬불 줄기가 나고 나쁜 거짓말을 할 때는 뾰족뾰족 가시가 나와.

유아 3: 어! 맞아. 거짓말 세포는 꽃처럼 생겼을 것 같아. 무슨 꽃이냐면… 뭐지? 가시가 많은… 아! 장미꽃! 장미꽃처럼 생겼을 거야. 장미꽃은 아름다운 얼굴을 하고 있지만 가시가 많아서 착한 거짓말을 할 때는 예쁜 꽃인데 나쁜 거짓말을 하면 가시가 돋아나!

추연경

이보은

박상현

백서영

이승준

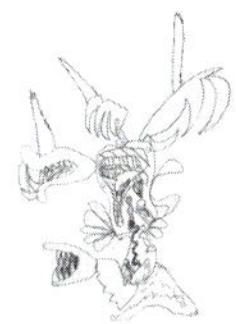
진세훈

7 거짓말 세포에 색을 입히다 채색

유아들은 자신들의 경험과 생각을 더해 거짓말 세포를 그림으로 표현하였다. 거짓말 세포를 표상한 후 거짓말 세포에 색을 입히기로 하였다. 유아들은 그냥 색을 칠하는 것이 아니라 유명한 명화(문학적 자료)를 이용하여 색을 입히기로 하였다. 유아들은 자신이 그린 세포 이미지와 어울리는 명화를 찾아보았다.

유아 1: 이 그림은 매우 평화로워 보여.

유아 2: 하늘에 천사도 있잖아. 나비 세포랑 잘 어울릴 것 같아. 노란색, 분홍색, 보라색이 잘 어울려 평화로운 나비 세포가 될 것 같아. (반 고흐 사진을 보고) 나 이 사람 알아. 이 그림을 보니 너무 예뻐. 내가 생각하는 가시꽃 세포랑 비슷한 것 같아. 노랑색과 주황색으로 멋진 하트 세포를 만들 거야.

유아 3: 난 이 그림이 마음에 들어. 하늘색이 위에는 파랗고 밑에는 조금 파래. 하트 세포의 날개를 칠하면 좋겠어. 그런데 저 아저씨는 농부 같지는 않아. 하하하….

유아 1: (명화를 한참 동안 보더니) 앗! 찾았다. 이거예요. 내가 생각하는 그림이에요. 장미 세포 색으로 하면 좋겠어. 왜냐하면 한쪽은 꽃이 시들고 안 예쁘고, 한쪽은 빨갛고 예뻐. 내가 생각하던 그림이야.

유아 4: 내 가시뿔 세포랑 비슷하다. 꼬불꼬불 되어 있는 게 신기해. 고불 세포인가 봐. 갈색이랑 검은색, 진한 초록색이 있어. 가시뿔 세포는 날카롭고 무서운 세포야. 그래서 멋있는 색이야.

유아 2: 아기가 있는 그림이네? 이불색이 멋있어. 뱀 같은 색이야. 뱀은 용이랑 비슷하니까 이 그림으로 할래. 초록색, 파란색, 남색, 보라색, 빨간색으로 용 세포를 칠할 거야.

그림명	채색 전	채색 후
 샤갈 – 오르페우스		
 반 고흐 – 해바라기		
 샤갈 – 농부의 삶	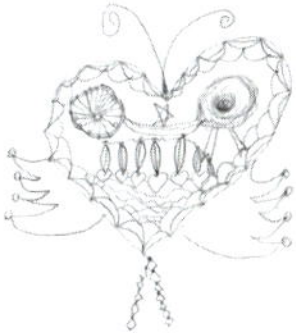	
 반 고흐 – 노란 배경에 붉고 흰 카네이션이 꽂힌 꽃병		
 구스타프 클림트 – 성취		
 구스타프 클림트 – 요람		

8 거짓말 세포의 출현 - 매체로의 순환

유아들은 자신들이 그린 세포와 어울리는 명화를 보면서 명화 속 책과 그림의 이미지에 대해 이야기를 나눈 후 채색을 하였다. 채색을 마친 유아들은 다양한 매체를 이용하여 만들기를 하였다. 유아들이 매체를 선정할 때 어떤 매체가 자신이 생각한 세포의 이미지에 적합한 것인지 진지하게 생각하고 고민하는 것을 볼 수 있었다. 착하고 선한 이미지, 나쁘고 악한 이미지를 부드러움, 유연함, 날카로움, 딱딱함 등과 같은 촉감과 연결짓는 것을 볼 수 있었다. 천사 거짓말은 반짝이와 비즈를 이용하여 만들었고, 나쁜 거짓말은 철과 철사, 구리판 등 쇠 재질의 매체를 선정하였다.

2. '자석 로봇' 프로젝트

1) 자석의 재발견

본래 자석 영역은 커다란 철판에 자석을 이용하여 평면 구성물을 만들어 활동하는 공간이었다. 즉, 미로를 만들거나 글자를 구성하거나 단순한 형태를 이미지화시켜 구성을 하는 -아주 단순하고 지루한- 영역이었다. 그래서 그동안 교사는 유아들의 관심을 높이고자 자석 영역을 활성화시키려고 많은 노력과 고민을 하곤 하였다.

어느 날 두 명의 유아가 자석 영역 옆 책상에서 자석을 가지고 극놀이를 하듯이 '대사'를 주고받는 활동을 하고 있었다. 그러다 갑자기 신이 나서 소리를 지르며 교사에게 달려와 마술을 보여준다며 야단이었다. 즉, '손을 대지 않아도 로봇이 조정하는 대로 움직인다'고 신기해하며 자랑하듯 이야기하였다. 자신이 마치 '마법사'라도 된 듯 뿌듯한 미소를 가득 지어 보이며 친구와 둘이 교사의 손을 끌고 책상으로 갔다.

책상 위에는 자석이 서로 붙어 블록처럼 쌓여 있었고, 그 형태가 마치 '로봇' 처럼 보였다. 로봇 모양의 자석더미를 또 다른 자석으로 움직이고 있었다. '우와, 움직인다.' 하면서 자석의 밀어내는 성질을 이용한 놀이를 발명이라도 한 듯 즐거워하고 있었다. 이 상황을 지켜보던 다른 유아들이 '자석 로봇이야' 라고 하면서 앞다퉈 자석더미를 이용하여 창의적인 형태의 로봇 모양을 만들기 시작하였고, 독특한 자석 로봇으로 자연스럽게 극놀이를 하기 시작하였다. 그 후 자석 영역에서 활발하게 활동하는 유아들과 함께 '자석 로봇 프로젝트' 가 진행되었다.

자석영역에서 놀이하는 유아들

자석을 이용해 로봇을 만드는 유아들

우연히 만든 자석로봇 (1차 표상)

2) 생각 모으기 – 로봇은 말이죠!

교사는 유아들이 막연히 가지고 있는 '로봇'의 이미지를 이끌어내기 위해, '왜 자석의 모습이 로봇이라고 생각하는지' 이야기를 나누었다. 유아들은 로봇에 대해 어떤 사전경험이 있으며, 사전지식은 어떠한지 이야기 나누어 보았다.

교　사: 로봇이란 뭐야?
유아 1: 숙제를 도와주는 거예요.
유아 2: 밥을 달라! 하면 밥을 주고, 물을 달라~ 하면 물을 줘요.
유아 3: 하지만 때려라 하면 안 때려요.
유아 4: 내 맘대로 조정할 수 있어요.
유아 2: 음식을 만들어 줘요.
유아 3: 힘이 엄청 세요. 공격을 해요.
　　　　칼도 있고 미사일도 쏴요.
유아 4: 막 변신도 할 수 있어요!

유아들은 로봇이란 '사람에게 도움을 주고, 사람이 조종할 수 있는' 그 어떠한 것으로 의미를 부여하였다. 그리고 우리에게 도움을 주는 '착한 존재', 그것이 유아들이 생각하는 로봇의 이미지였다. 그밖에도 우리 주변에서 도움을 주는 기계들(청소기, 세탁기 등)도 '로봇'이라고 할 수 있음을 한 유아가 가져온 'why? 로봇' 책을 통해 알게 되었다.

이제 로봇은 인간에게 생소한 것이 아니라 인간의 생활과 밀접한 관련이 있는 친구와 같은 존재로 자리 잡고 있다. 유아들에게도 로봇은 만화나 영화를 통해 로봇의 기능과 필요성, 친구로서 친밀감과 호기심을 충분히 유발할 수 있는 존재이다. 그림유치원의 자석 로봇 프로젝트 팀 역시 로봇을 '변신', '조정', '도움'과 같은 단어로 표현하면서 '인간과 밀접한 관계를 맺은 친구'로 인식하고 있었다.

교 사: 너희들이 만든 자석은 왜 로봇 같아?

유아 1: 내가 조종하는 대로 움직여요!

유아 2: 내가 친구 로봇한테 가까이 가서 막- 부셔! 했는데

유아 3: 진짜 친구 로봇이 부서졌어요.

유아들이 가지고 있는 로봇의 다른 이미지는 '복종' 이었다. 사람의 지시에 따라 공격적인 행동도 할 수 있고 청소나 심부름과 같은 도움행동도 할 수 있음을 알고 있었다. 그런데 유아들은 로봇 극놀이를 하면서 유아 자신의 의도를 로봇에 투여하여 친구의 로봇을 부수고 싶은 행동을 로봇에게 대신 하도록 하였다. 자신의 로봇이 친구의 로봇을 공격하고 그 로봇이 부서지면서 탄성을 지르거나 기뻐하는 모습에서 스트레스를 해소하는 듯 보였다.

다음에 만들고 싶은 로봇은 나쁜 놈을 공격하기 위하여 다양한 무기가 있고 힘이 센 로봇을 만들고 싶어 하였다. 유아들은 착한 마음과 행동에서 비롯되긴 하였으나 싸움이 아닌 평화적 해결책을 찾기보다는 타인을 공격하는 무기로 로봇을 활용하고자 하였다.

교 사: 어떤 로봇을 만들고 싶니?

유아 1: 힘이 진짜 세서 다 부술 수 있어요.

유아 2: 미사일도 나오고 칼이랑 총도 있어요.

유아 3: 완전 빨라서 제트기보다 빨라. 우주까지 갈 수 있어.

유아 4: 나쁜 놈을 한방에! 물리치는. 찌부시켜서.

3) 고민거리 – 로봇의 이미지에 대한 생각의 대립

유아들은 최근에 상영된 영화 〈트랜스포머〉의 영향을 많이 받아 공격적인 측면이 강조된 로봇들의 이미지로 프로젝트가 흘러가게 되어 유아들과 함께 다시 고찰해 보기로 하였다. 로봇 프로젝트를 하면서 '공격' 보다는 생활에 '도움' 을 줄 수 있는 로봇의 이미지로 인식을 전환하기 위하여 교사는 지원을 하고자 하였다. 결국 유아들은 다음에 '우리에게 도움을 주는 로봇' 으로 만들기로 결정하였다.

교　사: 그런 로봇은 너무 무서울 것 같아. 동생들은 겁나겠는걸!

유아 1: 괜찮은데– 착한 사람은 공격 안 해요.

유아 2: 그래도 칼이 보이는데 무섭지~~

유아 3: 명령을 잘 못 알아들어서 막 동생을 때리면 어떡해.

교　사: 평소에 우리에게 도움을 주는 로봇은 어때?

유아 3: 그게 좋겠다! 엄마도 도와주는 로봇이요.

교　사: 그럼, 우리의 로봇은 어떤 로봇이야?

유아 2: 빵을 만들어 줘요.

유아 4: CCTV로 나쁜 사람이 있나 없나 지켜보다 나쁜 사람이 찍히면 경찰을 불러 지켜 줘요.

유아 5: 고슴도치 로봇. 땅속을 파는 걸 도와줘요.

유아 3: 벌이에요. 날아다닐 수 있어요.

유아 6: 가시가 많아서 나쁜 친구들을 혼내 주는 거예요.

유아 1: 친구들을 막 웃겨 줘요. 많은 손으로 간지럼도 태우고.

4) 매체로 바꾸기 – 어? 왜 안 붙지?

자석 로봇을 그림으로 표상하는 것은 유아들이 매우 어려워하였다. 그래서 자석을 이용해 다양한 활동을 해 보았다. 다양한 자석 로봇을 만들거나 '자석에 붙는 물건을 찾아보기', '자석의 극에 대한 연구'와 같은 활동들이다.

유아들은 거의 매일 '업그레이드'라고 말하며 로봇의 모양을 바꾸기도 하고 부속품을 덧붙이기도 하였다. 매일 바뀌는 로봇을 통해 거의 매일 새로운 로봇이 탄생하기도 하고 사라지기도 하였다.

그러면서 로봇의 이미지는 '도움'에서 '공격'으로 변하였다. 계속해서 바뀌는 디자인은 점점 발전되는 것이 아니라 매일매일 새로운 로봇이 탄생하고 사라졌다. 처음 이야기를 나누었던 '친근한' 이미지보다는 '전투적인' 모습을 갖춘 공격용 로봇을 만들고 있었다. 이에 불만을 가진 한 유아가 '왜 자꾸 공격하는 로봇만 만드느냐'고 하면서 이의를 제기하였고 '착한 로봇'을 만들자고 하였다.

유아들에게 '착한' 로봇의 이미지는 무엇인가? 인간의 생활을 돕고 친구가 되어주는 로봇은 착하고, 공격하는 로봇은 '나쁜' 이미지로 인식되고 있었다.

전투적인 모습의 초기 자석 로봇

문제가 생겼어요?!		이렇게 해 봐요!
• 자꾸 친구 거랑 붙어서 망가져요.	⇒	• 만들 때 붙나 안 붙나 먼저 해 봐요.
• 내가 원하는 방향으로 안 가요.	⇒	• 자석을 골라서 만들어요.
• 움직일 때 자꾸 넘어져요.	⇒	• 밑에 다리 쪽을 좀 두껍게 해요.
• 내가 원하는 곳에 안 붙어요.	⇒	• 본드나 테이프로 붙여요.
• 마음대로 안 붙어서 만들기가 힘들어요.	⇒	• 레일을 만들어서 서로 안 붙게 경기를 해요.
• 친구랑 대결할 때 달리기가 안 돼요.		

이제 유아들은 자신이 만들 로봇의 이미지와 기능 등을 표상한 로봇 제작 계획서를 만들었다. 입체로 로봇을 만들기 전에 평면으로 로봇의 크기, 부속품, 기능에 대해 고민하면서 표상하였다.

교 사: 너희가 매일 만드는 새로운 로봇도 좋지만, 하나를 꼼꼼히 완성해 보수해 나가는 것이 중요한 것 같아. 매일 A, B, C를 만드는 것이 아니라, 오늘 A를 만들면 내일은 A2가 되도록 하는 거야. 생각을 바꾸는 게 아니라 더해 주는 거지.

5) 진짜 로봇 같아요

자신이 만들 로봇을 디자인하고 친구들과 토의를 하면서 자신의 생각을 구체화 시켜 나갔다. 즉, 자신이 디자인한 대로 로봇을 표상하고 본드를 이용해 고정하면서 자신이 원하는 자석 로봇을 만들었다.

	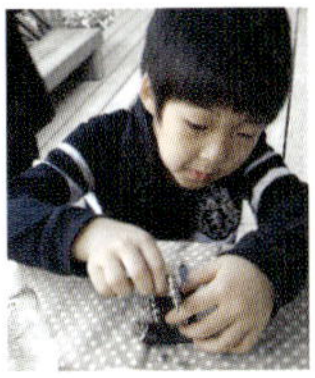	
 **유비** 음식을 만들어 줘요. 싸움도 잘하구요.	 **흑사자** 블록으로 공격도 하고 힘도 세고 달리기도 빨라요. 뭐든지 다 해요.	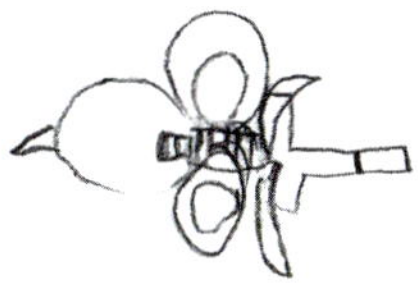 **프린스** 골을 잘 막아요. 골키퍼예요.
계획서대로 잘 진행이 되었으나 자석 이외의 매체를 많이 사용하여 견고하게 만드는 데 많은 노력이 필요했다.	친구들을 웃겨 주려는 많은 팔이 계획서와 다르게 조금은 공격적 모습으로 표현되었다.	자석의 성질을 이용하는데 생각이 많이 필요해 여러 번의 시도를 거친 뒤 벌의 형태를 한 로봇을 만들었다.

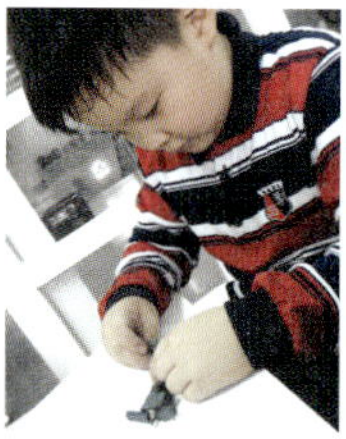	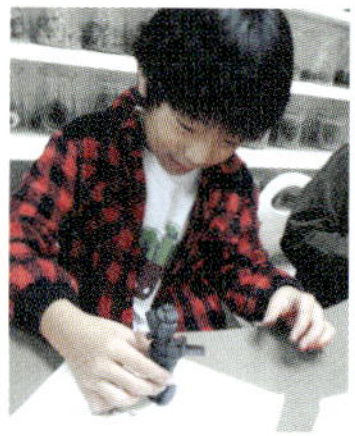	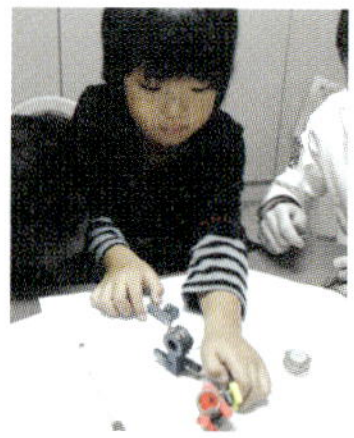

아쿠피 나쁜 사람을 혼내 주고, 가난한 사람을 도와줘요.	**파이어칸** 땅을 잘 파요. 발톱이 뾰족해서.	**트러베이터** 적을 부러트릴 수 있어요. 힘이 세요. 빵도 만들어 줘요.
두 발로 선 사람 같은 형태가 로봇이라고 생각하고 있어 평면을 입체로 옮기는 데 많은 시간과 생각이 필요했다. 계획서의 사람과 같은 형태를 잘 옮겨 주었다.	고슴도치의 가시를 매체를 이용하여 붙여 주었다. 처음부터 동물의 모습으로 계획서를 작성하고 그 특징이 입체적으로 잘 표현되었다.	제일 처음에는 공격적인 모습의 로봇을 계획하였으나 생각 나누기 이후에는 사람을 도와주는 로봇으로 계획을 변경하였다.
	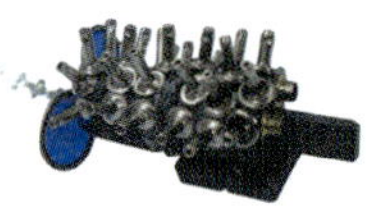	

유용한 로봇을 만들 수 있어요

6) 로봇 미로 경기장 게임판을 만들어요

		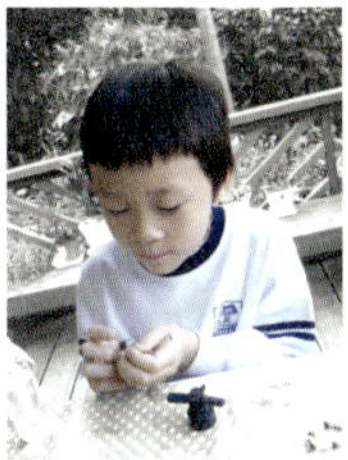
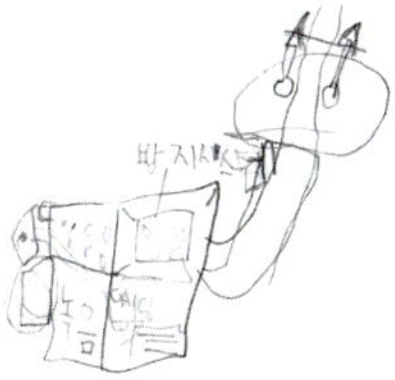	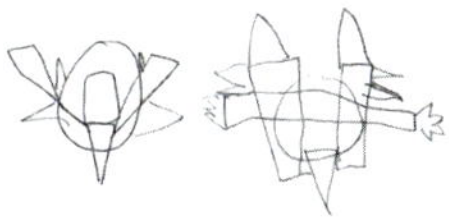	
아리수 CCTV가 달려 있고 경찰이랑 연락이 돼요. 도둑을 잡아요. 유괴범도요.	**페라리** 빨리 날을 수 있어요. 자석으로 붙여 위로도 잘 올라가요.	**프레데터** 번개로 공격을 하고 손으로 수비도 할 수 있어요.
CCTV를 만드는 데 많은 시간과 노력이 필요했다. 적절한 모양의 자석을 이용하여 잘 표현해 주었다.	제일 처음 만든 로봇에서 제일 변형이 필요 없었던 경우다. 다른 유아와 달리 납작한 제트기 형태의 로봇이다.	처음에는 납작한 형태의 로봇을 계획하였으나 몸통을 붙여 주면서 그대로 높아진 로봇의 형태로 구성되었다.

사람을 도와주는 로봇은 유아들에게 만족감과 성취감을 안겨 주었다. 유아들은 다른 반 친구들과 동생들에게도 소개시켜 주길 원하였다.

효과적인 전시를 하려면 어떻게 하면 좋을까? 이젠 전시도 유아들의 몫이다. 유아들은 로봇처럼 움직이는 모습을 보여주고 싶어 했다. 노래에 맞춰 춤을 추는 것을 찍은 비디오와 친구와 대결을 할 수 있는 미로 경기장을 만들어 친구들이 직접 움직여 볼 수 있도록 계획하였다. 유아들은 동생들을 위해서 쉬운 미로에서 친구들을 위한 조금 어려운 미로까지 난이도를 생각해 가며 만들었다.

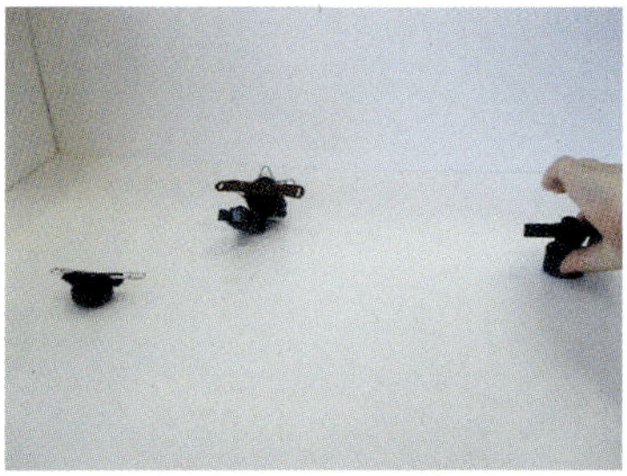

동생들에게 보여주고 싶은 로봇

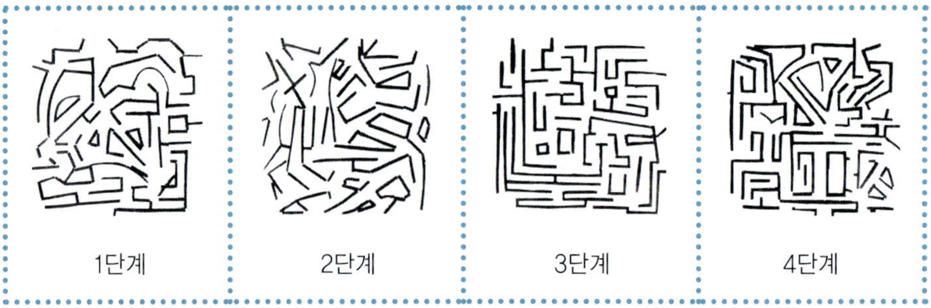

〈그림 5-1〉 1~4단계 난이도가 다른 로봇 미로 경기장

7) 자석 로봇 미로게임은 즐거워요

완성된 미로는 유아 개인의 사진과 자석 로봇을 작은 사이즈로 출력해 게임말을 만들어 친구들이 활동해 볼 수 있고, '빅뱅 - 거짓말' 음악에 맞춰 로봇을 움직여 찍은 뮤직 비디오는 유아들과 다함께 상영회를 열어 감상하였다. 덕분에 '자석 로봇' 프로젝트를 진행하지 않은 유아들도 자석 영역에 흥미를 갖게 되었고, 신기한 자석의 성질 또한 자연스레 알게 되었다.

유아들은 자석 로봇을 미로를 돌아다니는 말로 만들 정도로 창의적이었고, 게임을 만드는 능력이 있었다. 미로를 만들면서 '개(open)-폐(close)'에 대한 수학적 개념도 알게 되었고, 로봇이 떨어지지 않도록 철판을 이용해 미로판을 만들 정도로 자석의 성질을 이용한 게임놀이 교구를 고안해 내었다.

완성된 로봇 미로 경기장에 로봇을 전시하는 유아들

미로게임용 말 예시

8) 되짚어 보기

자유선택활동 시간에 우연히 발견하게 된 자석의 성질을 이용해 놀고 있던 두 친구에게서 시작된 자석 로봇 프로젝트에 대한 호기심이 이제 과반수의 유아들에게 번지기 시작하였다. '유아들을 어떻게 이끌어 줄 것인가?' 고민하는 교사와 달리, 유아들은 매일 자발적으로 자신의 로봇을 변화시켜 가며 스스로 프로젝트를 진행하였고, 자석과 로봇에 대한 색다른 경험과 인식의 전환을 가져오는 계기가 되었다. 이제 그림유치원 자석 로봇팀 유아들은 자석과 로봇에 대해 결코 낯설지 않으며, 오히려 이들을 능숙하게 다룰 줄 알게 되었다.

유아들은 자신이 하고 싶은 일을 할 때, 가장 잘 오래 몰입할 수 있음을 알았다. 미로 경기장을 협력해서 만들기 위해 매일 거의 2시간을 이 일에 투자하였다. 다 만든 후 유아들은 '후~ 다했다' 라고 말하면서 미소를 지었고, 조금 후 '피곤해' 라고 말하였다.

유아들은 진정 피곤하였을까? 그건 아니었을 것이다. 만족감과 성취감 후에 오는 긴장이 풀어지면서 오는 '나른함' 정도가 아닐까 싶다. 나는 자석 로봇 프로젝트를 마친 유아들의 밝은 미래를 기대하며 프로젝트를 마쳤다.

미로 경기장 만들기에 몰입한 유아

제6장 프로젝트를 위한 환경

레지오 교육자들은 환경이 어린이를 교육한다고 하여 페다고지스타, 아뜰리에스타, 각반의 두 명의 협력교사와 더불어 환경을 '제3의 교사'로 간주한다. 그러므로 유치원 환경은 어린이들의 요구에 반응하고 어린이가 지식을 구성해 가는데 도움을 줄 수 있는 공간으로 만들어야 한다. 이러한 환경은 어린이들의 호기심을 자극하고 사고를 확장시켜 줄 뿐만 아니라 무심하거나 무의미한 것 없이 그들의 탐색을 자극하는 가치 있는 매개체가 되어 준다.

레지오의 환경들은 그들만의 공통된 특징이 있다. 건물 가운데에 위치한 피아자는 각 교실에서 나온 유아들의 만남과 소통이 이루어지는 공간이다. 실내에서 하늘이 보이는 독특한 정원, 바깥을 볼 수 있는 통유리 창문, 자신의 여러 모습을 들여다볼 수 있는 거울들, 빛이 있는 공간, 언제든지 변할 준비가 되어 있는 다양한 매체들, 그리고 말라구찌가 언급한 '말하는 벽'까지 어린이들이 반성적으로 사고할 수 있도록 하는 상호교환적인 공간들은 다른 곳에서는 쉽게 찾아볼 수 없는 그들만의 환경이다.

1. 교육 환경적 특성

1) 예술과 과학의 만남

Cadwell(1997)은 '어둡고 음침한 곳'에서 '아름답고 매력적인 빛이 충만하고 정돈된 공간'으로 바꿔 놓기라는 의미부여를 통해 공간을 심미적이고 살아 있는 곳으로 바꿀 수 있다고 하였다. 예를 들어, 창을 통해 들어오는 자연의 빛은 유아들에게 어둠을 밝혀 주는 존재이기도 하지만 놀이의 훌륭한 매개체이기도 하다. 빛은 창가에 흔들리는 유리모빌을 통해 프리즘이 되어 빛을 분석하고 반사시키며 여러 갈래로 분산되어 무지개를 교실 곳곳에 만들고 새로운 빛의 형태를 나타내기도 한다. 또한, 은빛 매체를 만나 천장에 반짝이는 매직쇼를 연출하기도 한다. 유아들이 섞어 놓은 색이 있는 물이 빛을 만나면 신비한 색을 띠는 것처럼 빛은 유아들에게 흥미로운 대상이자 심미적 활동의 동기를 부여해 주는 제3의 교사가 되어 준다.

2) 유아 스스로 구성할 수 있도록 지원하는 환경

유아는 혼자 또는 타인과의 관계를 통해 학습을 할 수 있는 유능한 존재이다. 능동적 학습은 유아들에게 스스로 선택하는 기쁨을 느끼게 해 주고, 활동에 몰입하게 하고, 다양한 매체를 폭넓게 탐구하도록 격려하는 환경을 구성함으로써 가능하다. 영유아들에게 자신의 생각을 다양한 매체들을 활용하여 자유롭게 표현하도록 하는 것은 능동적 학습의 기회를 제공한다.

3) 물리적 공간 이상의 공간의 의미

레지오에서의 공간 개념은 자연적, 물리적 환경을 포함할 뿐 아니라 유아들이 현실 세계를 넘어 구성하는 상상 속의 심리적인 공간을 의미하기도 한다. 유아들의 극놀이 활동은 교실이라는 물리적 공간의 제약을 넘어 상상 속에서 구현되는 초현실적인 공간 구성을 내포한다. 예를 들어, 극놀이를 통해 유아들은 자연적, 물리적 환경인 교실을 해변이나 산 또는 궁전과 같은 상상의 공간으로 이용하는 능력을 발휘한다. 이러한 상상의 공간은 현실 세계의 공간 개념을 무한한 상상 속의 개념으로 확대시키는 공간의 확대를 가져오며 물리적 변형도 가능케 한다.

2. 레지오가 말하는 환경의 가치

레지오의 환경에는 레지오 교육철학이 깊이 반영되어 있다. 특히 아뜰리에라는 물리적 공간은 레지오에서 가장 독창적인 공간으로 유아들이 언제나 매체를 자유롭게 탐색하고 선택하여 작업할 수 있도록 준비되어 있어 깊이 있는 연구를 이끈다. 이러한 특징적인 공간들은 물리적인 배치나 구분을 떠나 그 자체만으로도 큰 의미를 부여받고 있다. 따라서 유아들이 생활하는 공간은 언제나 교육적 학습이 일어날 수 있도록 구성하고, 그 안에서 더욱 의미 있는 학습이 일어날 수 있도록 지원한다. 실제 레지오 환경구성은 다양한 형태로 이루어진다. 레지오 교육철학과 환경구성 원리를 공간 속에 반영하되, 각자의 삶에 따라 다르게 나타나는, 예를 들어, 유아의 흥미와 관심, 진행되고 있는 프로젝트 등에 따라 다양하고 더욱 의미있게 구성될 수 있다.

1) 소통 그리고 만남의 공간 '피아자'

레지오 에밀리아의 유아교육기관을 들여다보면 기존 유아교육기관보다 상대적으로 많은 사회적 상호작용이 일어나고 있음을 볼 수 있는데, 학교의 입구부터 만날 수 있는 피아자(Piazza) 라는 공간이 그 예이다. 피아자에는 유아들이 공동으로 사용할 수 있는 가게놀이 영역이나 의상놀이 영역, 극장, 삼각거울, 그림자

놀이 등이 일어날 수 있게 하여 사회적 상호작용을 유도한다. 때로는 그동안의 프로젝트 등을 정리하여 외부 손님이나 부모들이 손쉽게 볼 수 있도록 한다. 이러한 공간은 유아들에게 만남의 공간이자 소통의 공간이 되어 준다.

통유리로 연결된 마당은 만남의 공간이자 소통의 공간이 되어 준다. (a)

테라스에 마련된 유아들을 위한 벤치. (b)

유치원 현관을 들어서면 가장 먼저 보이는 피아자.
교실과 교실이 마주하는 곳에 위치하고 있어 교류와 소통이 활발히 이루어 진다. (c)
(a, b - 그림유치원 제공/ c - 연세유치원 제공)

피아자는 각자의 교실에서 이루어지는 만남보다 학급 간 혹은 학교 전체의 상호작용이 이루어질 수 있는, 즉 연령이나 계층을 떠나 다양한 의미로의 관계를 맺어갈 수 있도록 기회를 부여한다. 그래서 우리는 소통의 공간인 피아자를 통해 유아들에게 '사회적 관계 맺기'의 다양한 장이 될 수 있도록 개방된 환경을 준비해 줄 필요가 있다.

2) 새로운 아이디어들이 매일 끊임없이 재생산되는 '교실'

교실 환경은 다양하고 흥미진진한 학습이 이루어지는 영역들로 구성되어 있다. 이러한 학급의 영역 배치는 유아들의 변화하는 욕구와 상황에 따라 얼마든지 변할 수 있으며, 일반 학급들과 달리 공간의 운영에 있어서 융통성을 보인다. 특히 레지오 교실에서는 학문 영역별로 영역이 구분되는 일반 학급과는 달리 특정 발달 혹은 학습 영역에 국한되지 않으며, 프로젝트의 전개에 따라 유아들이 작업 공간을 늘 융통성 있게 운영할 수 있도록 배려되어 있다.

일반 학급에서 쉽게 찾아볼 수 없는 다양한 형태의 교실 구성. 왼쪽부터 (a), (b)

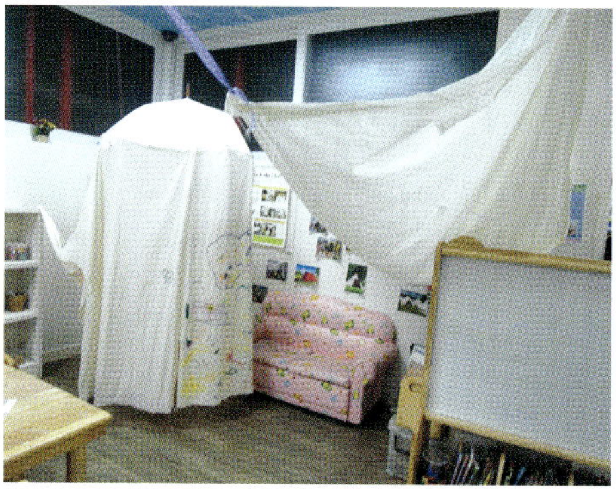

교실에는 유아들이 언제나 새롭게 탐구하고 작업할 수 있도록 다양한 관심거리들로 가득하다. 왼쪽부터 (c), (d)

왼쪽부터 (e), (f)
(a, b – 에덴유치원 제공/ c – 예랑유치원 제공/ d – 그림유치원 제공/ e, f – 연세유치원 제공)

3) 빛과 그림자가 공존하는 공간

빛의 성격 중의 하나인 투영성은 레지오 학습에서 빈번히 다루어지는 주제로, 이는 레지오 에밀리아 유아교육기관들의 환경에서 빛의 역할이 얼마나 중요한지를 단적으로도 말해주는 예이다. 레지오 환경에서 빛은 어느 곳에서나 존재한다. 이는 창을 통해 들어오는 자연적인 빛뿐만 아니라 교실에 비치되어 있는 유리책상, OHP, 라이트테이블 등의 빛을 이용한 영역활동에서도 쉽게 찾아볼 수 있다. 또한 학교 건물에도 공간 설계부터 빛과 그림자를 고려하여 건축하는 등 레지오 에밀리아의 교육철학이 고스란히 담겨 있음을 보여준다. 통유리로 외부와의 공간을 연결해 주기도 하고, 투명한 벽으로 내부 공간들을 연결해 주기도 하는 것은 유아들을 향한 매우 세심한 배려와 존중에서 비롯한다.

이렇듯 빛은 예술적인 아름다움뿐만 아니라, 신비로운 탐색으로 유아들을 초대하며, 빛을 통해 경험하게 되는 다양한 경이로움은 유아들의 호기심을 자극하고 그들의 창조적이고 생산적인 활동을 지원하는 데 큰 역할을 한다.

어디서나 쉽게 만나 볼 수 있는 빛의 경이로움. 왼쪽부터 (a), (b)

은은한 조명으로 안정감을 더해 주는 교실 환경. 왼쪽부터 (c), (d)

통유리를 설치하여 바깥 공간과의 투영성을 높이고 자연의 빛을 최대한 받아들일 수 있도록 설계된 아뜰리에. (e)

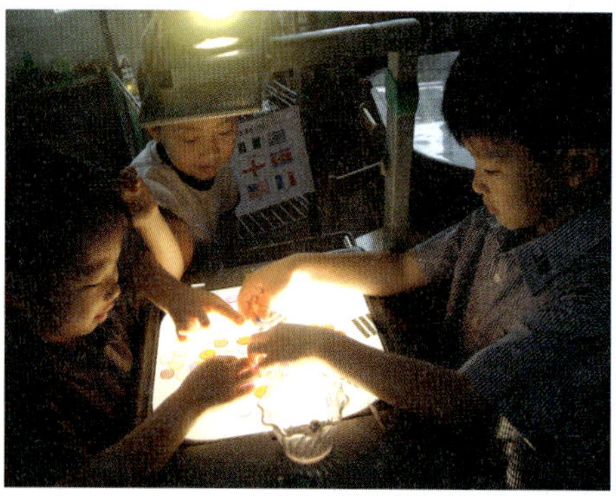

라이트테이블, OHP, 스크린들은 공간이나 시간의 제약 없이 언제나 인공의 빛을 이용한 탐색의 기회를 열어 준다.
왼쪽부터 (f), (g)

왼쪽부터 (h), (i)
(a – 에덴유치원 제공/ b, c, d, e, f, g, h, i – 그림유치원 제공)

4) 가치 있는 것을 더욱 가치 있게 하는 표현하는 벽

"유아들은 공간, 재료, 프로젝트를 포함한 유치원 전체가 유아들 간의 상호작용과 의사소통을 소중히 여기고 유지시킨다는 것을 느껴야 한다(김희진·오문자 역, 2006에서 재인용)."

레지오에서는 이러한 원리를 염두에 두고 공간이라는 곳이 단순히 활동을 하는 장소 그 의상의 의미를 지니도록 하기 위해 노력하였다. 그래서 말라구찌의 말처럼 '말하는 벽'을 들여다보면 어린이들이 겪어 온 지난 발자취를 함께 들여다보게 해 주고, 그들이 말하고자 하는 것이 무엇인지 함께 고민하게 만들며, 어린이들 또한 자신들이 한 일들에 대한 지속적인 호기심을 갖도록 만들고, 반성적으로 사고할 수 있도록 하는 상호교환적인 공간까지도 세심하게 배려하였음을 알 수 있다.

벽 공간을 상호교환적 공간으로 만든다는 것은 문화적 자료인 기록이나 사진 자료를 전시하는 것으로 끝내는 것이 아니라, 벽이라는 공간을 활용해 전시하고 소통할 수 있도록 개방함으로써 그 가치를 더욱 가치 있게 수정하고 재구성될 수 있도록 하는 레지오만의 철학이 살아 숨쉬는 공간이라 할 수 있다.

벽에 전시되어 있는 작품을 감상하며 소통하는 유아와 학부모. (그림유치원 제공)

5) 손과 마음으로 탐색하는 공간 '아뜰리에'

아뜰리에는 미술교사(Aterierista, 아뜰리에리스타)가 주관하는 곳으로, 다양한 미술 작업이 이루어지는 곳이다. 그러므로 당연히 미술 매체와 다양한 도구들로 가득 채워져 있다. 아뜰리에는 각 교실에서 일어나고 있는 프로젝트의 지원과 함께 교실에서 이루어진 활동을 통합하고 더욱 심화되어질 수 있도록 하는 공간으로서의 의미를 지니기도 한다.

또한 아뜰리에는 레지오 에밀리아 교육의 교육환경을 대표하는 특징 중의 하나로 그리기와 만들기 같은 표상활동과 매체작업이 이루어지는 곳이기도 하지만, 집단 토론이나 회의, 또는 교사들와 페다고지스타가 모여 회의를 열기도 하는 곳이다.

또한 이곳은 구술언어로 표현하지 못한 생각들을 미술을 통하여 '백 가지 언

아뜰리에 전경. 자유롭게 탐색할 수 있도록 구비되어 있는 다양한 매체들. (에덴유치원 제공)

준비된 매체의 예시. (연세유치원 제공)
유아들이 비즈를 이용해 액세서리를 만든 후 디스플레이 및 포장을 해볼 수 있도록 지원하였다.

어'로 표현할 수 있도록 지원해 주고, 유아들이 창의적으로 사고하고 자신들이 하고 있는 일에 몰입할 수 있도록 만들어 주는 공간이기도 하다.

창의성과 예술은 특별한 사람들을 위한 것이 아니라 모든 배움을 추구하는 사람들과 함께 갈 수 있으며 또한 함께 가야 한다는 레지오의 철학을 구현해 낸 아이디어 중 하나가 아뜰리에이다. 아뜰리에는 창의성과 예술적 언어들이 일상의 삶과 유리되지 않고 유아들의 학습과정과 교육 경험에 스며들게 해 주는 역할을 하기에 더욱 중요하다(Rinaldi, 2005).

6) 자연과 함께하는 놀이 공간 '정원(미니 숲)'

레지오 유아교육기관을 살펴보면 어디에나 자연과 만날 수 있는 공간이나 자유롭게 탐색하고 다룰 수 있는 여러 모양의 자연물이 있다. 이러한 자연물이 놓여진 곳은 실외가 될 수도 있고 실내가 될 수도 있는데, 이는 유아들에게 시공간의 제약 없이 항상 탐색의 기회를 제공하기 위함이다. 유아교육기관 안에서 늘 만날 수 있도록 준비된 실내 정원은 유아들이 자연과 만날 수 있는 소중한 공간이 되어 준다. 또한 기관의 주변 여건에 따라 환경의 차이는 있을 수 있지만, 실외 정원의 마련은 변화하는 자연의 아름다움을 탐색할 수 있는 기회를 열어 주는 중요한 일이기도 하다. 유아들은 이렇게 자연과 만날 수 있는 공간들을 매일 산책하거나 탐색하고, 그 안에서 모험놀이를 즐기면서 자연의 변화, 자연의 경이로움을 느끼게 된다.

계절의 변화에 따라 곱게 물든 단풍의 색이 아름다운 유치원 전경.
자연과 어우러진 유아교육기관의 환경은 등, 하원 시간에도 유아들이 언제나 자연을 느낄 수 있도록 지원한다. (a)

자연을 훼손시키지 않는 범위 내에서 여러 가지 자연물을 얻기도 한다. (b)

사계절의 아름다움을 고루 느낄 수 있는 정원(미니 숲)은 언제나 유아들의 호기심을 자극하고 꿈꾸게 하며,
무한한 상상의 세계를 펼칠 수 있도록 해 준다.
자연에서는 실내 활동에서 생각할 수 없는 다양한 프로젝트들이 펼쳐진다. (c)

새들과 함께하는 유치원 정원. (d)
(a – 예랑유치원 제공 / b – 연세유치원 제공 / c, d – 그림유치원 제공)

7) 놀이터(playground)

(1) 상상놀이터(imagination playground)

상상놀이터(imagination playground)는 세계적인 건축가 데이비드 락웰(David Rockwell)에 의해 창안된 것으로 장난감 자체보다 물건의 포장박스와 같은 변형이 가능한 물건들을 가지고 노는 유아들의 놀이 장면으로부터 영감을 받아 만들어진 창조적 놀이활동 모델이다. 반복적인 놀이 형태를 보이는 고정화된 기존 놀이터의 개념과는 다른, 유아가 놀이 자체를 스스로 구성해 가는 유아 주도적 개념의 놀이 공간이다.

상상놀이터에서는 언제나 유아 주도의 자유놀이를 할 수 있도록 배려되어진다. 특히 상상놀이터는 단순하게 모양과 색상, 그리고 감촉을 즐길 수 있을 뿐만 아니라 블록의 조립과 분해를 통한 놀이에서 새로운 경험을 할 수 있게 해 주며,

흙이나 물, 상자, 천 등과 같은 주변에서 찾아낸 여러 가지 물체들을 활용하여 다양한 놀이를 구성할 수 있도록 도와준다.

상상놀이터는 다양한 놀이 패턴을 유도하는 갖가지 소재들을 제공하여 풍부한 놀이 환경을 제공할 뿐만 아니라 조립과 분해의 과정을 통해 보다 협동적이고 창조적인 탐험을 위한 기회를 제공한다. 유아 학습과 발달에 있어 왜 조립과 분해 놀이가 중요한지에 대한 논의는 다음과 같다. 다음 예시는 그림유치원에서 진행된 상상놀이터에서의 전투기 프로젝트 중에서 발췌하였다.

1 언어능력의 향상

유아들은 놀이를 통해 또래들과 대화하면서 소통하는 방법을 연습한다.

예) "내가 그림으로 그렸으니까 내가 만들어 볼게. 이걸 뭐라고 부르면 좋을까?"
"날으는 오토바이로 하면 어때?"
"그래! 멋지다. 그럼 여기에 연결해 보자."
"그래! 이것 좀 몇 개 가지고 와? 한 개만 더!"
"알았어."

2 문제해결력 증진

유아들은 놀이를 할 때 스스로 문제를 설정하고 해결책을 제시한다.

예) "이 긴 블록을 고정시키려면 블록 뒤에 무거운 무언가를 받쳐야 해"
"그러면 저 네모블록을 갖고 와 봐! 붙여 보자."
"그 블록보다 더 큰 블록이 있어!"
"아니 괜찮은 거 같은데?"
"한번 해 보자! 이거는 너무 가벼워. 우리 저 뒤에 있는 치즈 블록과 연결해 보자."

3 상상력과 창의성 발달

역할놀이를 통해 유아들은 자신들의 마음과 행동에서 그에 맞는 행동양식을 취하거나 어떠한 사물을 대체하는 물건에 의미를 부여하기 시작한다. 유아들은 이러한 대체물을 상상놀이터 블록의 조립과 분해의 과정을 통해 쉽게 만들어 낼 수 있으며, 이러한 일련의 활동들은 그들만의 공간을 창조하고, 시나리오를 만들고 역할들을 수행하는 능력을 연습할 수 있도록 한다.

예) "이거는 미사일이 나오는 전투기야."
"미사일이 나오는 전투기!"
"에너지를 충전하는 집이야!"
"날개가 이렇게 되어 있으면 어때?"
"아니야! 이건 안 돼!"
"왜 너 마음대로만 해. 이걸 날개라고 하자."

4 논리·수학적 사고력 향상

유아들은 블록을 쌓으면서 논리와 산수를 배운다. 조립과 분해놀이는 셈하고 분류하며 측정하는 기회를 제공한다.

예) "피라미드를 만들려면, 위로 갈수록 좁게 쌓아야 하고, 블록 몇 개가 더 필요해."
"선생님! 이건 확실하게 10개 있어요."
"이렇게 해 놓으니까 뭐가 만들어지는 것 같아요."
"이거 3개는 없어요!"
"근데 동전 모양 블록 한 개가 부족해요."

5 사회성·감수성 발달

놀이를 통해 유아들은 다른 유아들과 어울려 살아가는 대인 기술을 발전시키는 기회를 가질 수 있다.

예) "넌 그게 떨어질까 무섭니? 내가 말을 튼튼하게 만들어 줄게."
"그럼 내가 양보할게. 너가 해 봐!"

또한, 함께 노는 것은유아에게 협동의 미학을 일깨워 준다. 예를 들면, 유아들이 함께 집을 짓는다고 가정하면, 그들은 반드시 어떤 블록들을 이용할 것인지 어떻게 놓을 것인지를 의논해야 한다. 어린이들은 모방을 통해 사회적 인간으로 발전한다. 어떠한 그룹 안에서의 놀이는 어른으로서 살아가는 데 필요한 협동과, 협상 같은 갈등의 해결방법과, 대인관계의 기술들을 배우는 기회를 제공한다.

상상놀이터 전경 – 이미지네이션 플레이그라운드(imagination playground). (a)

왼쪽부터 (b), (c)
(a, c – 그림유치원 제공/ b – 출처: http://www.jside.co.kr)

이상에서 살펴본 바와 같이 레지오 에밀리아 교육에서 환경은 레지오 에밀리아 교육의 사상과 철학을 담아 내는 공간으로서의 의미를 담고 있다. 그리고 각각의 공간은 개방적이고 융통성 있게 활용되어 레지오 에밀리아 교육이 지향하는 상호관계의 가치가 드러나는 환경으로 자리 잡고 있음을 알 수 있다.

제7장 프로젝트를 위한 기록 작업

기록 작업은 타인에게 귀 기울이기 작업으로부터 시작되며, 다양성을 존중할 때에 그 의미가 살아난다. 교육현장에서 귀 기울임을 실천할 때 각 개인이 지니고 있는 주관적 한계성과 참여자 개개인의 의미 있는 소통이 가능해진다. 레지오 에밀리아 교육자들은 말하기보다 듣는 것이 중요하다고 이야기한다. 주의 깊게 듣는 다는 것은 상호교환적이고 능동적인 언어를 의미한다. 그리고 기록은 단순히 적는 것을 의미하는 것이 아니라 보고 들은 것을 의미 있게 바라보고 해석을 부여하는 것을 의미한다. 기록이란 이해하고 해석하는 바를 적는 것이다. 기록을 통해서 우리는 함께 지식을 구성해 가고 있으며, 의미를 중점으로 구성해 갈 때 지식은 완벽해진다(Rinaldi, 1996).

1. 기록 작업의 개념

레지오 교육에서 기록 작업이란 단순히 관찰한 것을 기록으로 남기는 것을 말하지 않는다. 기록 작업은 그 이상의 것으로 그 내용을 분석하여 의미나 메시지를 전달하는 것까지 포함한다. 왜 기록이라 하지 않고 기록 작업이라고 칭하는 것일까? 그것은 한국어로 번역하는 과정에서, 단순히 기록 결과물을 의미하는 것으로 혼동되기 쉬운 '기록'이라는 단어보다는, 흔적을 남기고 돌이킴을 통해 그 흔적에 대해 해석을 부여하는 행위가 포함됨을 강조하기 위해서 기록 작업이란 용어를 선택하였다(오문자, 2010). 이는 자료들의 단순한 모음도 아니며, 매우 목적 지향적이며, 기록하는 사람의 시각과 목적을 드러내는 능동적인 행위라고 할 수 있는 것이다.

2. 기록 작업의 목적 및 기능

유아들의 활동 과정을 주의 깊게 바라보고 기록으로 남기는 것, 그 기록을 반성적으로 되짚어 보는 연구 과정은 프로젝트 진행을 위해 반드시 필요한 작업이며 레지오 에밀리아 접근법의 큰 특징이기도 하다. 레지오 에밀리아 교육자들은 기록 작업을 통해 유아에게 그들이 말하고 행했던 것에 대한 구체적이고 가시적인 '기억(memory)'을 제공함으로써 다음 학습을 위한 출발점으로 삼게 한다(김창숙, 2012). 또한 기록 작업을 한다는 것은 매 순간 행해지는 삶의 모든 순간들을 소중히 여기고 의미 있게 생각하고 있다는 것을 의미하며, 유아들의 언어, 행동, 표정 하나도 소홀히 하지 않고 있다는 것, 유아들의 생각을 존중하고 가치 있게 받아들이고 있음을 나타내 준다. 이러한 기록 작업은 유아들 스스로 자신을 더욱 가치 있게 여기고, 자신의 작업이 존중받고 있음을 느낄 수 있게 해 준다.

또 기록 작업은 유아들의 경험을 지원하는 것에 목적이 있다. 그렇기 때문에 계속적으로 발전되어 가는 과정을 포함하고 있으며, 모든 경험이 끝난 후에 해석하고 정리하기보다는 과정 중에도 끊임없는 해석과 조직이 일어난다(오문자, 2010).

기록 작업은 기록 작업에서 끝나는 것이 아니라 그 삶을 함께하는 유아들, 관찰 대상이나 교사에만 국한되는 것이 아닌 모두에게 되돌려지며, 지난 경험을 재방문하고 새로운 아이디어를 얻기 위해 상호 교류를 목적으로 공유된다.

3. 다양한 형태의 기록 작업

그렇다면 우리는 어떠한 것을 가치 있게 볼 것이며, 그것을 어떠한 형태로 기록할 것인가? 여기서 기억해야 할 것은 반드시 거창한 장기 프로젝트만이 주목할 만한 가치가 있는 것은 아니라는 점이다. 프로젝트 과정을 기록으로 남기는 것은 아주 중요한 일임에는 분명하지만 그 외에 간과할 수 있는 짧은 에피소드나 미니 스토리 등을 통한 짧은 학습의 순간들도 놓치지 않고 기록하는 것이 중요하다. 예상치 못했던 우연히 일어난 상황들을 기록한다는 것은 유아들의 일상을 의미 있게 바라보고 그들의 삶에 귀 기울이고자 하는 교육과정에서 매우 중요한 작업이며, 이러한 일상적인 경험이 더욱 확장되고 발전이 될 수도 있기 때문이다.

이외에도 기록 작업의 다양한 형태를 살펴보자.

1) 일상적인 순간들

사람과 사람, 사람과 세계와의 관계 속에서 이루어지는 모든 경험에 의미가 부여되는 일은 우리의 일상으로부터 출발한다. 레지오 교육자들도 유아에 대한 선입견을 깨기 위해 교육은 일상적인 것에서부터 시작해야 한다(Filippini, 2002).

일상적인 순간은 특별히 정해진 활동 시간 외에 등 · 하원 시간이나 스쿨버스 안에서 혹은 하원을 위해 버스를 기다리는 순간에도 어느 때나 기록되어질 수 있다.

유아들의 이야기에 귀 기울여 본 적이 있는가? 정해진 질문과 답이 오가는 형식적 수업의 틀 안에서 이루어지는 상호작용보다 이러한 일상적 순간에서 튀어나오는 이야기야말로 유아들의 '진정한 삶' 이 녹아져 있기에 더욱 가치 있는 것들이 많다.

새로운 액세서리, 최신 개봉 영화, 유원지, 스티커, 딱지, 매니큐어, 간식, 캐릭터 옷 등등 유아들이 친구들에게 서로 관심을 끌려는 전략은 다양하다. 새로운 무언가는 곧 친구들에게 관심의 대상이 되며 유아들은 그 순간일지 모르는 친구들의 관심 집중을 즐긴다. 이미 2호차까지 등원한 시간. 아직 1호차의 재준이가 등원하지 않았다. 유아들은 자유롭게 활동하고 있었다. 그러던 중 저기 계단 밑에서부터 교사를 부르는 소리가 들렸다.

유아 1: 선생님~ 선생님~

교　사: 누가 불러?

유아 1: (교실로 들어오며) 선생님~! 야! 얘들아. 나 이거 파란띠 땄다~ 이제 파란띠다. 날 형님으로 불러라! 하하하

유아 2: 우와! 진짜? 언제 딴 거야? (아직 하얀띠인 성민이는 매우 부럽게 쳐다본다.)

유아 1: 금요일에 심사 보고 땄어. 아직 민욱이랑 준서는 초록띠야.

유아 3: 에이. 뭐야~ 난 예전부터 파란띠였어. 난 조금 있음 범띠 돼.

유아 1: 선생님. 선생님. (띠를 들고 교사에게 온다. 유치원에 도착하자마자 가방에 들어 있던 띠를 꺼내 들고 올라온 모양이다. 뛰어왔는지 숨까지 헉헉댄다.)

교　사: 어? 파란띠 된 거야?! 오오~ 김재준!! 축하해.

유아 1: 있잖아요. 심사 보는데 하나도 안 틀렸구요. 파란띠 돼서 엄마랑 햄버거도 먹었어요.

교　사: 진짜? 좋았겠네. 축하해!

유아 1: 히히. 나를 대장으로 모셔라~

'유아 1'은 아침부터 도복으로 갈아입고 파란띠를 매고 친구들마다 자랑하고 친구들과 심사를 보는 품새 동작을 하며 서로 겨뤄 보는 활동을 했다. '유아 1'보다 먼저 태권도를 시작한 '유아 3'은 '유아 1'의 행동을 지적하며 자신이 본을 보이곤 했다. '유아 1'은 굉장히 활발한 성격에 친구들을 웃겨 주고 남들 앞에 나서기를 좋아하는 성격이다. 친구들의 관심을 끄는 일도 새로운 띠로 승격한 일도 '유아 1'답게 교실에 들어서기 전부터 소리를 지르며 등장하였다.

1호차 어린이들이 등원한 뒤 교사와 인사도 나눈 후 자유활동 시간. 관심 표현에 서툰 '유아 4'가 색종이를 접으며 교사의 주변을 맴돌았다. 무슨 일일까 '유아 4'를 관찰하던 중…

교　사: 어! 파란띠네?

유아 4: (슬쩍 미소를 지으며 못 들은 척하던 활동을 한다.)

교　사: 아~ 축하해! 언제 된 거야? 응? 응?

유아 4: (계속 가만히 종이만 접는다)

유아 2, 5: 우와~ 너도 파란띠 됐어?

유아 1: 준서도 파란띠예요. 선생님 조금 있으면 또 심사 봐서 저 올라요.

'유아 1'과 다르게 '유아 4'는 자신의 띠가 바뀌어도 자랑을 하지 않는다. 교사는 친구들에게도 '유아 4'가 파란띠를 딴 소식을 알려 주었고, '유아 4'는 하루일과 동안 띠를 매고 활동을 하였다. '유아 4'는 중간중간 등원하는 친구들이 오면 괜히 띠를 풀렀다가 다시 매고 하여 친구들이 먼저 자신의 띠를 발견해 주길 바랐다. 종종 띠를 딴 일을 설명하는 모습도 보였다. 같은 소재를 두고 친구들의 관심을 끄는 전략이 서로 매우 달랐다. 두 유아 모두 교사에게 관심을 끌고 싶었지만 '유아 1'은 직접적으로 자랑을 하는 한편 '유아 4'는 말없이 상대방이 먼저 알아주길 바랐다. 개별 유아의 성격과 친구들, 서로에 대한 관심(바뀐 띠를 알아보는), 혹은 관심 끌려는 소재에 대한 질투심 등등이 잘 보이는 사례이다.

만 5세 반 일상의 기록 중에서. (그림유치원 제공)

2) 영역 관찰

영역에서 일어나는 에피소드들을 기록하는 것으로, 유아 스스로 혼자 놀이를 통해서 의미 있는 학습을 경험하거나, 혹은 둘 이상의 소그룹에서 일어나는 의미 있는 경험들을 기록하여 유아들 안에서 일어나는 학습의 순간들에 더 가까이 귀 기울이고자 함이다.

이러한 영역 관찰은 후에 짧은 미니스토리의 시초가 되거나, 장기 프로젝트의 중요한 발현의 토대가 되어 주기 때문에 그 의미가 더 크다.

〈영역 관찰 기록지〉

<table>
<tr><td>관찰 일시</td><td>2013년 4월 18일</td></tr>
<tr><td>관 찰 자</td><td>미래반 OOO 교사</td></tr>
<tr><td>활동 영역</td><td>3차원 구성 영역</td></tr>
<tr><td>참여 유아</td><td>유아 1, 유아 2, 유아 3, 유아 4, 유아 5, 유아 6, 유아 7, 유아 8, 유아 9</td></tr>
<tr><td>기 록</td><td>
(남자 친구들이 저마다 블록을 한 개씩 갖고 와서 무엇인가 구성하기 시작했다.)

유아 5: 이걸 이쪽으로 놓으면 좋겠다.
유아 2: 야~ 이건 날개 부분이라고 하자.
유아 8: 여기서 조종할 수도 있는 거지?
유아 4: 맞아.

(아이들은 함께 제트기를 구성하고 있었다. 저마다 제트기에 관해 알고 있는 부분들을 공유하기 시작했다. 이야기를 나누며 구성하는 과정에서 아이들끼리 서로 의견 충돌과 대립 등 갈등상황이 일어나기 시작했다.)

유아 5: 야, 왜 니 맘대로 하려고 해.
유아 2: 아니 이걸 더 멋지게 하면 좋잖아.
유아 4: 이렇게 놓는 게 더 멋지잖아.
유아 1: 아 여기가 앞이야 알겠지? 앞이라고!

(중재를 하려다 일단 우리 아이들에게 갈등을 풀어나갈 수 있는 기회를 주기로 하였다. 처음엔 대립이 일어나지만 이렇게 대립이 일어나는 상황에서도 아이들이 구성하는 것을 포기하거나 속상해하지 않고 제트기가 구성되어 가고 있는 것이 재미있게 느껴졌다.)

유아 1: 이것을 이렇게 세워 봐봐.
유아 2: 그래 이걸 이렇게 세워 보자.

</td></tr>
</table>

기 록

(한창 블록으로 쌓다가 '유아 5'가 색 잉크를 담은 우유병을 가져와서 사용해 보면 어떻겠냐고 제안했다. 제안하는 순간 아이들이 미래정원으로 몰려가서 색 잉크가 담긴 유리병을 옮겨 오기 시작했다.)

유아 2: 우와 다 만들어 간다.
유아 2: 여기 속 안에 우리 조종사가 있는 거야.
유아 8: 여기를 이렇게 더 멋지게 해 보자.

(어느덧 제트기의 모습이 갖추어지고 아이들은 기뻐했다. 구성하는 동안에도 틈틈이 평가하는 것을 잊지 않고 만든 부분을 수정하고 재수정하였다.)

교　사: 얘들아 제트기의 어떤 부분을 보완하면 좋을까?
유아 4: 날개 부분이 너무 약한 것 같아요.
유아 2: 블록으로 튼튼하게 받쳐 주면 좋을 것 같아요.
유아 1: 그럼 블록으로 받쳐 주자!
유아 5: 그래!!

(날개 부분을 블록으로 받쳐 주기 위해 블록을 쌓았지만 몇 번이고 떨어져서 아이들은 블록을 안전하게 세우기 위해서 작품구성대 위에 기대어 블록을 쌓았다.)

3차원 구성 영역 예시. (그림유치원 제공)

3) 프로젝트(미니스토리/ 장기 프로젝트)

레지오 교육에서 가장 중추가 되는 프로젝트 활동에 대한 기록 작업은 가장 중요하고도 기본이 되는 것이다. 기록 작업 없는 프로젝트는 그 의미를 논할 수 없을 정도로 기록 작업을 통해 재방문하고 재탐색의 기회를 얻기도 하고, 그를 통해 심화되어지는 사고의 과정들을 살펴볼 수 있다. 이러한 프로젝트의 기록은 유아들의 사고하는 것들을 더욱 가치 있게 드러내 주며, 교사에게도 반성적으로 사고함으로써 교수 실제와 유아에 대해서 생각을 재조직하는 기회가 되어 준다(오문자, 2010).

프로젝트 기록은 유아들의 상호작용을 녹음기를 통해 녹음한 뒤 녹음 내용을 들으며 워드로 전사하는 작업을 거치거나, 교사가 수기로 직접 기록하거나, 노트북을 이용해 즉석에서 타이핑으로 기록을 남기기도 하며, 디지털 카메라를 통해 순간의 상황을 사진으로 함께 찍어 기록으로 남긴다. 이렇게 남겨진 기록들은 워드 형태로 재기록되고 이 과정에서 해석을 부여하는 행위가 결합되면서 앞서 이야기한 의미 있는 기록 작업으로 재탄생되는 것이다. 또한 이러한 기록은 전사물의 형태로 남겨지기도 하고, 전시와 공유를 위한 패널의 형태로 제작되기도 한다.

프로젝트 – 곰팡이

참여 유아 : 유아 1, 유아 2, 유아 3, 유아 4, 유아 5

▶발현

'유아 1'이 집에서 먹고 남은 망고 씨를 다 함께 관찰하자고 교실에 가져왔다. 망고 씨를 뚜껑이 있는 통에 담아 과학 영역에 비치해 두었다. 며칠이 지난 후 유아들은 과학 영역에서 물고기를 관찰하다 망고 씨에 곰팡이가 핀 것을 발견하고는 흥미를 갖게 되었다.

유아 1: 선생님! 이리 와 보세요! 빨리요!
교　사: 응? 무슨 일인데?
유아 2: 이상한 게 생겼어요!
유아 3: 곰팡이! 곰팡인가 봐요!

1. 곰팡이 프로젝트의 시작

교 사: 갖고 온 거 이거 뭐였어?
유아 1: 망고 씨(망고 씨에 곰팡이가 핀 것을 보여 준다.)
유아 2: 으아~ 곰팡이가 폈어~
유아 3: 곰팡이 핀 거예요?
교 사: 왜 곰팡이가 폈을까?
유아 4: 물이 있어 가지고.
교 사: 물이 있어서?
유아 4: 물이 있으면 잘 생기잖아요.
교 사: 여기 물이 있었어?
유아 4: 아니요.
유아 3: 네.
교 사: 여기 물이 있어서 곰팡이가 폈나?
유아 1: 곰팡이를 관찰하면 되죠.
유아 2: 야, 어떻게 곰팡이를 관찰하냐~
유아 1: 코 막고 관찰하면 되지~
유아 2: 코 막고 관찰하면 숨 막히겠다.
유아 4: 곰팡이 망고다. 망고에 곰팡이 꼈다.
교 사: 망고에 핀 이 곰팡이는 무슨 곰팡이일까?
유아 2: 나쁜 곰팡이.
유아 3: 아, 털 같은 게 있었어.
유아 2: 털이 곰팡이가 아니었어요?
유아 1: 털이 곰팡이냐? 이전부터 털이 있었는데.
교 사: 그래서 이 곰팡이 핀 거를~
유아 4: 없앴으면 좋겠어요.
유아 3: 어떻게!
교 사: 곰팡이 여기에 핀 거를 없애는 방법?
유아 4: 네.
유아 1: 어떻게? 곰팡이를 없애면 털도 같이 없어질 거 아니야.
유아 4: 그런데, 곰팡이 없어졌어요. 곰팡이 저기 있었는데 없어졌어요. 시간이 많이 지났는데….
교 사: 이 곰팡이가 좋은 곰팡이일까? 나쁜 곰팡이일까?
유아들: 나쁜 곰팡이.
교 사: 곰팡이한테도 좋은 곰팡이가 있나?

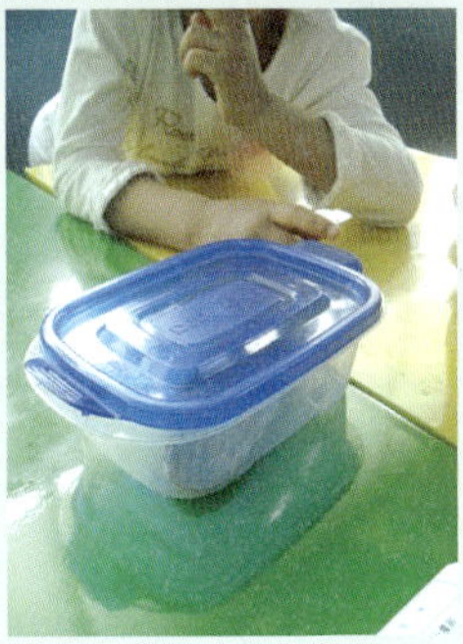

유아 2: 없을 거 같은데요.
유아 4: 있어요! 그러면 곰팡이 프로젝트해요.
교　사: 궁금하니? 궁금해?
유아들: 네!
교　사: 망고 씨 어떻게 관찰해 볼래?
유아 1: 돋보기로 관찰해요.
유아 4: 꺼내서 봐요.
유아 2: 곰팡이를 긁어 봤으면 좋겠어요.
유아 4: 물로도 씻어 봐요.

2. 곰팡이를 없앴으면 좋겠어요

유아들은 곰팡이는 나쁜 존재이며 없어졌으면 좋겠다는 생각을 가지고 있었다. 교사는 곰팡이를 없애자고 제안한 유아들이 얼마나 곰팡이를 없앨 수 있는지 궁금해 하였다. 곰팡이를 어떻게 없앨 수 있는지에 대해 토론을 해 보았다.

유아 4: 없애 줘요. 칼로다.
유아 5: 야! 칼로 어떻게 긁어~
유아 2: 어떻게?
유아 5: 물로 닦으면 되잖아~
교　사: 그럼 우리가 좋은 곰팡이면 손으로 만져서 살살살 긁을 수 있는데, 나쁜 곰팡이면 마스크 쓰고 장갑 끼고 해야 될지 몰라.
유아 2: 근데요. 나쁜 곰팡인지 좋은 곰팡이인지 모르잖아요.
유아 1: 그러니까 알아 와야지.
교　사: 알아 올까?
유아들: 아니요~~
유아 2: 컴퓨터에 어떻게 써요?
교　사: 그러면 어떻게 할까?
유아 5: 선생님이 알려 주면 되잖아요.
유아 4: 곰팡이가 착한 곰팡이인지 나쁜 곰팡이인지 모르니까 아무튼 나쁜 곰팡이일 수도 있으니까 마스크랑 장갑 쓰고 하면 되잖아요.
교　사: 아~ 일단은 착한 곰팡이인지 나쁜 곰팡이인지 모르니까. 그래도 혹시 모르니까? 마스크랑 장갑 끼고 보자고? 그러면 이 곰팡이는 그대로 내버려둘게. 그리고 선생님이 마스크랑 장갑을 준비해 줄게. 또 선생님이 준비해 줄게 뭐가 있을까?

유아 2: 칼~
교 사: 칼? 칼 필요해?
유 아: 네.
교 사: 뭐 할 때?
유아 2: 이렇게 씻을 때, 긁을 때~
교 사: 아, 이 곰팡이를 긁어서 관찰해 볼까?
유아 5: 네.
유아 2: 씻으면서 이렇게 긁어 보고 싶다.
교 사: 그래 그럼 칼도 준비해 둘게. 또 필요한 거 있을까?
유아 1: 물.
유아 4: 수세미.
유아 2: 우리 손이 필요해요.
유아 3: 당연히 필요하지~
유아 4: 수세미도 갖고 올래요. 비누랑 수세미도요.

유아들은 곰팡이를 긁어서 떼어 내거나 씻어 주면 망고 씨가 다시 원래대로 돌아올 것이라고 이야기를 하였다. 교사는 긁어 봐도 씻어 봐도 곰팡이가 다시 필 거라고 예상을 하였지만, 유아들이 다시 망고 씨에 핀 곰팡이를 보고 어떤 반응을 할지 궁금했다.

3. 돋보기로 관찰하기

유아들이 곰팡이를 없애기에 앞서 먼저 곰팡이에 대해 관찰을 해 보기로 하였다.

유아 2: 곰팡이가 너무 작아요.
유아 3: 초록색도 있어요.
유아 1: 갈색도 있는 것 같아. 털도 있어요. 털이 많아요.
유아 2: 뒤로 돌려 봐요.
교 사: 검은색 곰팡이도 있다.
유아 3: 진짜.

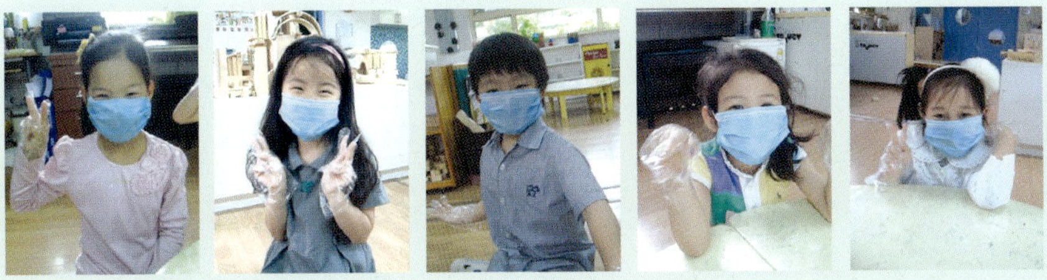

4. 곰팡이가 생긴 모습 그리기 **1차 표상**

유아 4: (곰팡이가) 초록색으로 변했다.
교 사: 이 곰팡이가 어떻게 생겼을 것 같아?
유 아: 음~
교 사: 지금은 되게 작지만 이 곰팡이도 모습이 있을까?
유 아: 네.
교 사: 그럼 너희들의 생각하는 걸 그려 볼 수 있겠니?
유 아: 네~
유아 4: 씨에 핀 거 그려도 돼요?
교 사: 씨에 핀 거 그려도 되고 생각하는 대로 한번 그려 봐. 우리가 그린 걸 보고 친구들이랑 이야기 할 수 있게.
유아 1: 뭐 해?
유아 5: 먼저! 곰팡이 씨를 그리는 거야.
유아 1: 어떻게 ~
유아 4: 그럼 먼저 망고 씨를 그려야지!
유아 2: 나 이거 보면서 할래. 가운데다가 놓자.
유아 4: 그런데 안에 곰팡이를 어떻게 그릴까? 음…. 망고에다가 점만 많이 그린 거 같냐.
유아 3: 곰팡이가 오래 지나면 생기는 것 같아.

만 5세 프로젝트 전사 형태의 기록 작업. (그림유치원 제공)

4) 패널

패널은 기록 작업의 또 다른 형태로서 교사가 기록을 남기기 위해 작성하는 1차적 기록물과는 그 목적이 조금 다르다. 앞서 소개한 일상적 순간들에 관한 기록이나, 영역 관찰, 단기 및 장기 프로젝트들의 모든 기록들을 유아와 다른 교사, 학부모, 유치원을 방문한 모든 대상들과 더 가치 있게 공유하기 위한 상호교환적 형태의 기록이다. 즉, '제6장 프로젝트를 위한 환경'에서 다룬 말하는 벽과 맥락을 같이 한다고 볼 수 있다.

벽이나 비어 있는 공간을 상호교환적 공간으로 만들기 위해서는 기록이나 사진자료 등을 활용해 전시하고 소통할 수 있도록 개방해 주어야 하는데, 이때 기록물과 사진자료를 어떻게 전시할 것인가에 대한 고민을 하게 된다.

현장에서는 이러한 경우 주로 패널의 형태로 제작하여 전시하고 있는데, 이는 기록과 사진자료를 함께 배치하여 한눈에 보기 쉽도록 하는 데 용이할 뿐만 아니라, 공유하고자 하는 기록의 의미와 목적을 보다 효과적으로 전달하기에 탁월하기 때문이다.

패널의 형태는 특별한 형식이 있는 것은 아니다. 패널에 담고자 하는 기록물의 내용이나 전달 목적에 따라 혹은 전시 장소에 따라서 교사가 자유롭게 작업할 수 있다. 다만 패널의 내용에는 패널의 주제를 가장 효과적으로 드러낼 수 있는 제목과 발현 맥락, 주된 상호작용 및 가치 있는 사진자료, 기록에 대한 교사의 반성적 사고(되짚어보기) 등을 빠짐없이 기록하고, 필요에 따라 장기 프로젝트에 대한 패널일 경우 기록이 이루어진 기간과 참여 유아, 참여 교사 등의 이름을 같이 넣어 게시할 수 있다.

목적에 따라 다양하게 표현되는 패널의 형태를 살펴보자.

패널 형태의 기록 작업.

패널 형태의 기록 작업. (예랑유치원 제공)

5) 저널

저널은 기존의 기록 작업의 목적들에서 조금 더 적극적인 형태를 띤 기록 작업이다. 이는 일주일마다 가정으로 보내져 학부모들과 공유하고 소통하기 위한 기록물로, 앞서 살펴본 일상의 기록이나 영역관찰, 미니/장기프로젝트에서 수집된 기록물들 중 의미있는 것들을 발췌하여 집약적으로 살펴볼 수 있도록 만든 형태의 기록물이다. 이를 통해 학부모는 가정에서 일주일 동안의 유아들의 삶을 개괄적으로 살펴볼 수 있다. 저널은 학부모에게 일방적인 전달을 하는 데 목적이 있는 것이 아니라, 이를 공유함으로써 학부모들도 유아들의 생활에 직접 함께하지는 못하지만 공동참여자의 일원이라는 인식을 갖게 하여 함께 유아들의 생각을 고민하고, 확장시키거나 지원해 줄 수 있는 방법을 모색하며 제안할 수 있도록 하는 통로가 되어 준다.

[1] 첫번째 이야기 4·5·6월 스트로베리반 우리들의 특별한 자

씨앗 심기

식목일을 맞이하여 우리 스트로베리반 친구들은 화분에 씨앗을 심고 사랑과 정성으로 키우기 시작했다.

새싹이 자라났어요.

4~6일정도 시간이 지나자 화분에서 새싹이 자라나기 시작했다. 아이들은 새싹을 관찰하면서 "새싹은 얼만큼 자라났을까?"하는 궁금증이 생기게 되었고, 새싹의 길이를 재어보기로 했다.

길이를 재려면?

아이들은 길이를 재려면 자가 필요하다고 생각하였고, 30Cm의 자와 50Cm의 자를 탐색하는 시간을 갖고, 우리 스트로베리 반만의 특별한 자를 만들기로 하였다. 아이들이 만들고 싶은 모양의 자를 그림으로 그리고 별,하트, 앵그리버드, 세모, 엑스 모양 등등.. 의 그림을 1Cm의 크기로 만들어 길게길게 이어주었다. 한칸씩 하다가 힘이 들었는지 10Cm의 크기로 만들어 달라고 하여 아이들은 10Cm씩 자를 이어 주어 길고도 긴 자를 만들어 주었다.

우리들의 특별한 자로 새싹의 길이를 재어봐요.

길다란 자를 완성한 아이들은 그동안 자라난 새싹의 길이를 재어 보기로 했다. "3칸이에요." "이 새싹은 더 많이 자라서 5칸이나 자라난거 같아요." "새싹 길이가 다 틀려요. 우리가 사랑을 다르게 줘서 그런가봐요. 더 많이 사랑해줘서 새싹들이 길게길게 자라났으면 좋겠어요." "새싹이 작으니까 우리가 길이를 조금밖에 못재는거 같아요." 새싹이 자라나는 속도가 있기 때문에 짧은 길이만 잴 수 있었고, 아이들은 조금 더 긴 길이를 재어보기를 원했다.

우리 실내화는 다 180이에요!!!

길이를 재는 데에 관심이 있던 아이들.. 어느날 동현이와 민호가 실내화가 똑같아 비교 하던 도중 신발에 써있는 180 이라는 숫자를 발견 하였고, 스트로베리반 친구들이 실내화가 거의다 180 이라는 것도 발견하게 되었다.

교실 길이를 재어보면 좋을 것 같아요!!

아이들은 이야기를 나누다가 교실 길이를 재어보길 원하였다. "선생님이 앉아있는 곳 벽부터 저기 문앞까지랑 문앞에서 언어영역있는곳, 그리고 거기에서 역할 영역있는곳 간다음에 다시 처음으로 와서 우리 교실 길이 재면 좋겠어요." 아이들은 교실의 둘레를 재어보길 원했고,그동안 만든 자를 더 길고 길게 연결하기 시작하였다.

다양한 형태의 저널. (a)

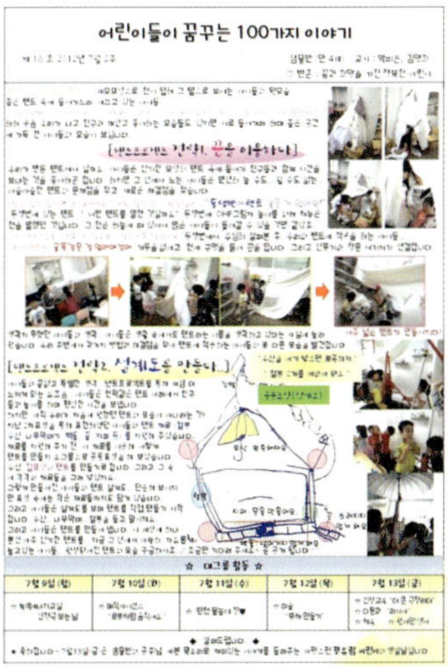

어린이들이 꿈꾸는 100가지 이야기

다양한 형태의 저널. (b)

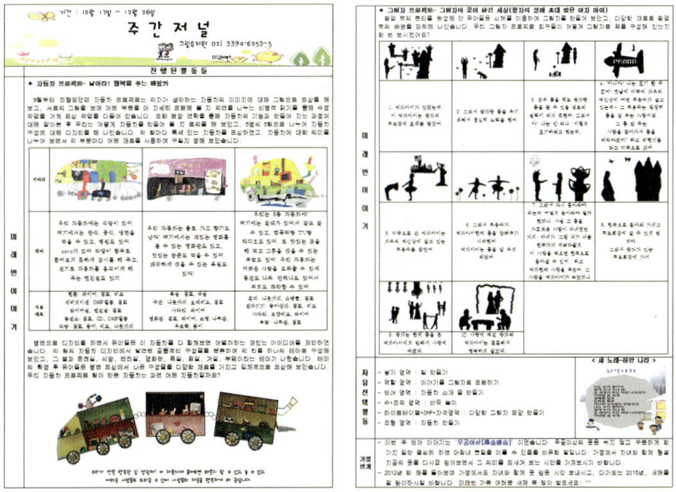

주간 저널

진행된 활동들

다양한 형태의 저널. (c)

(a – 에덴유치원 제공/ b – 예랑유치원 제공/ c – 그림유치원 제공)

6) 월간 계획표

교사가 매일 작성한 뒤, 월 단위로 교육과정 관련 요소를 체크하여, 대/소집단 활동과 영역활동에서 균형 있게 계획 및 적용되었는지 확인한다. 영역 및 미니/장기 프로젝트에 대한 기록도 자세하게 남겨두어 다음 달 지원계획의 방향을 예상해 보게 된다. 특히 지원계획은 유아들의 사고의 폭을 넓게 예상해 보고 지원할 수 있는 가능성을 충분히 열어 두고자 하는 것으로, 미리 교사가 방향을 정해 두는 것을 의미하지 않는다.

<바다반 3월 월간 평가표>

담임교사 : OOO, △△△

누리과정		신체운동·건강					사회관계					예술경험			의사소통				자연탐구		
내용 범주		신체 인식하기	신체 조절과 기본운동하기	신체활동에 참여하기	건강하게 생활하기	안전하게 생활하기	나를 알고 존중하기	나와 다른 사람의 감정 알고 조절하기	가족을 소중히 여기기	다른 사람과 더불어 생활하기	사회에 관심 갖기	아름다움 찾아보기	예술적 표현하기	예술감상하기	듣기	말하기	읽기	쓰기	탐구하는 태도 기르기	수학적 탐구하기	과학적 탐구하기
다중지능이론		신체-운동학적 지능					자기이해지능	대인관계 지능				공간적 지능 음악적 지능			언어적 지능				논리-수학적 지능		자연탐구 지능
자유선택활동	언어																				
	조형																				
	쌓기·역할																				
	수·조작																				
	자석																				
	과학																				
	라이트테이블 OHP																				
	손끝놀이																				
대·소그룹활동	기본생활습관																				
	동화, 동시																				
	이야기나누기																				
	새 노래																				
	신체 및 게임																				
	실외																				
	안전교육																				
프로젝트																					

월간계획표 예시. (a)

			3월 진행과정	4월 지원계획
자유선택활동	의사소통	언어영역 메시지 센터	새로운 친구들에 대한 관심을 가지고 편지쓰기 등의 활동이 일어날 수 있도록 지원하였고, 메시지센터를 아크릴로 제작하여 유아들의 사진을 넣어 구성하였다. 메시지 센터가 바뀌어 유아들의 관심이 더욱 높아졌었지만 예전보다 크기가 작아져 금방 메시지 센터가 가득 차 자주 비워야하겠다. 유치원의 하루일과에 대하여 관심을 갖고 원훈과 유치원의 이름 등에 관심을 가질 수 있는 환경을 제시하였는데 하루일과에 대한 카드에는 관심이 높았지만 원훈과 관련한 활동에는 참여도가 적었다.	메시지 센터를 보다 자주 비울 수 있도록 지원하여야겠고, 7세이니만큼 유아들 스스로 자신의 메시지센터를 깔끔하게 정돈될 수 있도록 끈임 없이 지도하여야겠다. 또한 4월에는 봄에 관한 다양한 식물과 봄에 볼 수 있는 동물의 이름에 대하여 관심을 가질 수 있도록 지원을 하과 관련 언어놀이가 일어 날 수 있는 교구 등을 비치하는 것이 좋겠다.
	예술경험	미술영역	영역 내에 비치된 다양한 재료들을 탐색하고 자유롭게 조형물을 만들어 볼 수 있도록 지원하였다. 대체적으로 클레이점토에 대한 관심이 높았고 도구를 사용한 점토 놀이도 많이 이루어졌다. 학기초 자화상 그림을 그리고 다른 친구들의 자화상을 감상할 수 있도록 전시도 하였더니 관심이 높은 모습이었다. 또한 친구에 대한 관심을 높일 수 있도록 바다반 유아들의 반쪽 사진 등을 제시하여 나머지 부분을 채워보는 활동에도 유아들이 적극적인 참여를 보이는 모습이었다.	점토 사용 시 필요한 만큼만 꺼내어 쓰고 남은 점토가 굳지 않도록 보관하는 방법을 충분히 알고 지켜볼 수 있도록 해야겠다. 봄에 관련된 색 (물감, 색종이, 점토, 수수깡 등)의 재료들을 많이 내어주어 유아들이 봄과 연관된 활동이 충분히 일어날 수 있도록 지원해야겠다. 또한 싸인펜, 풀, 오공본드 등의 사용 후 뚜껑 정리를 스스로 꼭 할 수 있도록 이야기 나누기를 하고 영역 이동 및 정리 시간에도 관심 있게 지도해야겠다.
		철사와 비즈 영역	다양한 비즈에 대한 탐색이 충분히 일어나고 비즈를 처음 접해보는 유아들의 경우 비즈의 다양한 색과 느낌에 대해 먼저 이야기 나누고 느껴 볼 수 있도록 하였다. 와이어와 작은 비즈를 이용하여 친구의 얼굴 형태를 구성하여 보기도 하고 비즈의 패턴을 익혀보고 악세사리를 만들어 보기도 하였다.	봄의 꽃과 관련하여 악세사리를 만들어보고 봄의 분위기를 연출할 수 있는 악세사리 및 다양한 작품을 만들어 볼 수 있도록 하여야겠다. 또한 봄 하면 떠오르는 색의 와이어 등을 제시하여 와이어를 이용한 구성활동을 지원하면 좋을 것 같다. 와이어 사용 후에 정리에 대해서도 더욱 잘 이루어지도록 지도하여야겠다.
		손끝놀이 영역	패턴 직조놀이부터 시작을 하여 친구 이름 바느질하기, 유치원 로고 바느질하기 등의 활동을 제시하였다. 직조놀이나 바느질을 경험하였던 유아들은 흥미롭게 활동에 참여하였지만 낯선 유아들에게는 조금 더 시간이 필요한 부분이었다. 여러 실에 대한 탐색과 관련 놀이를 하며 흥미를 높여볼 수 있도록 지원하였다.	실을 이용한 활동 뿐 아니라 보다 다양한 손끈놀이 활동이 일어날 수 있도록 지원하여야겠다. 또한 실을 사용한 휘 엉켜고 정리가 안되는 부분들이 많아 실과 돗바늘, 쪽가위 등을 안전하게 정리가 용이하도록 제시하는 방법을 고민하고 유아들에게 안전에 관한 지도가 함께 이루어져야할 것으로 보인다.
	자연탐구	과학영역	영역에 비치된 과학도구들에 대한 명칭 등을 알아보았고, 우리 교실에서 키우는 동식물에 대하여 관심을 가져볼 수 있도록 지원하였다. 하지만 3월에는 식물이 많지 않아 관심이 크지는 않은 모습이었다. 애벌레 관찰도 3월 초기에만 관심이 큰 모습이었다. 다양한 자연물과 곡식에 대한 탐색도 충분히 일어나는 모습이다.	3월에는 식물이 많지 않아 4월에는 보다 다양한 식물 및 씨앗 등을 비치하고 관심 있게 길러 볼 수 있도록 하여야겠다. 현재 비치된 애벌레 관찰이 흙 속에 있어 관찰이 쉽지 않아 올챙이나 물고기 종류를 길러 보는 것도 좋을 것으로 보인다.
		수조작 영역	친구에 대해 친숙하게 느껴볼 수 있는 친구 얼굴과 이름을 활용한 빙고게임이 가장 인기를 끄는 모습을 볼 수 있었다. 많은 유아들이 관심을 갖는 모습이었고 활동 시간도 비교적 오랜 시간동안 지속되는 모습이었다.	가베 활동이 어느 정도 일어났지만 교사의 개입이 필요한 부분도 많았다. 유아들과 다양한 활용법에 대하여 나눈 후 활동을 제시하는 부분도 필요할 것 같다. 또한 3월에는 게임 활동이 부족하였으므로 게임 활동을 제시하여주면 좋을 것 같다.
		목공놀이 영역	6세 때에는 없었던 목공놀이 영역이 새로 추가되었다. 그래서 3월 동안에는 여러 가지 나무판이나 나무 조각, 나뭇가지 등의 질감을 느끼고 탐색할 수 있는 시간을 가져보았다. 나무판 위에 유성매직 등으로 그림을 그리고 작은 매체와 조 각등을 이용하여 유아들이 각차 자유롭게 목공활동에 참여하는 모습이었다.	4월까지는 기본적인 나무판 등을 이용한 활동을 지속하여야 할 것 같다. 또한 톱밥 등을 탐색하고 톱밥을 활용한 만들기를 계획하여 보아도 흥미롭게 참여할 수 있을 것 같다. 목공놀이와 어울리는 자연물 및 매체도 적절하게 제시하여 주는 것이 좋겠다.
	사회관계	쌓기 영역	큰 블록들을 이용한 유치원 및 차로 구성놀이가 많이 나타나는 모습이었다. 하지만 유아들이 가장 관심 있어 하는 영역 중 한 곳인데에 비하여 공간이 작은 느낌이다. 비교적 많은 아이들이 집중하여 몰리는 공간이라 같은 블록이나 교구를 가지고 갈등상황도 빈번하게 일어나는 모습이었다.	유아들이 많이 몰리고 구성해 놓은 구조물들이 실수에 의하여 무너지거나 망가지는 일이 자주 발생하는 모습이라, 쌓기 영역의 공간을 조금 더 넓혀주고 유아들이 따로 구성을 해 볼 수 있는 책상이나 탁자 같은 공간을 놓아주면 좋을 것 같다.
		라이트테이블 & OHP 영역	OHP와 라이트의 빛에 관심을 가지고 관련 활동에 참여하는 유아들이 많았다. 색 매체와 다양한 크기의 매체들을 내어주어 자유로운 구성놀이가 이루어질 수 있도록 하였고, 우리 교실 및 친구의 얼굴 구성놀이가 함께 이루어졌다. 영역놀이가 활발하게 이루어진 반면 각 매체의 종류와 색깔 별로 정리하는 부분이 많이 미흡하였다.	3월에 미흡하였던 매체의 종류와 색깔 별로 정리하는 부분이 잘 이루어질 수 있도록 보다 쉽고 용이한 정리용기와 항상 깔끔하게 정돈된 느낌의 영역구성이 중요한 것 같다. 유아들이 남기는 부분을 제외하고는 잘 분류할 수 있도록 지원하여야겠다.

월간계획표 예시. (b)
(a,b – 그림유치원 제공)

제8장 프로젝트를 위한 교사의 역할

레지오 에밀리아 교육에서는 유아를 교사와 대화하고 상호작용하는 가운데 완성을 추구하는 활동적이고 유능한 존재로 생각하기 때문에 교사의 역할을 보다 구체적으로 기술할 필요가 있다(김창숙, 2012). 이에 교사는 유아의 인지·사회·신체·정서적 발달 촉진, 학급 운영, 환경구성, 양육과 태도, 부모·동료·행정가·일반시민과의 의사소통, 유아교육 전문가로서의 자질 향상, 유아교육을 보호하기 위한 정치적 활동에 참여, 교육과정 계획, 학급활동에 대한 체계적인 연구와 같은 중요한 역할을 갖는다(Edward, 1994).

1. 유아교사의 중요성

유아교육현장에서 유아교사의 중요성에 대한 강조는 아무리 해도 지나치지 않을 것이다. 이는 유아교사라는 인물 자체가 가정 밖을 떠난 유아에게 부모를 대신하는 존재이기도 하거니와, 부모 다음으로 유아의 성장과 발달에 영향을 미치는 중요한 인물이기 때문이다. 유아교육에서 교사는 유아들의 생활 속에 깊이 관련되어 있다. 늘 교사와 함께 생활하는 유아들에게 교사는 부모와는 또 다른 성인의 모델이 되어 주며, 유아는 교사의 행동을 모방하기도 한다. 따라서 교사가 어떠한 마음가짐을 가지고 유아들과 생활하느냐, 어떠한 언어를 사용하고, 어떠한 말투로 유아들과 상호작용하는지, 어떠한 행동과 태도로 유아들을 대하는지는 유아들에게 사소하지만 큰 영향을 줄 수 있다는 것이다. 이는 유아라는 특수한 연령의 집단이기 때문에 연령이 높은 아동들을 대상으로 하는 초, 중, 고등교육보다 더 크게 작용한다. 또한 유아교육은 다른 학교 기관과는 달리 교과서를 통해 교육이 진행되는 것이 아니기 때문에 교사가 교육의 질을 결정하는 중요한 요인으로 작용한다. 그렇기 때문에 유아교육에 있어서 유아교사의 역할은 더욱 중요하다고 할 수 있다.

2. 유아교사의 역할

'가르치는 일은 어머니 됨의 입장을 요구하는 직업이다(Grumet, 1988)' 라는 말처럼 교사는 일정 부분 양육자로서의 어머니의 역할을 요구한다. 하지만 유아교사에게 양육과 같은 어머니의 역할이나 수동적인 역할 외에도, 유아의 발달을 촉진하고 미래를 준비시킬 수 있는 교사로서의 역할이 더욱 강조되고 있다. 이는 유아교사는 전문성을 지닌 직업이기 때문이다.

그렇다면 전문성을 지닌 교사로서 우리는 어떠한 시각으로 유아들을 바라보고, 어떠한 역할들을 수행해야 할 것인가? 유아교육에서 교사는 교육과정 계획자, 연구자, 부모 교육자, 평가자, 공동학습자, 상담자, 관리자, 의사결정자의 다양한 역할을 수행하게 된다.

이를 구체적으로 설명하면 다음과 같다(염지숙 외, 2011).

첫째, 교육과정 계획자로서의 교사는 지역사회에서 중요시하는 학습뿐만 아니라 유아교육의 이론과 실제에 기초하여 유아들의 능력에 맞는 교육과정을 개발한다.

둘째, 연구자로서의 교사는 교수뿐만 아니라 현장에서 직접 적용하는 사람으로서 연구를 수행해야 하는 이중 역할을 지니고 있다. 교사가 학습의 객관적인 실체를 파악할 뿐 아니라, 유아와의 관계에서 어려움에 직면하게 되었을 때 그것에 대한 연구를 해 나가면 교사 자신의 전문성 발달에도 도움이 되고, 나아가 더 많은 교수 아이디어를 산출할 수 있게 된다.

셋째, 부모 교육자로서의 교사는 부모들과의 신뢰로운 관계 형성을 통해 도움을 주고받으며 지역사회와의 연계를 만들어 가는 역할을 한다.

넷째, 평가자로서의 교사는 유아에게 성공적인 학습경험이 되도록 계획하기 위해서 유아의 능력과 요구를 평가해야 한다. 그리고 그것이 교육과정에 잘 반영될 수 있도록 한다.

다섯째, 공동학습자로서의 교사는 유아들과 함께 지식을 공동으로 구축해 나가는 존재로서 함께해야 함을 의미한다.

여섯째, 상담자로서의 교사는 개인, 사회, 정서, 도덕, 신체적 그리고 지적 특성을 포함하는 다양한 요구와 문제를 가진 아동들을 대상으로 함께 생활하고 활동하기 때문에 그들의 특성을 잘 파악하고 적절한 안내를 해 줌으로써 정서적으로 지지해 주는 역할을 한다.

일곱째, 관리자로서의 교사는 유아 개개인의 관리뿐만 아니라 학급 전체를 바라보며 통솔하고 관리한다.

여덟째, 의사결정자로서의 교사는 항상 유아들을 관찰함으로써 이를 교육과정 수정 시에 반영하고, 그에 따른 적절한 상호작용을 언제 어떻게 할 것인지 결정한다.

유아들은 다양한 경험을 통해 배우고, 느끼고, 생각한다. 교사는 유아들에게 다양한 경험을 제공해 주어 호기심과 탐구심을 키울 수 있도록 해 주어야 한다. 그리고 지속적인 유아관찰을 통해 개개인의 관심과 요구를 발견하여, 융통성 있는 교육과정을 운영할 수 있도록 한다. 또한 유아 자신의 방식대로 배울 수 있는 기회를 충분히 제공하여, 창의적 사고의 발달을 지원해 준다.

유아들과의 상호작용을 할 때는 동기유발을 위한 개방적 질문을 하도록 신경써야 하며, 유아들이 관심 갖는 것, 탐색하고자 하는 것이 있다면 충분한 시간을 주어 탐구해 볼 수 있도록 지원해야 한다. 그리고 유아 개개인뿐만 아니라 학급 전체를 통솔하고 관리하는 것도 교사의 중요한 역할 중 하나이다.

유아들에게 활동 방법에 대해 시범을 보이고 있는 교사. (그림유치원 제공)

3. 레지오 에밀리아 접근법에서 교사의 역할

레지오 에밀리아 접근법에서는 일반학급과는 다른 형태의 교사제도가 적용되는데, 바로 1학급 2담임 체제이다. 한 교실당 두 명의 교사가 협력하여 운영하도록 되어 있다. 즉, 레지오 교육철학에서 교사의 역할은 매우 중요하다. 레지오 교육에서 교사는 동반자이고 지원자이며 관찰자, 기록자, 연구자이다. 특히 연구자로서의 교사를 가장 중요하게 요구한다. 그러므로 교사는 유아의 말에 귀를 기울이고 항상 존중하며, 유아가 호기심을 가지고 탐구할 수 있도록 지원해야 한다. 다시 말해, 레지오 에밀리아 교육에서 교사는 유아에게 일방적인 지식을 전달하는 사람이 아니라 유아가 스스로 지식을 구성해 갈 수 있도록 지원하고 격려하는 사람인 것이다.

교사는 유아들과의 상호작용에서도 넓은 시야를 가질 필요가 있다. 이는 유아의 말이나 행동, 상징적으로 표현되는 언어 등을 관찰하여 적절하게 반응할 수 있어야 하기 때문이다. 이를 통해 유아 개개인뿐 아니라 학급 전체의 지적 활동과 성장을 자극, 촉진함으로써 유아들로 하여금 풍요로운 경험을 할 수 있게 한다.

교사는 또한 유아들 간의 상호작용, 협동학습, 지식의 공동구성을 자극하고 촉진하는 데 힘써야 한다. 이를 위해서 교사는 협력하고 있는 동료교사와 함께 3년간 한 반을 맡아 운영함으로써 유아의 발달적 역사를 계속적으로 지켜보고 중요한 맥락에서 이해하고자 하기도 한다. 다만, 한국형 레지오에서는 3년간 한 반을 맡아 운영하는 사례가 많지 않기 때문에, 이를 통해 얻을 수 있는 기대효과를 놓치지 않기 위해 더 신경 써야 할 부분이기도 하다(김창숙, 2012).

또한 레지오 교육에서 유아들의 관심과 흥미가 계속될 수 있도록 그 문제를 찾아내어 주의를 기울이도록 하는 것 또한 교사의 중요한 역할이다.

유아들에 관한 역할 외에도 교사는 프로젝트 주제에 대해 부모와 공유함으로써 가정에서도 부모가 관심을 가지고 유아들과 상호작용할 수 있도록 하거나, 보다 적극적 참여를 유도하여, 자료를 지원하거나 문제 해결의 실마리나 새로운 아이디어를 제공할 수 있도록 하여 부모들 스스로도 자녀에 대한 이해를 높이고 격려할 수 있도록 도와야 한다.

4. 페다고지스타(교육조정관-pedagogista)의 역할

레지오 에밀리아에서 페다고지스타의 역할은 교사의 역할과 밀접하게 연관되어 있다. 페다고지스타는 교사와 함께 교육과정을 수행하거나 그들을 지원한다. 우리의 교육체제로 보면 장학사의 역할을 수행한다고 볼 수 있다. 하지만 우리 교육체제 속 장학사의 역할과 크게 다른 점은 페다고지스타는 정기적으로 자주 유치원을 방문하여 레지오 에밀리아 교육에 대한 철학과 신념을 갖고 교사와 협력하고 지원한다는 것이다. 그리고 보다 다양한 역할을 수행하는데, 외부와 연계하여 다양한 자원들을 활용할 수 있도록 지원하거나 물리적 환경 조성, 부모와의 상호작용 조성, 교사와 협력한 유아 및 가족의 권리와 욕구 분석 등을 통하여 교사의 자율성과 전문성 향상을 지원한다(김창숙, 2012).

또한 지속적인 협의와 교사교육을 통해 교사들이 겪을 수 있는 문제들을 함께 고민하고 격려함으로써 반성적으로 사고할 수 있는 계기를 마련해 주고, 교사 자신의 상황을 보다 객관적으로 바라볼 수 있는 통찰을 갖게 해 준다.

페다고지스타와 협의 과정을 거치는 교사들. (그림유치원 제공)

5. 아뜰리에리스타(Aterierista)의 역할

아뜰리에리스타는 일반 유아교육기관에서는 흔히 볼 수 없는 특별한 교사로서, 학급을 전담하고 있는 교사들과 달리 미술 관련 전공자로 구성된다. 일종의 미술 전담교사라고 볼 수 있는데, 여기서 미술이라는 것은 단순한 미술 표현 활동에 그치는 것이 아니라 유아들이 다양한 매체를 통해 어떻게 학습하고, 어떻게 관계를 맺어 나가는지에 대한 폭넓은 이해를 다루는 활동을 모두 포함하는 것이라고 볼 수 있다. 따라서 아뜰리에리스타는 아뜰리에라는 공간에서 유아들이 수많은 언어를 자유롭게 사용할 수 있도록 기회를 제공하고, 다양한 경험을 지원한다. 또한 일반 학급 교사와 마찬가지로 유아들의 활동을 체계적으로 기록하고 전시하는 것도 그들의 몫이다.

아뜰리에리스타는 유아들의 미술활동 지원뿐만 아니라 교사들과도 긴밀히 협력해야 한다. 교사와의 협력을 통해 그들의 프로젝트를 지원하기도 하고, 교사에게 자신들의 전문 지식을 공유하고 조언해 줌으로써 교사들이 미술활동이나 프로젝트 중 표현활동, 혹은 유아들의 생각을 드러내거나 매체와 관계맺기 작업에서 겪는 고민이나 어려움을 해결하는 데 많은 도움이 될 수 있다.

이러한 아뜰리에리스타의 교사 지원은 궁극적으로 유아들의 삶을 더욱 풍요롭게 해 준다.

이렇게 레지오 에밀리아 교육에서 교사의 역할이란 매우 다양하며, 그 외에 페다고지스타, 아뜰리에리스타와의 관계에서도 서로 상호협력적인 형태를 띠고 있음을 알 수 있다.

마지막으로 오종숙(2003)의 연구에 나타난 레지오 에밀리아 교육에서 주장하는 교사의 이미지를 정리해 보면 다음과 같다.

첫째, 연구자, 지식의 공동창출자로서의 교사가 할 일은 실존적이며 인지적인 과정 중에 있는 유아들이 편안하고 자신감을 갖도록 해 주고, 동기에 가득 차며 존중받도록 해 주는 것이다(Rinaldi, 1998).

둘째, 교사 및 교사 공동체의 역할로서 교육 프로젝트의 발전 가능한 방향에 대해 끊임없이 가설을 세우는 것도 포함된다. 이것은 듣고 관찰하여 기록 작업 및 해석하기 등과 긴밀하게 연결되어 있다. 여기서 교사는 개개 유아나 집단 유아들이 발달시켜 나가는 구성과 기술들, 아울러 개개인과 집단의 정체성을 점차적으로 이해해 감으로써 지식과 그 지식을 이루는 과정들에 대해 알게 되는 것이다(Rinaldi, 1998). 또한, 학교의 주요 과제 중 하나는 유아들과 유아들 집단이 관계를 맺고자 하는 자연적 성향을 양성하여 그 결과 지식의 공동 구성을 하도록 하면서 '어떻게 배우는가를 배우는 것' 을 돕는 것이다(Flippini, 2001).

셋째, 레지오 에밀리아 교육에서는 전문성 계발을 모든 학교 직원의 권리라고 생각한다. 이 전체 그룹은 다시 전문성 계발의 새로운 대상으로서, 동료집단의 차원에서 함께 생각하고, 일하고, 해석하며 나름대로 욕구와 권리를 가진 하나의 단위를 이룬다.

넷째, 교사는 지식과 문화를 공동 구성하는 사람으로서, 이는 오늘 내가 알고 있는 것이 내일 다른 사람을 만나 변할 수 있고 지식이 다시 구성되어 가는 것을 말한다. 현재 알고 있는 것은 하나의 관점이고, 부분적이며 한쪽으로 치우칠 수 있다는 것을 인정하면 개방적일 수 있다(Rinaldi, 1996).

다섯째, 창의력과 평생 교육으로써 기록 작업, 참여 등이 그 근거를 이루는 규칙이며 원리라 할 수 있다. 교사는 어른으로서 그 역할이 없어진 것이 아니다. 지식과 문화의 단순한 전달자라기보다는 지식의 공동창출자가 되기 위해서 그 역할을 수정하게 된다. 교사는 교사 자신의 취약성을 충분히 인식하면서 이 역할을 수행하여야만 한다. 이는 곧 의외의 것에 놀라기도 하고 호기심을 열어 두는 것일 뿐만 아니라 의구심과 실수를 수용할 줄 아는 것을 뜻한다. 이 모든 것이 진정한 지식과 창조 행위에 필수적인 것들이다.

Part 2
레지오 프로젝트의 한국 적용 사례

제9장 반짝반짝 '미래' 프로젝트

1. 집단 형태와 시간 흐름 속에 나타난 상징적 사고의 변화

1) 발현적 시기

교사가 유아들과 바깥놀이를 예정하였던 어느 날, 아침만 해도 좋았던 날씨가 오후가 되자 흐려졌고 약간의 빗방울이 떨어졌다. 교사는 유아들에게 날씨가 좋지 않아 바깥놀이를 할 수 없을 것 같다고 했다. 그때 한 유아가 "아! 날씨를 조종할 수 있는 기계가 있다면 우린 바깥놀이할 수 있는데!" 라고 말했다. 이 말을 듣고 있던 한 유아가 "미래에는 있을 걸?" 하고 응답했다. 둘의 대화를 듣고 교사가 "미래가 뭔데?" 라는 질문을 함으로써 유아들에게 미래에 대해 관심을 갖도록 한 것이 연세 유치원 '미래' 프로젝트를 전개하게 된 계기가 되었다.

다음은 '미래' 프로젝트의 탄생 초기 교사의 기록이다.

미래란 무엇일까? 막연히 내던진 질문에 유아들은 교사의 예상 외로 이야기를 물밀듯이 펼쳐 내기 시작했다. 유아들은 '미래의 자연', '미래의 사람과 동물', '미래의 도구와 기계' 등 현실에서 유아들이 관심을 갖는 대상에 대해 미래와 연결 지으면서 미래에 대한 다양한 생각을 펼쳐 내기 시작하였다.

(…중략…) 미래란 개념은 너무 추상적이어서 교사 또한 그 의미에 대해 정확히 알고 있다 확신할 수 없어 프로젝트를 시작할 때에는 많은 어려움을 느꼈었다. 하지만 미래란 주제는 유아들의 잠재되어 있는 상상력을 엿볼 수 있는 좋은 기회이기도 했다. 유아들의 무궁 무진하게 잠재된 상상력 속에서 교사는 기발하면서도 재미난 생각을 발견할 수 있었고 이런 생각들 하나 하나가 모두 소중하고 가치 있음을 알 수 있었다.

〈교사 저널〉

2) 개인적 관심의 시기 – 초기 이론 탄생

이 시기의 유아들은 미래에 대한 생각을 하기 시작하였고, 미래에 대한 생각의 초점은 공간 설정에 맞추어졌다. 유아 a, 유아 b, 유아 c는 미래가 지구와는 또 다른 행성, 백두산 땅속, 별을 딸 수 있는 상상놀이 공간이라고 말하였다. 또한 유아 a와 유아 b는 미래를 이동 가능한 행성과 백두산 땅속이라고 말하며 이를 그림으로 표상하였고, 유아 c는 사다리를 타고 가서 별을 딸 수 있는 상상놀이 공간이라고 말하며 이를 그림으로 표상하였다.

(1) 유아 a: 미래는 우주의 또 하나의 행성이에요!

유아 a의 미래에 대한 초기 표상 : 이동 가능한 미래행성

"미래는 우주의 또 하나의 행성이에요."라고 하자 또 다른 유아가 "미래라는 것은 지구처럼 동그란 별 중의 하나예요."라고 덧붙여 표현을 하였다. 교사는 "미래가 왜 하나의 행성이라고 생각하는데?"라고 묻자, "왜냐하면 미래는 우리한테 없어요. 하지만 우리가 어른이 되면 미래가 우리한테 와요."라고 답하였다. 교사는 "미래가 어떻게 우리에게 오는데?"라고 묻자, "어떻게 오냐면 지구랑 미래행성은 기다란 통로로 연결되어 있거든요? 그래서 우리가 어른이 되면 미래가 그 통로로 지구한테 오는 거예요."라고 대답하였다.

〈교사 저널〉

위의 표상과 대화는 개인적 관심의 시기에 나타난 유아의 생각이다. 현실적·실체적 공간으로서 미래행성을 인식한 유아에게 교사는 "미래가 어떻게 우리에게 올까?"라는 질문을 함으로써 유아가 시간의 흐름을 어떻게 생각하는지를 알아보고자 하였다. 유아들은 미래라는 추상적 시간 개념을 지구와는 또 다른 구체적 행성으로 인식하고 "미래는 현재가 아니어서 지금 우리한테는 없지만 어른이 되면 미래가 우리한테 온다."라고 말함으로써 미래와 현실은 다른 시점임을 인식하는 것을 알 수 있다. 그러나 시간의 흐름에 대한 인식은 미래가 현실로 이동 가능한 것으로 인식하였다. 유아들은 이동의 논리를 만들어야 할 필요성이 있다고 생각했을 것이다. 미래행성의 이동 도구, 즉 미래와 현재의 접점을 창안할 필요성이 있다고 생각하였던 것 같다. 유아들은 미래행성이 통로를 통해 이동이 가능하다고 생각하였다. 추상적 개념의 미래를 유아들이 보이는 물리적 개념으로 바꾸어 유아들의 수준에서 표현하고 있었다.

(2) 유아 b: 미래는 백두산 땅속에 숨어 있어요!

유아 b는 미래는 백두산 땅속에 있으며, 우리가 성인이 되면 백두산 땅속에 있는 미래가 우리에게 온다고 생각하였다.

미래는 백두산 땅속에 있어요
1차 표상

유아 b의 미래에 대한 초기 표상

유아 b: 미래는 백두산 땅속에 숨어 있다가 우리가 어른이 되면 우리 몸속으로 쑤~욱 들어가요.

교 사: 들어가면 우리의 몸이 어떻게 되는데?

유아 b: 그건 제가 어른이 되어 봐야 알겠죠?

백두산 땅속에 미래가 숨어 있다고 이야기한 유아는 은연중에 미래는 어른이 된 이후라고 생각하는 듯했다. 백두산 땅속에 있는 미래는 성인이 되면 온다고 함으로써 미래를 인간 성장과 관련되는 것으로 생각하였다. 또한 미래가 백두산 땅속에 숨어 있다고 말한 것은 유아 a와 마찬가지로 미래를 공간적인 개념으로 이해하고 있음을 보여 준다.

(3) 유아 c: 미래는 사다리를 타고 가서 별을 딸 수 있는 곳이어요!

유아 c의 미래에 대한 초기 표상

> 제 생각엔 미래는 사다리를 타고 가는 것이랑 똑같아요. 사다리를 타고 우주 끝까지 올라가면 별을 직접 만질 수 있게 돼요. 지금은 만질 수 없지만, 미래가 되면 별을 만질 수 있게 돼서 제가 여러 가지 물감을 가지고 올라가서 예쁘게 색칠해 줄 거예요. 지금의 별은 은색이잖아요? 아! 그리고 사다리를 탈 때는 산소마스크를 꼭! 써야 돼요. 〈유아 면담〉

사다리만 있으면 별까지 올라갈 수 있다고 생각한 한 유아는 미래에 대한 예쁜 상상을 펼쳐 냈다. 유아 c의 생각 또한 유아 a, 유아 b와 마찬가지로 미래를 별나라로 표현함으로써 공간적인 개념으로 이해하고 있다.

3) 집단적 관심의 시기

미래에 대한 개인적 관심이 시간이 지나면서 집단적 관심으로 확산되었다. 미래에 대해 더 많은 유아들이 관심을 보이는 동안 교사는 유아 개인의 미래행성에 대한 관심과 개인의 초기 이론이 집단 토의에서 공유될 수 있을 것인지, 유아들이 시간의 흐름에 대해 어떻게 인식할 것인지 등에 대해 궁금해졌다.

교사는 "우리가 어른이 되면 미래행성이 지구행성 쪽으로 온다고 했었는데 어떻게 온다는 거니?"라는 질문을 집단 속에 던짐으로써 미래에 대한 개인적 관심을 보인 유아들 외의 다른 유아들에게도 함께 미래에 대해 생각하는 기회를 제공하였다. 유아들은 교사의 질문에 대해 서로 대화를 주고받으면서 미래의 행성에 대한 초기 이론과 초기 표상을 수정시켜 나갔다.

이 시기에는 유아 개인의 관심이 다른 유아들에게 확산되면서 개인의 초기 이론이 다른 유아들과 공유되어 초기 이론의 수정이 일어나기도 하고, 공유되지 못한 채 초기 이론이 기각되는 현상이 나타나기도 했다. 다른 유아들과 지식이 공유되면서 유아 a, 유아 b의 초기 이론은 수정, 첨가되어 다소 변화가 일어났지만 유아 c의 이론은 다른 유아들과 공유되지 못하였다.

(1) 유아 a의 미래에 대한 이론과 표상의 변화

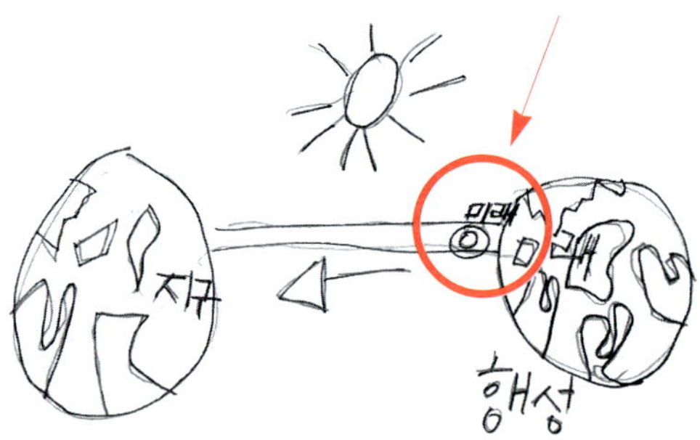

유아 a의 이동 가능한 미래행성의 수정된 표상

"우리가 어른이 되면 미래행성이 지구행성 쪽으로 온다고 했었는데 어떻게 온다는 거니?"라는 교사의 질문에 대해 한 유아가 "그건요. 미래행성이랑 지구행성에 조그마한 통로가 있거든요? 그래서 그 통로를 타고 사람 몸속으로 들어가는 거예요." 그때 옆에서 듣고 있던 다른 유아가 재미있다는 표정으로 미소 지으며 질문을 했다. "오잉? 그 작은 통로를 미래행성이 들어간다고? 통로 속에서 꽉 끼겠다! 히히히." "아, 그건 미래행성에 있는 미래들이 이동하는 거야. 지구 안에 사람이 많듯이 미래들도 많아. 어떻게 생겼냐면(그림을 그리며) 동그랗게 생겼는데 겉에 '둥근 보호막' 이 있어. 그래서 사람이 어른이 되면 미래도 그 사람한테 가. 만약에 7명이 어른이 되면 미래는 7개가 통로를 통해 지구에 가는 거야."

〈교사 면담〉

유아들과 교사가 함께 유아 a의 생각을 공유하는 동안, 유아들은 지구만큼 커다란 크기의 미래라는 행성이 과연 통로를 통해 이동할 수 있을지에 대한 의문을 갖게 됨을 볼 수 있다. 한 유아가 지구만큼 큰 행성이라는 실체가 통로를 통해 이동한다는 것이 부적절하다고 지적하자, 유아 a는 그 지적에 동의하면서 미래 이동의 실체는 행성이 아니라 행성에 존재하는 구성체들(예: 인간, 기계 등)이라고 자신의 초기 이론을 수정시킨다.

유아들은 무엇이 이동 가능한가에 대한 견해 차이를 보였지만, 유아들이 생각하는 현재와 미래는 다른 실체이며, 둘은 통로로 연결되어 있어 서로 연관성을 지니는 것 같다. 그리고 미래의 실체가 현재의 실체로 이동한다는 초기 이론은 변함이 없다. 유아 a는 자신의 초기 이론에 이견을 제기하는 유아의 생각에 동의하게 되면서 초기 이론을 수정할 필요성을 느끼는 것 같았다. 이를 위해 '둥근 보호막' 이라는 새로운 장치를 창안해 낸다. 그 무엇은 현실 속에서 볼 수 있는 인간, 기계와 같은 실체이며, 이들은 이동이 불가능한 실체가 아니라고 생각하였을 것이다.

유아들이 표현하는 '이동' 은 시간의 흐름을 의미한다. 유아들은 미래와 현재를 분리된 두 행성으로 구체화하였지만, 그 둘은 서로 이어지고 있고 그 관계를 위해 유아는 '통로', '둥근 보호막' 과 같은 장치가 필요하다고 생각하였다. 이것이 유아들이 생각하는 시간의 추상적 개념인 미래와 현재의 접점을 찾는 방법이 된 것이다. 또한 유아들은 미래라는 추상적 개념을 유아들의 지식으로 이론화하기 위해 미래행성이 이동한다는 의미가 아니라 행성 속에 있는 미래들(이는 미래의 실체들을 의미하며, 나중에 미래의 인류와 기계들로 구체화된다)이 이동한다고 주장함으로써 공간과 실존하는 구체물을 구분하여 이해하려는 것을 알 수 있다.

미래와 현재가 다른 행성이라는 인식은 현재와 미래의 다른 시점을 구체화한 표현으로 이는 유아들이 현재와 미래가 다른 시점임을 인식할 수는 있음을 표현한 것이라고 해석할 수 있다. 뿐만 아니라 유아들은 지구와 또 다른 행성과 지구를 연결하는 통로를 초기 표상에서부터 수정된 표상까지 계속해서 나타내고 있다. 유아들은 현실과 미래가 서로 이어지는 개념이라는 인식은 가능하나 현실이 이어져 미래로 가는 것이 아니라 미래의 실체들이 현실로 이동한다고 생각함으로써 시간 흐름의 방향을 인식하는 것은 아직 어려운 것 같아 보인다. 그러나 사람이 어른이 되면 미래가 그 사람에게 간다고 표현하는 유아는 인간의 성장과 시간의 연관성을 지각하고 있음을 의미한다.

시간의 흐름을 가능하게 하는 기능으로서 창안한 장치인 '통로', '보호막'은 미래와 현실의 접점의 기능을 하는 신기한 물건으로 유아들의 상징적 사고는 마술적 사고를 통해 추상의 미래와 현실이 만날 수 있게 하는 것 같다. 유아들의 이야기는 비현실적이지만 자신의 논리를 만들려고 노력하는 것을 볼 수 있다. 유아 개인의 이론이 다른 유아들과 집단적으로 공유되는 과정에서 서로 간 견해의 충돌이 일어나자 초기 이론을 수정함으로써 미래에 대한 개인의 논리를 공유된 집단적 논리로 구성해 나가는 것을 볼 수 있다.

(2) 유아 b의 초기 이론과 표상의 변화: 우리가 어른이 되면 미래가 배꼽으로 들어와요!

우리의 배꼽에 미래가 들어와요
2차 표상

유아 b의 이동 가능한 미래행성의 수정된 표상

교사가 유아 b에게 "미래는 백두산 땅속에 있다고 이야기했는데, 왜 그렇게 생각했니?"라고 물으니 유아는 "왜냐하면 백두산이 우리나라에서 가장 크니까요! 그래서 미래를 우리들이 크기 전까지 아무도 모르게 보관하고 있는 거예요."라고 대답했다. 그때 옆에서 듣고 있던 유아가 반문했다. "아니거든? 제일 큰 산은 화과산이거든? 선생님, 제일 큰 산은 중국에 있는 화과산이에요." "야, 난 우리나라 이야기 중이거든? 우리나라 미래는 백두산에 있고 중국 미래는 화과산에 있나 보지!" 교사가 "그렇구나. 그런데 우리가 어른이 되면 백두산 속에 보관 중이던 미래가 우리 몸속으로 들어간다고 했었는데, 어떻게 우리 몸속으로 들어갈 수 있는 거야?" 하고 물으니 "어떻게 몸속으로 들어가냐면요. 우리 몸은 미래만이 열 수 있는 열쇠 구멍이 있어요. 그것은 배꼽인데요. 우리가 어른이 되면 미래가 배꼽에 열쇠를 꽂아서 연 다음에 우리 몸속으로 들어가는 거예요."라고 대답했다.

〈교사 면담〉

막연히 백두산 땅속에 숨어있다고만 이야기하던 유아 b는 토의를 통해 백두산 땅속에 있던 미래가 어른이 되면 배꼽을 통해 몸속으로 들어온다며 1차 표상의 그림을 수정하였다. 유아 a가 말하는 행성과 유아 b가 말하는 백두산의 두 공간은 다소 차이가 있어 보인다. 행성은 백두산보다 좀 더 먼 곳이고 백두산은 지리적으로 가까운 곳이다. 유아 b는 미래의 공간을 멀고 막연한 행성에서 좀 더 가깝고 구체적이고 현실적 공간인 백두산으로 표현하였다. 백두산은 우리나라에서 가장 큰 산이며 그 공간에서 미래를 찾고자 하는 것은 희망적 메시지로 해석된다. 변화된 백두산 땅속의 미래에서 표상된 미래는 어른이 되면 배꼽이라는 통로를 통해 몸속으로 들어온다고 하였다. 이는 마치 유아들이 꿈을 꿀 때 꿈이 잠 속으로 들어와 꿈을 꾸게 된다고 생각한다는 피아제의 꿈의 실재론과 유사한 것 같다. 유아들은 추상적 개념을 구체적 현실 속에서 찾으며 추상의 흐름을 구체적 실체의 이동과 연관 지으며 설명하려는 경향이 있음을 알 수 있다. 이처럼 유아들은 꿈이나 시간에 대한 추상적 개념을 구체적으로 존재하는 실체로 표현함으로써 유아들의 인지적 특성을 보여 준다. 이러한 유아들의 관점은 만질 수도 볼 수도 없는 실체를 실존하도록 만드는 강한 힘을 발휘하게 하며 이 힘은 상상력의 근원이 되어 무한한 창조의 세계를 만들게 한다.

(3) 유아 c의 상상놀이 공간으로서 미래에 대한 상징적 사고 변화

초기 개인적 관심의 시기에 미래는 사다리를 타고 올라가 별을 딸 수 있는 곳이라고 이야기한 유아 c의 미래 이론은 집단적 측면의 관심으로 전이되면서 유아들은 "미래엔 사다리로 별을 딸 수 있을까?"라는 의문을 지속적으로 제기했고 유아 c의 이론은 집단 속에서 지지를 받지 못했다.

유아들은 '미래엔 과연 사다리를 타고 별을 딸 수 있을지?' 에 대해 회의적 반응을 나타내고 있었다. "미래에는 별을 딸 수 있을까?"라는 교사의 질문에 "아니요? 못 따요. 왜냐하면 사다리가 지금은 긴 사다리가 없어요."라고 한 유아가 말했다. 다른 유아는"하지만 미래엔 지금보다 훨씬 더 길이가 긴 사다리가 생겨요. 그치?" 라고 한다. 그때 옆에서 듣고 있던 남자 유아들이 이의를 제기했다. "아니야! 별은 우리가 생각할 수도 없을 만큼 아주 멀리 있어서 아무리 사다리가 길어도 절~대 못 따!" "맞아, 그리고 별은 실제로 엄청 크고 딱딱해서 못 따!" "아닌데…."

〈교사 면담〉

유아: 이것 좀 봐! 이걸 보면 이제 싸우지 않아도 돼. 여기에 별에 대한 이야기가 있을 거야. 어디 봐봐! 여기 있다! 별에 대한 내용! 어디 보자…. '별은 스스로 빛을 내는 불덩어리…' 라고 써 있다! 불덩어리래! 여기 봐봐~ 태양도 별이래. 왓! 별은 저얼~대 못 따! 사다리를 타고 가까이 갔다간 불에 타서 죽어 버릴 거야!

위 기록을 통해 남자 유아들의 이야기에 여자 유아들은 수긍하지 않았던 것을 볼 수 있다. 여아들은 '미래엔 별을 딸 수 있다.', 남아들은 '미래에도 별을 딸 수 없다.' 라는 상반된 의견을 제시하며 거센 토론을 하였다. 토론이 점점 거칠어지면서 한 유아가 책꽂이에 꽂혀 있던 우주에 관련된 책을 가지고 왔고, 유아들은 함께 책을 보는 동안 그들의 상상놀이 공간은 우주에서 불가능하다는 것을 발견하게 되었다. 유아들은 현재뿐만 아니라 미래에도 여전히 별을 따는 것은 불가능하다는 결론을 내림으로써 유아 c의 초기 이론은 진화하지 못한 채 기각되고 말았다.

때로는 과학적이고 현실적인 사실이 유아의 상상력에 제동을 걸기도 한다. 더 이상의 상상을 하지 못하도록 정지시키기도 한다. 본 미래 프로젝트에서도 과학적 지식은 유아들의 상상의 세계를 묶어 버렸다. 이후 유아들의 미래는 별과 상관이 없어져 버렸다.

4) 학급 차원의 관심의 시기

(1) 미래의 실체들 창안하기

행성과 백두산 땅속이라는 미래 공간의 설정은 미래의 실체들이 이동한다는 이론으로 서로 비슷하였다. 따라서 학습 차원의 관심의 초점은 미래 공간 속에 있는 실체를 어떤 것으로 설정하며 구체화해 나가는가에 모여졌다. 주로 미래의 인류, 미래의 기계에 대한 관심으로 크게 기울었다.

미래의 인류에 대해 유아들은 인간의 삶의 모습, 삶과 죽음에 대한 궁금증을 나타내었다. 특히 존재와 죽음에 대해 다양한 생각을 갖고 있었고 "미래에는 늙어서 죽는 사람도 있어요." "미래엔 사람이 죽지 않아요." "미래의 사람들은 죽기도, 죽지 않기도 해요"와 같이 삶과 죽음에 대한 논쟁도 치열했다.

(2) 미래도시 그리기

미래에 대한 유아들의 집단적 관심이 확산되어 학급 전체의 관심사가 되자 유아들은 그동안 부분적으로 흩어져 있던 미래에 대한 생각들을 하나로 모으자는 의견을 제시했고, 모으는 방법으로는 미래도시를 설계하여 구성하자고 제안하였다. 유아들이 미래도시 그리기활동을 하는 동안, 전개된 미래도시 설계와 구성의 방법은 미래에 대한 흩어진 생각을 하나로 모으기, 새로운 도전과 목표 설정하기, 계획 없는 그리기, 미래의 도시 설계하기, 대집단 그리기, 미래의 색깔 토의하기의 순으로 조직되었다. 대집단 그리기활동을 더 세분화해 보면, 구역 나누어 그리기, 더 큰 종이에 그리기, 생각날 때 언제든지 그리기로 구분할 수 있었다.

1 미래에 대한 흩어진 생각 하나로 모으기

미래에 대한 관심이 커지면서 교사와 유아들은 미래에 대한 서로의 생각들을 공유하였다. 교사는 미래에 대한 각자의 생각들을 어떻게 모을지를 질문했고 유아들은 "친구들이 전부 다 볼 수 있게 하나의 종이에 그렸으면 좋겠어요!' 라고 이야기했다. 이로써 대집단 그리기 표상활동이 진행되었다.

2 새로운 도전과 목표 설정하기

미래에 대한 생각을 어떻게 그릴지 묻자, 한 유아가 "미래의 도시를 만들면 되지 않나? 도시에는 집도 있고 산도 있고 자동차도 있고 전부 다 있잖아~" 미래도시를 만들자는 제안은 미래 프로젝트에 새로운 에너지를 불어넣었고 학급 전체 유아들의 흥미를 유지시켰다.

3 계획 없는 그리기

유아들은 자유롭게 그림을 그리기 시작했다. 그런데 유아들이 이야기했다. "뭔가 이상한데요?" 유아들은 각자가 그린 그림을 살펴보다가 서로 다른 방향에서 그림을 그려 그림이 거꾸로 됨을 알았고, 서로의 상의 없이 그림을 그려 똑같은 그림이 여러 개 나온 것을 알게 되었다. 이는 유아들에게 미래도시가 계획적으로 건설되어야 함을 상기시켰고 또 다른 시도를 이끌었다.

4 미래의 도시 설계하기

유아들의 새로운 미래도시 설계는 '도로를 먼저 그려야 해요!' 라는 한 유아의 제안으로 다시 시작하였다. 그리고 그리는 방법과 그리는 사람들이 역할을 분담해야 한다고 하였다.

5 미래도시 다시 그리기

유아들은 흩어진 생각들을 어떻게 대집단 그리기활동을 통해 모을 수 있을까에 대해 토의를 하였고 유아들은 구역 나누어 그리기, 더 큰 종이에 그리기, 생각날 때마다 언제든지 그리기 등과 같은 방법을 제안하였다.

교사는 유아들을 위해 큰 종이를 준비해 주었다. 유아들은 제일 먼저 도로를 그린 뒤, 서로 겹치지 않게 그림을 그리자고 하였고, 구역을 나누어 그려야 한다고 제안하였다. 그러나 구역을 나누어 그리는 과정에서 만족하지 못하는 유아들이 많이 생겼다. 유아들은 "공간이 모자라요. 아직 바다를 그리지 못했는데…. 종이가 더 크면 좋겠어요."라고 하였다. 이에 교사는 더욱 큰 종이를 준비해 주었다.

종이의 크기가 커지자, 유아들은 미래에 대한 생각이 떠오를 때마다 언제든지 생각나면 그리자고 하였다. 교사는 유아들이 시간에 구애받지 않고 언제든지 틈이 생길 때마다 미래에 대한 생각을 담을 수 있도록 교실 바닥 한가운데에 커다란 종이를 붙여 주었다. "계속 보니까 생각이 더 잘 나는 것 같아요!" 유아들은 교실 바닥에 붙여진 미래도시를 보면서 유치원에 올 때마다 수시로 그림을 그리게 되었다. 이러한 활동은 유아들의 미래에 대한 생각에 깊이를 더해 주었다.

⑥ '미래'의 도시 그림 마무리 후, 미래의 색깔에 대해 토의하기

"미래는 어떤 색일까?"라는 교사의 질문에 "반짝반짝 빛이 나는 색이에요. 왜냐하면 우리의 미래는 반짝반짝 빛이 날 것 같거든요~" 하고 대답하였으며 대부분의 유아들이 즐겁게 찬성하며 좋아하였다. 교사는 유아들에게 반짝이 물감을 제공해 주고 미래의 도시를 반짝이는 색으로 칠해 주었다.

5) 유치원 차원의 관심 갖기: 미래도시 전시하기

드디어 작품을 완성한 후, 유아들은 자신들의 미래도시를 다른 반 유아들과 공유하기를 원했다. 교사는 유아들과 함께 전시할 위치를 의논한 후 다른 반에서도 작품을 볼 수 있도록 유치원 계단 벽면에 작품을 붙여 주었다. "우와 ~ 우리가 만든 미래도시를 여기 계단 벽에 붙였네. 이제 다른 반 친구들이랑 동생들도 볼 수 있겠는걸~!" 유아들은 전시된 미래도시 표상을 보면서 개인적 관심으로 구성된 초기 이론들이 집단 유아들과 공유해 나가는 동안 수정·보완·확대되는 현상이 어떻게 나타났는지, 일련의 변화에 대해 다시 한 번 생각하는 시간을 가졌다.

유아들은 어느 누구의 도움 없이 직접 완성한 미래도시라는 공동 작품을 바라보

며 무척이나 뿌듯한 마음을 감추지 못했다. 지나가는 다른 반 친구들이나 동생들이 벽에 붙인 작품에 관심을 보이면 작품에 대해 직접 즐거이 설명해 주기도 했다.

2. 미래야 놀자

미래 프로젝트를 시작할 때엔 교사도 많은 어려움을 느꼈었다. 하지만 미래는 유아들의 잠재되어 있는 상상력을 엿볼 수 있는 좋은 기회이기도 했다. 유아들의 무궁무진한 상상력 속에서 교사는 기발하면서도 재미난 생각을 발견할 수 있었고 이런 생각들 모두가 의미 있는 것이었다. 미래란 무엇일까? 막연히 내던진 질문에 유아들은 교사의 예상 외로 많은 한껏 이야기를 펼쳐 내기 시작했다. 유아들의 미래에 대한 생각을 정리해 보면, 미래의 자연에 대해 생각한 유아도 있었고, 미래의 사람과 동물 같은 인류의 모습, 변화된 미래의 생활 모습, 그리고 미래의 도구와 기계에 대한 생각 등등 다양한 부류의 생각을 펼쳐 내었다. 미래라는 미지의 세계, 상상의 나라 속에서 유아들은 미래와 함께 마음껏 놀았다.

1) 미래의 자연

(1) 미래는 우리가 찾아낼 수 없어요

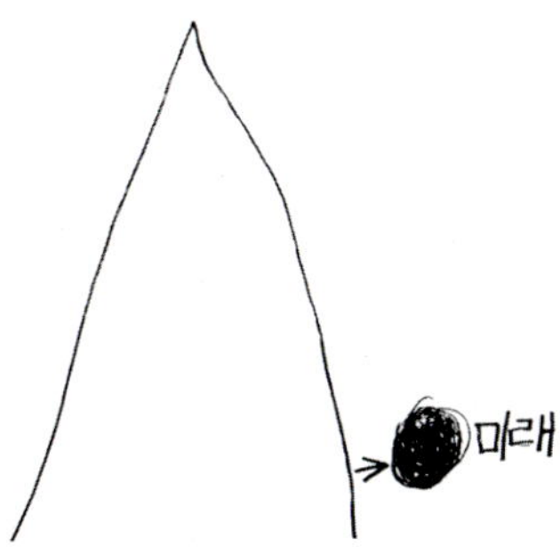

유아 1: 미래는 우리가 찾아낼 수 없는 거예요.

교 사: 왜 그렇게 생각하니?

유아 1: 왜냐하면 미래라는 것은 머나먼 산 너머에 있는 거거든요.

교 사: 왜 미래는 산 너머에 있는 것일까?

유아 1: 우리 눈에 안 보이잖아요! 그러니까 뭔지 몰라요. 그런데 산 너머에 아주 멀리 있어서 절대로 절대 볼 수 없어요!

'미래란 무엇일까?' 란 질문에 제일 먼저 나온 유아의 생각은 '미래는 볼 수 없다' 였다. 유아들은 눈 앞에 보이지 않는 미래를 찾아낼 수 없다고 이야기했다. 보이지 않는 미래는 그 실체에 대해서도 알 수 없는 것으로 까만 동그라미로 표상되었다.

(2) 미래에는 공기가 좋아서 아름다워요

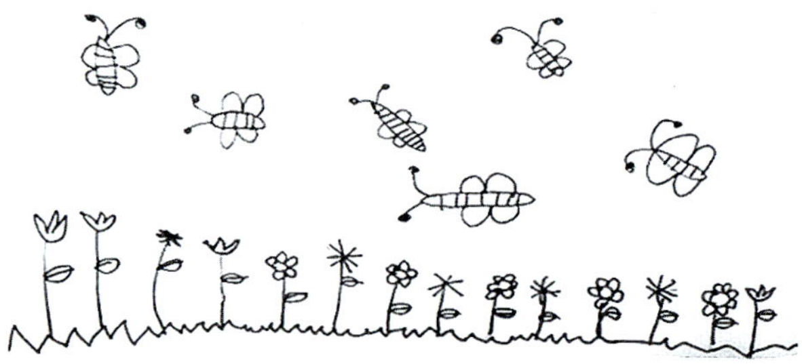

유아 2: 미래는 아주 아름답고 예쁠 것 같아요. 미래엔 나무랑 꽃을 아주 많이 심게 될 거거든요. 지금보다 나무가 훨씬 많아져서 공기가 좋아져서 지금보다 더 살기 좋고 더 아름다워져요.

막연히 '미래는 아름다울 것이다' 라고 생각한 유아도 있었다. 그 이유에 대해서 깊게 생각하지 않은 것 같지만 유아의 얼굴에는 미래에 대한 기대와 설렘이 담겨 있었다.

(3) 미래는 세상이에요

유아 3: 미래는 세상 그 자체예요.

교　사: 왜 그렇게 생각하니?

유아 3: 왜냐하면 미래가 산도 만들고 바다도 만들고 별도 만들고 구름도 만들고 들도 만들고 다 만들어요!

교　사: 왜 미래가 세상 모든 것을 다 만드니?

유아 3: 그건 저도 알 수 없지만 미래는 아까 친구 말처럼 눈에 보이지 않지만 세상을 만들어요.

미래가 세상을 있게 해 주었다는 유아는 왜 미래가 세상을 만들었는지 알 수는 없다고 했다. 아마 다른 유아가 말한 더 좋아지고 아름다워지는 세상에서 힌트를 얻은 것 같았다. 그러나 별, 구름, 들 등 더 많은 개념들을 추가시켜 구체화시켰다.

(4) 미래에는 겨울에도 따뜻해요

유아 3: 미래엔 개구리가 겨울이 돼도 겨울잠을 자지 않아요!

교　사: 왜 그렇게 생각하니?

유아 3: 음…. 그건 잘 모르겠는데…?

유아가 미래에 개구리가 겨울잠을 자지 않는 이유를 설명하지 못하자, 다른 유아가 다음과 같이 설명해 주었다.

유아 3: 그것은 자동차 매연이 자꾸자꾸 심해져서 미래엔 검은 매연이 하늘로 올라가 낮이 없어지고 계속 깜깜한 밤이 되거든요? 그래서 해님이 깜깜한 지구를 보고 더욱 환하게 비춰 주고 싶어져서 지구에 더 더 가까이 오게 돼서 날씨가 계속 더워져서 겨울에도 따뜻하기 때문이에요.

교　사: 미래에 자동차 매연이 하늘로 올라가 낮이 사라진다면 지금도 그래야 하는 거 아니니?

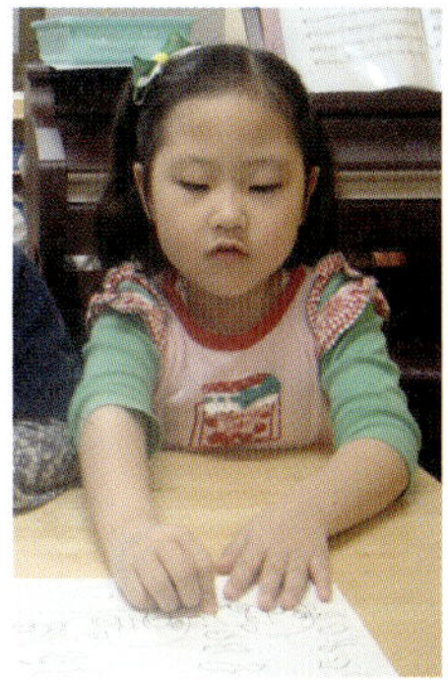

유아 3: 지금은 안 그래요!

교　사: 왜? 지금도 자동차는 있고 매연도 나오는데?

유아 3: 아니에요! 아직까지는 괜찮지만 미래엔 자동차가 어마어마하게 많아지거든요? 그래서 매연이 엄청 많이 나와서 하늘을 다 뒤덮어 버리는 거예요.

교　사: 선생님이 보기에는 지금도 자동차가 많던데…?

유아 3: 아니요? 미래엔 회사 회장님들이 궁금한 게 지금보다 훠얼~ 씬 많아지거든요? 그래서 회장님들이 직원들한테 "뭐 좀 알아와!"라고 명령하면 직원들은 그걸 알아보러 다니느라 바빠져서 너도나도 자동차가 필요해져요. 그래서 자동차를 엄청 많이 끌고 다녀서 검은 매연이 하늘을 다 뒤덮는 거죠.

유아는 큰 고민 없이 매연에 대한 자신의 생각을 술술 이야기했다. 교사는 유아의 말 속에서 바쁜 어른들의 일상과 자동차 매연과 연관된 미래에 대한 유아의 생각을 읽어 낼 수 있었다.

유아 4: 미래엔 겨울에도 밖에서 신나게 놀 수 있어! 하나도 안 춥잖아?
개구리가 겨울잠을 안 자는 것처럼 우리도 겨울에 밖에서 놀 수 있는 거야!
근데 눈은 와. 왜냐하면 겨울엔 눈싸움해야 되니까!

미래의 겨울은 매연으로 인해 지구 온난화 현상이 생겨 따뜻해지기 때문에 개구리가 겨울잠을 안 자고, 춥지 않아 겨울에도 밖에서 놀 수 있다는 유아들의 논리이다. 그러나 겨울에 날이 따뜻해도 좋아하는 눈은 내린다는 이야기는 추운 것은 싫고 눈은 좋아하는 유아들의 생각을 잘 드러내는 부분이다.

(5) 미래에는 공기가 사라져 버려요

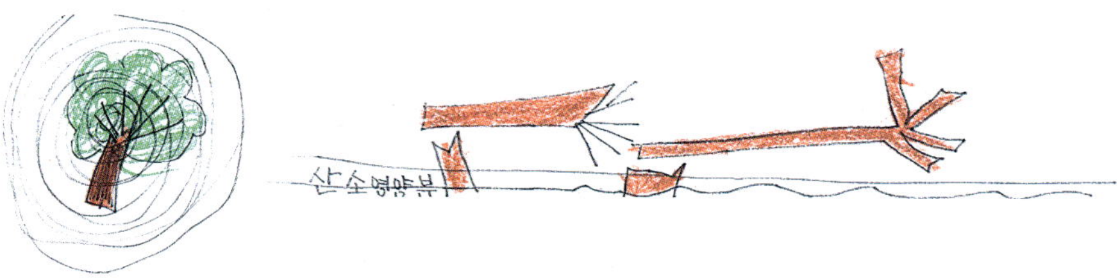

유아 5: 미래는 끝장이에요! 사람도, 지구도, 미래도 다 끝장!

끝장이라는 유아의 말에 교사는 당황했다. 교사는 다시 유아에게 질문을 했다.

교 사: 끝장이라니, 무슨 소리니?

유아 5: 왜냐하면 미래엔 회오리가 아주 많아요! 지금도 태풍 불 때가 있잖아요? 그런 것처럼요. 그래서 회오리가 점점 많아져서 나무들이 다 쓰러져 버려요! 회오리 속에 빠지거나 쓰러져 버리는데, 나무가 쓰러지면서 나무 속의 '공기 영양분'이 땅속으로 들어가 버려서 사람들은 산소를 마실 수 없게 되어서 죽어 버려요! 근데 사람 없으면 지구도 없고 미래도 없는 거예요. 그러니까 다 끝장이에요! 회오리는 원래 세요! 저 여섯 살 때도 회오리랑 태풍 때문에 유치원 안 온 적도 있는데?

교 사: 네 말대로라면 지금도 회오리로 인해 모든 나무들이 꺾여 산소가 없어진다는 이야기니?

유아 5: 음…. 지금은 아닌데요…? 그렇긴 한데~ 미래엔 더 쎄져요! 나무가 꺾일 만큼!

교 사: 왜 지금보다 미래의 회오리가 더 쎄지는 걸까?

계속되는 교사의 질문에 난해하다는 표정을 짓던 유아가 오히려 교사에게 되물었다.

유아 5: 어…. 미래엔 회오리가 왜 더 쎄져요?

교 사: 글쎄…? 네 생각을 더 듣고 싶구나.

그때 옆을 지나가다 대화를 들은 유아가 이야기했다.

유아 5: 그건 사람들이 자꾸 쓰레기를 던져서 그래요! 자꾸 쓰레기를 던지니까 작았던 회오리가 쓰레기를 먹어 버려서 더더욱 커지는 거예요!

미래를 회오리바람과 연결시킨 것은 매우 흥미롭다. 아마도 미래는 매우 위험한 일이 생길 것이라는 생각과 위험한 일이 벌어지기 위한 현상으로 회오리바람을 생각했을 것이다. 미래에 대한 희망적인 상상과 더불어 인류의 멸망을 상상하는 유아의 경우였다. 또한 회오리가 커지는 현상을 쓰레기와 연결시키는 장면도 흥미롭다. 이것 또한 회오리가 쓰레기를 감고 커지는 모습을 본 경험의 산물이 아닐까?

(6) 미래엔 산과 바다가 합쳐져요

유아 6: 미래에는 산과 바다가 합쳐져요. 바다 위에 산이 있거든요? 근데 지금 우리가 타는 기차는 땅만 다니는데, 미래에는 산과 바다가 합쳐져서 둘 다 갈 수 있는 기차가 생겨요. 그 기차는 산을 갈 땐 기차인데 바닷속으로 들어갈 땐 잠수함으로 변신하게 되는 거예요.

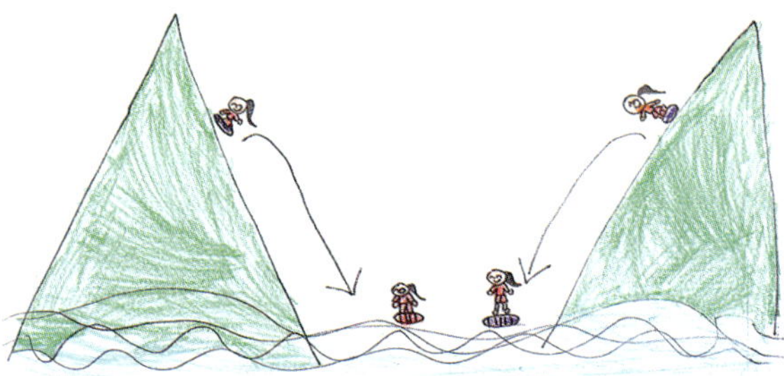

유아 6: 친구가 산과 바다가 합쳐진다고 했잖아요? 그럼 산에서도 다이빙할 수 있어요! 원래는 산에서 뛰어내리면 죽는데, 미래가 오면 산과 바다가 합쳐져서 산에서 뛰어내려도 죽지 않고 무지 재미있을 거예요!

유아 6: 그럼 산에 갈 때 튜브는 꼭 있어야 되겠다!

미래엔 산과 바다가 합쳐진다는 생각이 재미있다. 산과 바다가 합쳐져서 더 편리한 세상이 되고 무척 재미있는 미래가 된다는 것으로 희망적인 미래를 보여 주고 있다.

2) 미래의 인류

(1) 사람은 계속 생기니까 미래는 계속되요

유아: 미래는 없어지지 않고 계속 있어요. 왜냐하면 사람은 계속 계속 사라지지 않고 있잖아요. 사람이 커서 다 자라 버려도 아기가 계속 태어나서 사람은 없어지지 않고 계속 있게 돼요. 그래서 미래에도 사람은 계속 있는 거거든요? 사람이 계속 있으니까 미래도 계속 있어요.

사람으로 인해 미래가 끝없이 계속된다는 유아의 말은 인류의 미래가 영원히 지속됨을 내포하고 있다.

(2) 미래는 우리가 어른이 되는 거예요

유아: 미래는 우리가 어른이 되는 거예요. 지금은 우리가 어린애들이지만, 미래가 오면 우리가 어른이 돼요. 아! 미래는 30년 후예요. 그래서 우리가 미래에 어른이 되면 우리가 무슨 직업을 갖게 되는지 알게 돼요. 지금은 절대 알 수 없는 거지만, 미래엔 다 알게 되는 거예요.

위의 유아는 우리가 알고 있는 미래를 잘 설명하고 있다. 미래는 지금은 알 수 없는 것들이 밝혀지는 시기이며, 특히 미래는 30년 후라고 구체적으로 이야기한 것은 흥미롭다. 30년이라고 지칭한 이유를 묻지 못하고 지나친 것이 아쉽다.

(3) 미래에는 죽는 사람도 있어요

유아: 근데 친구들 말처럼 미래엔 우리가 어른이 되겠지만 우리의 할머니, 할아버지는 죽게 돼. 왜냐하면 우리가 크는 것처럼 할머니, 할아버지도 늙어서 더 이상 살 수 없게 되거든. 그럼 할머니, 할아버지는 무덤에 묻어 줘야 해.

사람이 늙어서 죽게 된다는 이야기 역시 현실적인 이야기였다. 그런데 한 유아가 반대의 말을 꺼냈다.

(4) 미래엔 사람이 죽지 않아요

유아 7: 아니야! 미래엔 사람이 죽지 않아! 미래의 사람들은 죽지 않고 계속 계속 살 수 있어!

교 사: 왜 그렇게 생각하니? 친구들은 늙어서 죽는다던데?

유아 7: 선생님, 안 그래요. 왜냐하면 전에 친구가 미래에는 나무가 많아져서 아주 아름답고 예뻐진다 했잖아요? 근데 미래엔 건물들이 많아져서 나무를 심을 곳들이 사라져 버려요. 그래서 사람들은 나무를 집 안에 키울 생각을 하게 되어서 천정이 높은 집을 짓게 돼요. 그래서 모든 사람들의 집에는 나무들이 있어서 항상 좋은 공기를 마시게 돼서 사람들은 죽지 않고 건강하게 오래 오래 살 수 있게 돼요."

좋은 공기를 마셔서 사람들이 죽지 않는다는 친구의 반론에 유아들의 미래의 사람이 죽는지, 죽지 않는지에 대한 생각이 깊어졌다. 이번에는 미래엔 사람이 죽지 않을 거라 이야기한 유아와 죽을 거라 이야기한 유아와 이야기를 나누었다.

교　사: 미래에는 사람이 죽게 된다고 했었는데, 그럼 지금은 죽는 사람이 없는 걸까?
유아 7: 아니에요~ 얼마 전에 저희 할아버지 돌아가셨는데요?
교　사: 그렇구나, 사람은 왜 죽는 걸까?
유아 7: 늙어서요. 늙으면 숨도 잘 안 쉬어지고 아파져요.
교　사: 그런데 ○○는 미래엔 집 안에 나무를 키우게 돼서 안 죽는다고 이야기하는데 그것에 대해 어떻게 생각하니?
유아 7: 안 그래요~ 시골의 할머니, 할아버지들은 좋은 공기를 많이 마시는데도 죽잖아요.
유아 7: 아! 그러니까 미래엔 나무를 집 안에다 키운다니까?
유아 7: 그래도 사람은 나이를 먹게 되기 때문에 죽는 거야.

그때 지나가다 지켜보던 한 유아가 이야기했다.

유아 8: 미래에는 사람이 죽지 않는 게 아니라 늦게 죽게 되는 거 아니야?
교　사: 왜 그렇게 생각하니?
유아 8: 왜냐하면 미래엔 좋은 공기를 많이 마셔서 아플 일이 없지만 나이는 먹게 되기 때문에 죽지만 늦게 죽는 거예요.

미래엔 사람이 죽게 된다는 친구의 의견에 미래엔 사람이 죽지 않을 거라 확신했던 유아는 전혀 공감하지 못했다.

교 사: 사람이 미래에는 정말 죽지 않을까?

유아 7: 아닌데…. 사람은 미래엔 죽지 않을 텐데….

교 사: 미래엔 사람이 죽지 않는 이유를 친구들에게 말해 주면 친구들도 너의 말을 믿어 주지 않을까? 음…. 좋은 공기 말고도 다른 이유가 있나…? 그럼 미래엔 사람이 죽지 않는 이유를 어떻게 알 수 있을까?

유아는 그러겠다고 이야기한 후, 다음 날 교사에게 이야기했다.

유아 7: 선생님, 생각해 봤는데, 친구들 말대로 사람은 나이를 먹으니까 죽을 것 같아요. 엄마가 사람은 죽는다고 말했어요.

미래에 사람이 죽는지 사는지에 대한 토론은 길게 이어졌다. 사람은 반드시 죽는다는 진리를 아직 잘 모르는 유아들은 미래에는 죽지 않는다는 나름대의 논리를 갖고 있었다. 특히 나무와 생명을 연결시켜서 나무가 죽지 않는 비결의 하나임을 이야기하는 것은 흥미롭다. 교사가 사람이 죽지 않는 이유에 대해 더 구체적으로 알아 오도록 요구한 것은 오히려 미래에 대한 유아들의 풍성한 대화와 토론을 중단시키도록 만든 것 같다.

(5) 미래의 사람들은 유령이나 해골이에요

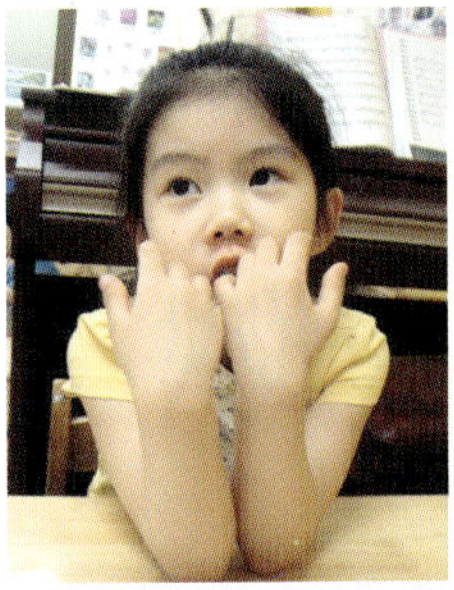

유아 7: 나 알겠다! 미래의 사람들은 너 말대로 죽지는 않아! 하지만 죽기도 해!
유아 3: 그게 무슨 소리야?

한 친구의 말에 유아들이 호기심을 가지며 궁금해했다.

유아 9: 뭐냐 하면은? 저번에 누가 미래엔 회오리 때문에 나무들이 쓰러져 땅속으로 '산소 영양분'이 흡수된다고 했었잖아? 사람이 죽어서 땅속에 묻히는데, 마침 땅속에 흡수된 '산소 영양분'을 사람이 마셔서 다시 깨어나게 돼! 하지만 다시 깨어날 땐 유령이거나 해골의 모습이야.
교 사: 왜 유령이나 해골의 모습으로 깨어난다고 생각하니?
유아 9: 사람이 죽으면 썩어서 해골이 되잖아요. 그리고 유령이 되죠.

죽은 사람들이 땅속의 '산소 영양분' 덕분에 유령으로 다시 되살아난다는 흥미 있는 의견이 나왔다. 이는 죽은 사람이 유령으로 다시 살아난다는 이야기를 듣고 이와 연관지은 상상적 답변이었다.

(6) 우리나라는 미래에도 우리나라예요

유아 10: 지금 여기는 우리나라잖아요?
그런데 미래에도 여기는 우리나라예요.
교　사: 그걸 어떻게 알 수 있니?
유아 10: 왜냐하면 땅은 변하지 않거든요.

대부분의 유아들이 미래에 대한 생각을 이야기할 때 사람의 변화, 자연의 변화, 기계의 변화에 대해 이야기를 많이 했었다. 하지만 한 유아는 미래의 땅은 전혀 변하지 않을 것이라고 이야기하며 땅은 변하지 않기 때문에 미래가 되어서도 우리나라는 계속해서 우리나라일 것이라고 이야기했다. 미래가 되어도 변하지 않는 것이 땅이라는 신념을 갖고 있었다.

3) 미래의 도구와 기계

(1) 미래에는 침대에서 음악이 나와요

유아: 미래에는 잠을 잘 잘 수 있도록 침대에서 자장가가 나와요. 그리고 아침에 일어날 때도 늦잠 자지 말라고 알람 소리도 나와요. 그건 침대 밑에 스피커가 있어서 크게 들리기 때문에 절대 늦지 않고 일어날 수 있어요. 그럼 편해지겠죠?

침대의 자장가와 알람 기능을 생각한 유아는 아침에 일어나기 싫을 때가 있었을 것이다. 그래서 미래에는 기계의 힘을 빌어서 빨리 일어날 수 있을 것이라는 기대감이 숨어 있는 이야기이다. 이와 같이 유아들이 미래라는 개념을 떠올릴 때 편리해진 삶에 대한 생각을 하는 것 같았다.

(2) 미래의 거울은 뇌나 뼈다귀를 볼 수 있어요

유아: 미래의 거울은 사람의 몸속을 볼 수 있어요! 우리가 따로 병원에 가지 않아도 엑스레이나 뇌 검사를 하는 것처럼 거울을 보면 다 보여 줘요.

유아: 그리고 미래의 거울은 보여 주지 않더라도 내 몸의 상태를 스피커를 통해 방송하기도 해요. 예를 들어서 오늘 잠은 잘 잤는지, 감기에 걸렸는지를 알려줘요.

병원에 가지 않아도 나의 몸 상태를 알려 주는 마법 같은 거울 이야기는 정말 흥미진진했다. 병원에 갔었던 경험에서 미래에는 병원에 가지 않고도 병을 알 수 있도록 더 편리하게 됐으면 하는 바람을 담은 설명이었다.

(3) 미래에는 마음을 읽는 CCTV가 생겨요

유아: 지금 유치원에 있는 CCTV는 화면만 보이지만 미래의 CCTV는 사람의 마음이 검은색인지 하얀색인지 알 수 있게 돼요.

교사: 어떻게 CCTV를 보기만 하는데 사람의 마음을 알 수 있는 거니?

유아: 왜냐면요, 미래의 CCTV들은 사람이 다가오면 선이 쭈~욱 나와서 사람의 머리에 연결을 해요. 그러면 사람의 마음이 어떤 색인지 읽게 돼요. 그 색을 보고 나쁜 사람인지, 착한 사람인지 화면으로 알려 주는 거예요.

사람의 마음을 읽는 CCTV를 이야기한 유아는 인공지능을 가지고 있는 기계에 대한 생각을 했다. 이 유아는 지금은 알 수 없는 사람의 마음을 미래에는 알 수 있을 것으로 생각하고 있었다. 아마도 사람들을 보고 그 사람이 좋은 사람인지 나쁜사람인지를 알기 어려운 부분을 미래에는 분명하게 알게 되어 더 안전한 사회가 될 것이라는 바람이 엿보인다.

(4) 미래엔 모든 자동차가 전기자동차로 바뀌어요

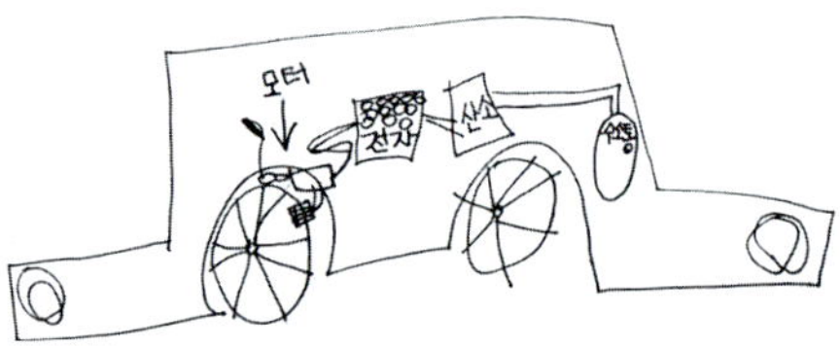

유아 11: 선생님, 미래에는 휘발유가 필요 없어요. 미래의 자동차는 뭐든지 다 전기로 움직이거든요.

유아 12: 야~ 그거 하이브리드야~ 선전 나오는데, 미래가 아니라 지금도 있어!

유아 11: 아니야~ 내가 말하는 건 달라. 미래에 자동차 안에는 산소통이랑 수소통이 있어. 근데 이 두 개가 서로 만나면 전기를 만들거든? 이 전기가 바로 모터에 전달해 주면 모터에 힘이 생겨서 바퀴를 움직이게 해.

미래엔 전기자동차가 있을 것이라는 유아의 말에 몇몇 유아들이 현재도 전기자동차가 있다고 반문했지만, 전기자동차가 움직이는 과정이 다르다고 구체적으로 설명하는 친구의 모습에 유아들 모두 수긍하게 되었다. 그러나 실제로 산소와 수소가 만나면 전기를 만들어 낸다는 말은 맞지 않는 말이다. 유아들은 뭔가 어려운 용어로 말을 하면 정말일 것 같은 느낌을 받아 그대로 받아들이는 것 같다.

(5) 미래엔 KTX 회사 사람들이 로봇기차를 만들게 돼요

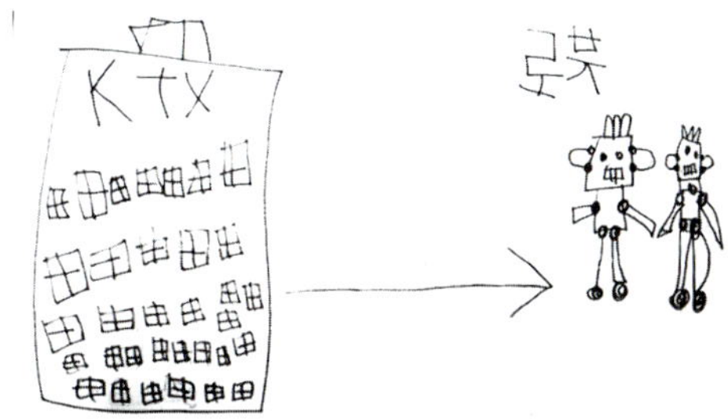

유아: 미래는 로봇기차가 생겨요. 뭐냐 하면 KTX 회사 사람들이 기차 대신 로봇기차를 만드는 거예요. 그래서 로봇 모양으로 생긴 기차가 우리를 태워 주는 거예요. 로봇기차는 우리가 알고 있는 기차처럼 길지는 않아요. 왜냐하면 '로봇' 이니까요.

미래와 로봇을 연관 지은 유아가 있었다. 이 말을 듣고 다른 유아가 심부름하는 로봇에 대한 또 다른 생각을 그림으로 그려서 설명하였다.

유아: 그리고 집집마다 로봇들은 하나씩 다 있어! 미래엔 로봇 천지야. 그 로봇들은 나의 심부름을 다 해 주는 거야, 밥을 가져다 주기도 하고, 청소를 해 주기도 하고, 공부를 가르쳐 주기도 하고, 뭐든지 다 해~. 그럼 진짜 진짜 편하겠다, 그지?

미래의 로봇에 대한 유아들의 이야기 대부분은 로봇의 편리성에 대한 것이 주를 이루었다.

(6) 미래의 놀이터엔 로봇 손이 달려 있어요

유아: 미래의 놀이터엔 놀이기구마다 로봇 손이 달려 있어요.

교사: 로봇 손? 어떤 손이니?

유아: 로봇 손은 우리가 타는 놀이기구를 밀어 주는 거예요. 그네나 미끄럼틀을 탈 때면, 로봇 손이 밀어 주는 거죠. 그럼 우린 로봇 손이 계속 우리를 태워 주니까 가만히만 있어도 상관없어요.

놀이터에 있는 놀이기구에 로봇 손이 달려 있어 유아들이 힘을 들이지 않고 가만히 있어도 된다는 말에서 유아들의 놀이기구를 손쉽게 타고 싶은 바람을 엿볼 수 있었다.

이렇듯 유아들은 미래엔, 인간의 생활을 편리하게 해 주는 로봇의 등장을 기대하고 있었다. 유아들이 이미 알고 있는 로봇의 기능을 뛰어넘는 사고이다.

(7) 미래의 엘리베이터가 내가 가고 싶은 곳을 가 줘요

유아: 미래의 엘리베이터에는 버튼이 없고 마이크만 있어요.

유아: 아~ 음성인식 시스템이야?

유아: 응, 그렇기도 한데 미래의 엘리베이터는 내가 원하는 곳이면 어디든지 데려다 줘요. 저는 지금 놀이동산에 가고 싶은데 제가 마이크에 대고 '놀이동산에 데려다 줘~' 라고 이야기하면 엘리베이터가 갑자기 하늘을 날아서 놀이동산까지 데려다 주는 거예요.

마치 영화의 한 장면 같은 생각이었다. 유아들의 재미난 상상은 미래 프로젝트에서 마음껏 발휘되었다.

(8) 미래엔 날씨를 조종하는 기계가 있어요

바깥놀이를 하기로 한 날, 날씨가 흐려져 바깥놀이를 할 수 없게 되자, 한 유아가 이야기했다.

유아 6: 아~ 날씨를 내 마음대로 조종할 수 있는 기계가 있었으면 좋겠다. 그럼 우리 바깥놀이하러 나가는데…. 그치?

유아: 걱정 마~ 미래엔 생길 것 같은데?

날씨를 조종하는 기계를 생각한 유아의 그림을 보면 기계 속 화면에 여러 날씨를 상징하는 그림들이 있고, 버튼만 누르면 그림에 해당하는 날씨로 바뀔 수 있도록 되어 있었다. 날씨 때문에 바깥놀이를 할 수 없었던 유아는 미래에는 날씨를 조정할 수 있는 기계가 있을 것이라는 기대를 하고 있었다.

유아 13: 선생님, 미래는 집들이 초가집으로 바뀌나요?

교　사: 왜 그렇게 생각하니?

유아 13: 왜냐하면 지금은 시멘트랑 페인트로 유치원 만들잖아요? 근데 시멘트랑 페인트는 사람 몸에 안 좋거든요~. 그래서 우리 몸에 좋으라고 초가집을 유치원으로 지어요. 초가집은 흙으로 만들어서 우리 몸에 나쁘지 않아요.

과거의 우리나라 주거지로 쓰이던 초가집이 미래의 유치원이 될 것이라고 이야기한 유아의 이야기에서 사람과 환경에 좋지 않은 것에 대한 걱정, 염려를 알 수 있었다.

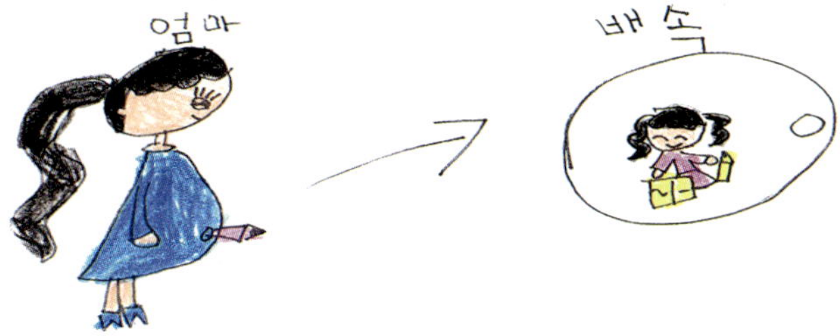

유아 14: 아니야, 미래엔 유치원이 아예 없어져! 왜냐하면 미래엔 아기가 엄마 뱃속에 있을 때부터 공부를 할 수 있거든. 그래서 공부를 미리 다 끝내서 태어나면 초등학교에 가고, 2살엔 중학교, 3살부터 고등학생이 돼! 그래서 유치원은 필요 없어~.

교 사: 그런데 어떻게 뱃속에서 공부를 하니?

유아 14: 그건 말이죠? 엄마 배꼽에 연필을 넣어 주면 아기가 뱃속에서 공부를 하고, 공부가 다 끝나면 다시 엄마 배꼽으로 연필을 돌려줘요.

유아들은 미래를 가지고 마음껏 즐기고 상상하고 무엇인가를 창조하였다. 유아 자신이 생각하는 미래를 다른 유아들과 나누고, 공유하고, 웃고, 의견을 교환하고 또 상상하면서 미래를 만들어 갔다. 미래에 대해 마음껏 즐긴 후 유아들은 미래에 대한 또 다른 계획을 설계하였다.

3. 미래도시를 만들자

유아들은 미래 속에서 자신의 생각을 드러내고 미래와 함께 몇 주 동안 즐거운 시간을 보냈다. 서로의 생각을 듣고 자신의 생각을 수정하기도 하고 더욱 깊게 미래에 대한 생각을 구체화시키는 데 몰두하였다. 미래에 대한 생각들을 공유한 후 교사는 유아들과 미래에 대해 모은 생각을 어떻게 할지 물었다.

교　사: 미래에 대한 생각이 이렇게 많이 모였는데, 너희들은 이 생각들을 어떻게 했으면 좋겠니?

유아 4: 미래에 도시를 만들면 되지 않나?

교　사: 미래도시를 어떻게 만들 수 있을까?

유아 6: 도시에는 집도 있고 산도 있고 자동차도 있고 전부 다 있잖아?

유아 10: 와~ 진짜 그러면 되겠다! 선생님, 우리 미래의 도시를 그려요!

유아들에게 새로운 도전과 목표가 생겨났다. 유아들은 자신들이 생각한 미래의 모습인 '미래의 도시'를 롤테이블 종이에 그리기 시작했다.

1) 각자 그리면 안 돼!

유아들이 완성한 미래도시는 각자의 공간 안에 구역을 나누어 그려 전체적인 통일성이 부족해 보였다. 교사는 유아들이 전부 모였을 때, 완성한 그림을 보여주며 이야기를 나누었다.

교　사: 너희들이 미래의 도시를 그렸는데, 너희들이 생각했던 대로 그림이 나온 것 같니?

유아 13: 아니요! 뭔가 이상한데요?

교　사: 어떤 점이 이상하니?

유아 13: 음…. 다 따로 그렸잖아요? 전부 모여야 되는데~ 그리고 거꾸로 된 그림 도 있다?

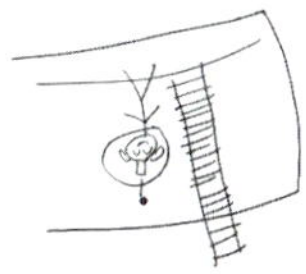

유아 14: 맞아, 그리고 똑같은 그림도 있어~

완성된 그림이 각자 따로 그려졌다며 다시 그려야 한다는 유아들이 있어 어떻게 다시 그려야 할지 물었다.

교　사: 그럼 다시 그릴 때에는 어떻게 그려야 할까?

유아 15: 도로를 먼저 그려야 해요!

교　사: 왜 그렇게 생각하니?

유아 15: 여섯 살 반 때 모래로 동네 만들기 했었는데, 제일 먼저 도로를 만든 다음에 도로 한쪽은 집 있는 곳, 한쪽은 주차장, 또 한쪽은 동물원 이렇게 구역을 나누었거든요? 그러니까 제일 먼저 도로를 만든 다음에 길을 나눠서 그리면 돼요!

유아들은 조금 전에 나누었던 이야기대로 제일 먼저 도로를 그린 뒤, 서로의 그림이 겹치지 않게 잘 상의해 가며 그림을 그리기로 하였다. 그림을 완성하고 다시 이야기를 나누었다.

교　사: 이제 다 완성 된 거니?

유아들: 음…. 아니요!

유아들은 이야기한 대로 구역을 나누어 그렸는데도 뭔가가 마음에 들지 않는다고 하였다. 유아들은 종이가 작아 유아들의 이야기를 다 담지 못한 것을 아쉬워하며 교사에게 더 큰 종이가 필요하다고 하였다.

2) 더 큰 종이에 다시 그리자

유아 17: 공간이 모자라요. 공간이~ 아직 바다를 그리지 못했는데, 공간이 부족해서 더 이상 그릴 수가 없어요….

유아 18: 맞아, 아직 그리지 못한 게 엄~청 많은데, 그치?

교　사: 그럼 어떻게 했으면 좋겠니?

유아 19: 더 큰 종이가 필요해요! 그러면 우리들이 알고 있는 거 전부 다 그릴 수 있어요!

교사는 더 큰 종이를 준비해서 교실 바닥에 붙여 주었다.

유아 20: 이제 다 그릴 수 있을 것 같아.

유아 8: 와! 크다.

교 사: 너희가 미래에 대해 생각이 날 때마다 틈이 나면 언제든지 미래도시를 꾸미렴.

유아 20: 계속 보니까 생각이 더 잘 나는 것 같아요!

유아들은 언제든 시간이 나는 대로 개인 혹은 집단으로 교실 바닥에 붙어 있는 종이에 미래도시를 그리기 시작했다. 유아들은 미래도시를 그려가는 동안 서로에게 미래에 대한 자신의 생각을 나누며 진지하게 미래를 꾸며 나갔다. 유아들의 생각은 공간이 넓을수록, 자유로운 시간이 허용될수록 더 확장되었으며 자발적으로 프로젝트에 참여하였다. 유아들은 날마다 미래도시의 부족한 부분을 그리고 새로운 아이디어를 내어 빈 공간을 채워 나갔다. 이 과정에서 유아들은 전체 도시에 어울리는 그림을 그리려고 노력하는 모습을 보였고 공간과 방향에 대해 고민하는 경우가 많아졌다.

3) 미래에 대한 또 다른 생각들

미래의 도시를 그리면서, 유아들의 머릿속에 재미나고 기발한 또 다른 상상력이 발동되었다. 유아들은 새롭게 생각한 것에 대해 서로 의견을 나누며 그림을 그렸다.

유아 11: 나한테 좋은 생각이 있어! 하늘에 보석들을 아주 많이 그릴 거야!

유아 12: 왜 보석을 그려?

유아 11: 그럼 하늘이 온통 보석 천지라 아주 예쁠 것 같아! 그치?

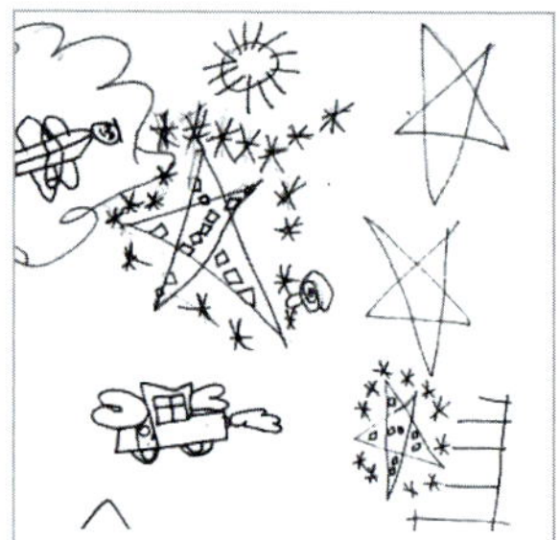

예쁜 하늘을 위해 하늘 위에 보석을 그려 넣는다는 새로운 생각이 추가 되었다.

유아 15: 이 마을은 거꾸로 마을이야! 옆에 풋말도 만들어야지….

유아 16: 집이 거꾸로 생겨서 지붕이 땅에 박혀 있다? 웃기지? 그럼 잘 서질까?

유아 17: 땅속에 나사가 있어서 절대 쓰러질 염려 없어!

유아는 거꾸로 된 집을 빈 공간 안에 그려 넣으면서 절대로 쓰러지지 않을 것이라고 확신하였다.

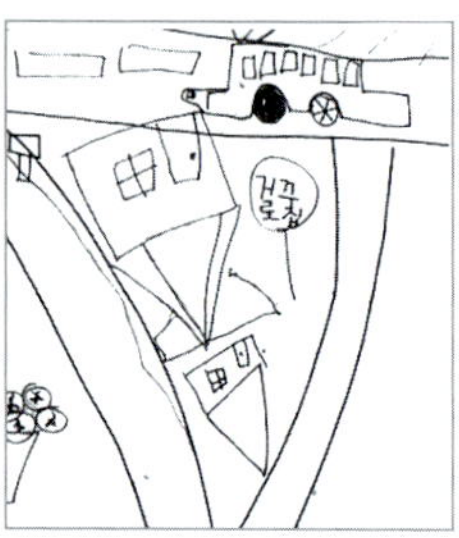

유아 8: 선생님, 좋은 생각이 났어요! 먹고 싶은 음식이 떨어지는 기계를 하늘에 장치할 거예요. 그럼 먹고 싶은 음식을 계속 계속 먹을 수 있어요!

유아들의 생각이 만들어 낸 재미있는 것은 하늘에서 음식이 떨어지는 기계였다.

유아 10: 이것도 한번 봐 봐요. 여기 속에 들어가면 어른이 됐다가 유아가 됐다가 마음대로 몸을 바꿀 수 있는 기계예요.

유아 15: 전부 하늘을 날 수 있는 사람들이에요! 미래에는 날개를 입었다 벗었다 할 수 있거든요!

유아들은 처음 생각했던 미래표상들을 바탕으로 그림을 그리기 시작했다. 작품 하단에는 미래의 바다 모습과 땅속 건물, 마을을 그렸고, 작품 중간중간에는 차들이 다닐 수 있는 도로를 그렸다. 도로 위에는 산과 또 다른 마을을 그렸고,

작품 상단에는 미래의 하늘 모습을 그렸다. 유아들은 교실 한가운데에 위치한 그림을 보면서 유치원에 올 때마다 수시로 그림을 그리게 되었다. 종이를 교실 바닥에 붙인 지 2주 정도가 지났을 무렵, 어느덧 그림이 완성되어 갔다.

유아: 선생님, 이제 다 완성된 것 같은데요?

유아들은 교사에게 작품을 보여 주며 이제 완성이 된 것 같다며 만족해 했다.

4) 미래도시의 완성

이렇게 종이 위에 펼쳐진 미래의 도시가 완성이 되었다. 유아들은 미래도시를 그린 후 도시에 색을 입히고 싶어 했다.

교 사: 미래를 떠올리면 무슨 색이 생각나니?
유아 20: 음…. 초록색? 전 초록색 좋아해요! 그럼 난 빨강! 빨간색이 예뻐~
유아 21: 음…. 미래는 반짝이는 색이에요! 왜냐하면 우리의 미래는 아주 반짝반짝 빛날 것 같거든요!

한 친구의 말에 다른 유아들도 동조하며 미래는 반짝이는 색이라고 했다.

4. 반짝이는 오색 미래도시

1) 도시에 색을 입히자

유아들의 의견에 따라 미래의 도시를 반짝이는 색으로 칠하기로 했다. 유아들은 반짝이 가루가 있어야 한다고 했고, 먼저 물감으로 미래의 도시를 색칠한 뒤, 반짝이 가루를 뿌려 주기로 했다.

유아 11: 우와~ 뭐부터 색칠할까?
유아 15: 내가 바다 쪽 색칠할 테니까, 너가 집 있는 쪽을 색칠해, 알았지?

유아들은 그림을 그릴 때처럼 구역을 나눈 뒤, 색칠을 하였다.
교사는 유아들이 반짝이 가루를 쉽게 사용할 수 있도록 물감 통에 반짝이 가루와 풀, 물을 섞어 붓을 이용해 색칠할 수 있도록 준비해 주었다.

유아 20: 엄청 반짝거리는 물감이네?

유아 21: 우리가 색칠한 작품에 다 발라 주면 진짜 진짜 반짝거리겠다.

반짝이는 물감을 보고 유아들은 작품 위에 얼른 색칠하고 싶어 했다.

유아들은 물감으로 색칠 후 말려 놓았던 작품 위에 반짝이 물감을 덧칠하며 그림의 변화를 관찰했다. 은은하게 반짝거리는 그림을 보며 유아들은 매우 만족해했다.

2) 우리의 미래는 '반짝반짝' 빛이 날 거야

완성된 작품을 보며 다른 반 친구들도 볼 수 있도록 유치원 복도 벽에 전시하기로 했다. 전시 전에 작품의 제목을 정하기로 하였는데 유아들은 반짝이는 색의 특징을 살려, 작품명을 '우리의 미래는 반짝반짝 빛이 날 거야' 로 정했다.

3) 전시해요

미래도시는 2층으로 올라가는 계단 벽면에, 모든 유아들이 볼 수 있도록 붙이기로 결정하고 유아들과 함께 벽에 붙였다.

유아 10: 우와~ 우리가 만든 작품이 여기 계단 벽에 붙었네.

유아 11 : 이제 다른 반 친구들, 동생들도 볼 수 있겠는걸~!

유아들은 직접 완성한 반짝반짝 빛나는 미래도시를 바라보며 무척이나 만족해하였다. 지나가는 다른 반 친구들이나 동생들이 벽에 붙인 작품을 보며 관심을 보이면 작품에 대해 직접 설명해 주기도 하였다.

5. 프로젝트를 마치며

유아들이 생각하는 미래는 어른들이 생각할 수 없는 상상 이상의 다양하고 흥미로운 세계였다. 미래 프로젝트를 통해 유아들의 잠재된 창의력과 상상의 세계를 만날 수 있어서 교사 또한 흥미로운 시간들이었다. 유아들은 자신이 경험한 세계를 기반으로 미래 도시를 건설하였으며 미래도시에 꿈과 희망을 담았다.

비록 추상적인 개념의 프로젝트였지만 유아들은 교사의 염려를 뛰어넘어 자신들의 생각과 언어로 미래를 채워 갔다. 교사가 프로젝트를 진행하면서 유아들의 이야기를 들어 주고 격려한 것은 유아들이 프로젝트를 이어 가는 원동력이 되었다. 미래 프로젝트를 통해 교사가 가장 중요하게 생각한 점은 유아들의 이야기와 의견에 귀를 귀울이고 이를 존중해야 한다는 것이다. 이러한 교사의 태도가 유아의 백 가지 언어를 이해하는 기본적 자세라고 생각한다.

제10장 세상을 아름답게 만들어 주는 '배려' 프로젝트

1. 프로젝트의 발현

1) 교사의 교육적 신념으로 동기유발된 프로젝트 주제

'배려' 프로젝트는 다툼이 잦은 유아들의 교실문화를 변화시키려는 교사의 교육적 신념이 주제에 대한 유아의 흥미를 유도하게 되었다. 요즘 들어 부쩍 친구들 간의 다툼이 잦아지고 있는 유아들을 보며 교사는 그 원인이 무엇인지 생각해 보게 되었다.

오늘날 가정이 대가족에서 핵가족화되면서 부모가 자신의 자녀가 원하는 것이면 무엇이든 해 주는 형태가 습관이 되어 유아들은 남을 이해하고 배려하기보다는 자기 자신을 중심으로 모든 일들이 이루어진다는 식의 사고가 팽배해 졌다. 내가 친구보다 먼저 해야 하고 내가 친구보다 더 좋은 것을 가져야 하고 친구가 나보다 더 많이 가지게 되면 속상해하는 모습 등이 이를 뒷받침해 준다. 나와 상대방의 다름을 알고 상대방을 이해해 주는 마음이 부족하다는 것을 느끼게 되었다. 그래서 유아들과 배려에 대해 생각해 보며 나를 중심으로 하는 삶이 아닌 더불어 살아가는 지혜를 유아들과 함께 고민하고 토론하는 환경을 조성할 필요가 있다고 느꼈다.

〈교사 저널〉

2) 프로젝트의 시작

교사의 제안으로 프로젝트의 주제가 된 '배려'에 대해 유아들은 처음에는 피상적이고 일방적 개념으로 이해하였다. 상대적이고, 관계적이고, 감정적이며 이성적임을 고려하지 못한 채 일방적인 양보, 또는 앙갚음으로 표현하는 경향이 많았다. 대체로 일방적 양보의 태도를 배려라고 인식하였다.

유아 1: 줄을 설 때 친구랑 싸우면 안 되는 거예요.

유아 2: 줄을 서 있을 때 양보해 주는 거예요.

유아 3: 친구를 때리지 않는 것. 친구가 아프니깐.

유아 4: 친구가 싸울 때 하지 말라고 이야기해 주는 것.

유아 2: 우리가 친구한테 그네 먼저 타라고 하는 것. (양보)

유아 1: 친구와 해결하고 사이좋게 지내는 것.

유아 1: 친구가 친구한테 친절하게 말하는 거예요.

유아 3: 친구에게 화내지 않는 것.

3) 배려하는 행동을 했을 때와 받았을 때

(1) 주말 동안 했었던 배려 행동의 유형

배려하는 행동을 경험해 봄으로써 느껴지는 감정들을 알아보고자 주말 동안 배려하는 행동을 한 후에 이야기를 나누어 보았다.

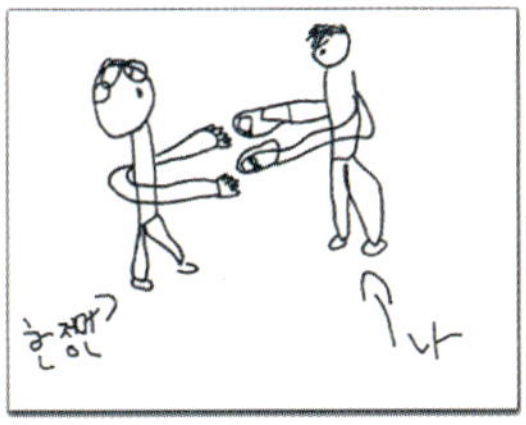

정민이가 실내화를 챙겨서 정민이의 실내화를 챙겨 주었어요.

동생 혜린이에게 자전거를 빌려 주었어요. 그리고 넘어지지 않게 잡아 주었어요.

친구가 놀러 와서 가게놀이를 했어요. 놀고 정리할 때 힘들어해서 도와주었어요.

놀이동산에 갔는데 하윤이가 넘어져서 일으켜 주고 같이 놀아 주고 보살펴 주었어요.

비가 왔는데 친구가 우산이 없어서 제가 우비를 벗어서 주었어요.

친구가 우산이 없어서 우산을 씌워 주었어요.

놀이터에서 놀고 있었어요. 자전거를 타고 싶은데 자전거가 없는 친구가 있어서 빌려 주었어요.

친구가 하트풍선이 갖고 싶다고 해서 별 풍선하고 바꿔 주었어요.

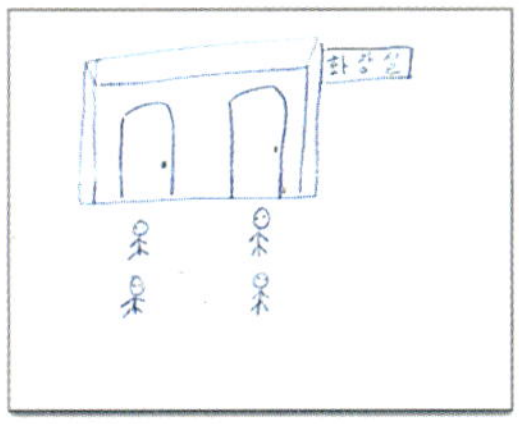

화장실에서 줄을 서서 기다리는데 급한 사람이 있어서 양보했어요.

(2) 배려 행동을 받았을 때의 유형

배려하는 행동을 한 후에 유아들은 무조건적으로 행위 자체에서 긍정적인 만족을 느끼기도 하였지만 상대방의 고맙다는 보상적 표현을 통해 긍정적인 만족을 느꼈다.

유아 1: 빌려 줘서 좋았어요.

유아 2: 도와줘요. 고맙다고 해요. 친절하게도 해요.

유아 3: 이해도 해 줘요.

유아 4: 양보해요. 마음이 좋아져요.

교 사: 마음이 좋아지는 것은 어떤 것이야?

유아 4: 마음이 행복해지는 것. 그리고 마음이 넓어져요.

유아 1: 몸도 좋아져요.

유아 2: 머리도 좋아져요. 머리의 생각이 길어지고 넓어져요.

유아 3: 생각주머니도 커져요.

유아 4: 배려를 하니깐 편안해졌어요.

놀이터에서 혼자 놀아서 심심했는데 친구가 놀아 줘서 재미있었어요. 그래서 고마웠어요.

인성이가 놀이터에서 놀 때 자전거를 빌려 주었어요.

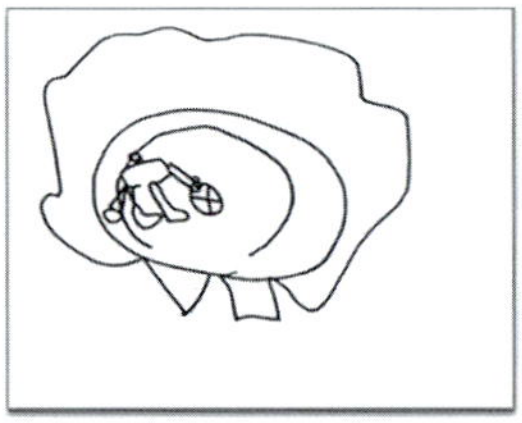

티컵 탈 때 내가 떨어지려고 했는데 서인이가 잡아 줘서 떨어지지 않았어요.

4) 배려 행동을 주고받은 후, 배려에 대한 두 번째 이야기 나누기

놀이시간에 요술봉이 갖고 싶었는데 예서가 만들어 주었어요.

숲에서 놀고 있었는데 비가 왔어요. 우산이 없었는데 동광이가 우산을 씌워 주었어요. 그래서 비를 안 맞았어요.

공설운동장에서 놀고 있는데 정민이가 자전거를 가지고 와서 탔어요. 나도 타고 싶었는데 정민이가 빌려 줘서 탔어요.

(1) 배려하는 것은?

유아 1: 친절하고, 양보하고, 도움을 주고, 이해하고 보살펴 주고, 약한 자를 도와줘요.

유아 2: 진정한 사람이에요.

교 사: 진정한 사람은 어떤 사람이야?

유아 2: 많이 안아 주고, 사랑해 주는 것? 행복하게 해 주는 것.

유아 1: 바라지 않고 하는 것.

(2) 배려가 없는 것은?

유아: 속상하게 하려는 것, 싸우는 것, 양보하지 않는 것, 때리는 것, 나쁜 말하는 것, 소리 지르는 것, 꼬집는 것.

(3) 배려는 누구에게?

유아 1: 모든 사람이요.

유아 2: 어른, 동생, 친구, 언니, 오빠, 모두요.

유아 3: 곡식, 곤충, 식물, 동물.

2. '배려' 프로젝트에 나타난 유아들의 논리, 이론 발달의 진화 과정

1) 다툼이 발생한 교실 상황을 사고발달의 기회로 활용하기

실제 다툼이 일어나는 상황이 발생하였다. 교사는 그 장면을 포착하여 사진으로 남겼고, 이 사진이 유아들과 함께 민주적인 교실문화를 함께 만들어 갈 수 있는 좋은 기회가 될 것이라고 생각하게 되었다. 우진이가 카프라로 만든 비행기를 서인이가 지나가다 발로 건드리게 되어 날개 부분이 망가지게 되었다.

속이 상한 우진이는 서인이에게 "왜 그랬어?" 하고 큰소리로 물었고, 서인이는 대답을 하지 않았다. 그러자 우진이는 대답을 안 하는 것에 더 속이 상해서 사과를 요구하였다. 서인이는 우진이를 쳐다보지도 않고 "미안해." 하고 이야기를 하였다. "그게 다야?" 하고 물으니 "미안하다고."라고 퉁명스러운 목소리로 이야기하였다.

우진이는 한참을 기다려도 해결이 되지 않을 것 같은지 "그럼, 이번 한 번만 용서해 줄게."라고 이야기하고 물을 마시러 갔다.

1 갈등과 문제 인식하기: 이 장면이 뭐지?

교사는 유아들에게 갈등이 생겨난 순간을 어떻게 인식하고 있는지 질문하였다. 남자 유아가 만든 조형물을 여자 유아가 망가뜨렸는데 여자 유아가 성의 없이 건성으로 미안하다고 이야기해서 화가 났다고 했다.

2 가설 세우기(갈등과 문제해결책 4가지 발견): 조형물이 망가지지 않도록 하려면 어떤 노력을 해야 할까?

유아들 갈등과 문제해결책 찾기의 초점은 다툼을 없애는 상황을 만들자는 것이었다. 위 장면에서 다툼을 없애기 위한 방법은 조형물을 망가뜨리지 않도록 하는 것이라고 했다.

교 사: 어떻게 해결해야 할까? 다툼이 일어나지 않도록 하는 방법을 찾아보자.

유아 1: 힘들게 만든 게 부서지면 속상해요. 그래서 부서지지 않게 해야 해요.

교 사: 어떻게?

유아 1: 부서트린 친구가 다음부터 조심하기로 하고 같이 만들어 줘야 해요.

유아 2: 마술을 부려요. 떠오르게 만들어요.

유아 3: 마술은 없어.

유아 2: 그럼, 다른 곳으로 옮겨요. 다른 사람들이 오지 않는 곳으로.

유아 1: 상자로 덮어 놓아야 해요. 상처 안 나게.

유아4: 친구가 모르는 곳으로 숨기기.

유아5: 친구들이 안 오는 장소를 찾아야겠네.

교 사: 또 다른 생각은?

유아 2: 마술로 투명하게 만들어요. 마술사에게 부탁하면 되요..

유아 4: 가평기사님께 부탁드려요.

유아 2: 투명하면 더 위험하겠다. 투명해서 안 보이니깐 걸려서 넘어지면 다치고 또 부서져요.

유아 4: 그러면 망가지려고 하는 순간에 옆으로 가게 해서 망가지지 않게 해 줘요.

유아 6: 밟지 못하게 위로 올려놔요.

유아 1: 천정에 매달아 주거나 천정에 붙여 줘요.

유아 7: 친구들이 지나다니는 길이 없으니깐 건드리게 되서 부서지고 만들고 부서지고 하는 거예요.

교 사: 그럼, 어떻게 해야 할까?

유아 7: 길을 만들어 줘요.

유아 2: 표지판도 있으면 좋겠다.

유아 1: 울타리를 만들어 줘요.

유아5: 울타리가 있으면 들어가지 못하겠다.

유아들은 네 가지의 방법을 제시하였고, 그 방법을 적용해 보고 가장 합리적인 것을 선택하여 실행하기로 하였다.

위 대화에서 보듯이 유아들은 문제해결의 4가지 방법으로, 친구들이 오지 않는 곳에서 조형물 만들기, 만든 조형물 천정에 달아 주기, 마법사에세 전화해서 부탁하기, 조형물 보관장소에 울타리와 표지판 만들기로 가설을 세웠다.

2) 4가지 가설 검증: 합의된 가설과 기각된 가설의 논리 발견

유아들이 세운 4가지 방법을 모두 사용할 수 있을까? 유아들은 토의를 통해 적용 가능한 방법과 불가능한 방법이 있음을 인식하였다. 친구들이 오지 않는 만들기 장소를 유치원 환경에서 찾아보았으나 실패했다. 천정에 달아 주기 방법에 대해서는 대부분의 유아들이 부정적으로 반응을 보였다. 공동 교재인 조작 놀이감으로 조형물을 만들어 천정에 달아 두게 되면 그 놀이감을 다른 유아들이 갖고 놀기 어렵기 때문이라고 하였다. 두 번째 방법도 기각되었다. 다른 유아들이 마법사에게 전화하여 물어보는 방법으로 문제해결책을 찾아보자고 하였다.

유아 1: 그럼, 마법사에게 전화해 보자.

유아 1: 마법사 전화번호 좀 알려 주세요.

안내원(114안내원): 마법사 없습니다.

유아 1: 얘들아~ 마법사가 없대.

유아 2: 가평기사님께 부탁하자.

유치원 버스기사인 가평기사님은 유아들이 부탁한 내용을 할 수 없을 것 같다고 했다. 그러자 수연이가 고모부에게 물어보면 알 거라고 집에 가서 물어보기로 하였다. 다음 날 고모부에게 물어본 수연이는 고모부도 잘 모르겠다고 이야기해서 어떻게 해야 할지 고민에 빠졌다고 이야기해 주었다.

그렇게 마법사에게 부탁하는 일이 현실적으로 쉽지 않다는 것을 알게 된 유아들은 다른 고민을 하기 시작하였다.

마법사의 전화번호를 알아내지 못하였고 아무도 마법사에 대해 아는 사람이 없었지만, 유아들은 마법사가 어딘가에서 살고 있으며 부탁을 하면 들어줄 거라고 굳게 믿고 있었다. 이 믿음이 깨지지 않기를 바라며 언젠가는 상상한 일이 현실이 될 수도 있다는 것을 알려주고자 한다.

3) 가장 적합한 방법 채택: 조형물 보관규칙 탄생

유아들이 구상한 문제해결책의 4가지 방법 중 가장 적합한 방법으로 네 번째 방법이 채택되었다. 유아들은 자신이 만든 조형물에 표지판을 붙이고, 다른 유아들은 표지판이 붙어 있는 조형물은 주인이 있음을 인식하고 부수지 않기로 약속을 정하게 되었다.

(1) 협력과 역할 분담 - 서로 도와야 해

수연이, 태민이, 인성이도 와서 테이프 붙이는 것을 도와주었고, 동광이와 예서는 친구들이 들어오면 방해될 수 있으니 '수리 중' 이라는 글을 붙여서 친구들이 다 완성할 때까지 들어오지 않도록 해 주었다.

처음에는 '수리 중' 이라는 글자만 붙여 놓았는데, 예서가 다시 '수리 중…. 끝나면 오시오.' 라고 써서 밑에 덧붙여 주었다. 예서는 "길이 꼭 나무에 가지가 이리저리 가 있는 것 같다." 며 이곳은 나무 길이라고 이름을 지어 주어야겠다고 하였다.

(2) 세운 것의 불편 – 길을 눕혀요

다음 날 등원한 유아들이 교실에서 조금 세게 '쿵쿵' 걷자, 세워 놓은 카프라 길에 진동이 가며 쓰러졌다. 카프라끼리 이어 놓아서 도미노처럼 쓰러지자 동광이가 도미노 같다며 쓰러진 것을 보며 웃었다. 그리고는 조금 고민하는 듯 생각하더니 눕혀야겠다고 이야기를 하고는 카프라를 눕히기 시작하였다. 테이프를 연결해 놓아서 주르륵 쓰러지며 길이 삐뚤어지자 테이프도 떼어서 다시 붙이겠다며 처음부터 새롭게 시작하였다. 처음보다 길을 더 넓혀 주었다.

예서가 등원해서 정리를 하고 놀이를 하려는데 동광이가 길을 눕혀서 다시 만들게 되었다고 예서에게 설명해 주었고 그 말을 들은 예서는 테이프를 가져와서 붙여 주었다. 뒤로 갈수록 테이프도 같이 옮겨야 하는 불편함을 느꼈는지 테이프를 옆구리에 끼워서 들고 다니며 빠른 속도로 붙여 나갔다. 길을 만드는 데 블록영역으로 연결이 되지 않아 정민이는 "삼거리네~! 블록영역도 갈 수 있게 사거리로 만들어야지~." 라며 이야기하였다. 동광이는 블록영역으로 이어지는 길을 하나 더 만들어 사거리로 만들어 주었다. 카프라끼리는 잘 연결되어 있었으나 바닥에 붙어 있지 않아 길 전체가 움직이자 지진이 난다며 웃더니 바닥과 카프라에 테이프를 붙여 주어 조금 더 튼튼한 길을 만들었다.

그렇게 길이 완성되고 예서는 '수리 중…. 끝나면 오시오.' 라는 팻말을 뒤로 돌리고 '수리 끝' 이라는 글을 써서 붙여 놓았다. 유아들은 '이제 끝난 거야?' 라며 길을 따라 왔다 갔다 하였다.

(3) 울타리와 표지판에 있는 섬세한 길 만들기 - 길 찾는 신호의 필요, 화살표 만들기(5개), 영역 발견(역할, 블록, 목공, 음률영역)

다음 날 유아들은 길을 만들었는데도 길로 다니지 않는 친구가 있다고 하였다. 그래서 어떻게 하면 좋겠냐고 하였더니 수연이가 "이쪽이 다니는 길이니 이쪽으로 다니라고 알려 줘요."라며 표지판을 만들기로 하였다. 바닥에는 화살표를 붙여서 가는 방향을 알려 주자고 하였다. 수연이는 만들어야 할 화살표가 몇 개 필요한지 개수를 세어 보았다. 5개가 필요하다고 하여 왜 5개가 필요한지 물어보았다. 수연이는 출발하는 곳, 음률영역, 블록영역, 목공영역, 역할영역으로 가는 길을 표시해야 해서 5개가 필요하다고 설명해 주었다. 그리고 지원이에게 도와달라고 부탁하였다.

유아 1: 친구들이 길로 다니지 않아서 길로 다니라고 화살표랑 표지판을 만들어 줄 건데, 내가 화살표 만들 테니깐 네가 역할영역, 음률영역 가는 길이라고 쓰고 그림도 그려 줘.

유아 2: 알았어!

유아 1: 화살표 색칠하기 조금 힘들다~ 자연아 네가 좀 도와줄래?

유아 3: 그래, 이거 색칠하면 돼?

유아 1: 고마워~

수연이를 도와 지원이와 자연이가 화살표와 길 안내판을 만들어 주었다.

지원이는 역할영역에 소꿉놀이하는 그림을, 블록영역에는 블록들을, 목공영역에는 나무를, 출발하는 곳에는 날아가는 하트·별 풍선을 그려 주었다. 각 영역에는 그 영역의 특징을 표현해 주었는데, 출발하는 곳에는 왜 하트와 별 풍선을 그렸는지 물어보았다. 지원이는 출발하는 곳이니까 풍선으로 알려 주면 좋을 것 같다고 이야기해 주었다. 지원이가 그림도 그리고 글씨도 쓰다 보니 조금 힘들어해서 예서가 음률영역으로 가는 길을 해 주기로 하였다. 예서는 '음률영역으로 가는 길'이라고 쓰고 악기 연주하는 그림을 그려 주었다. 완성한 화살표를 먼저 바닥에 붙여 주었고 길 안내 표지판도 화살표 위에 붙여 주었다. 이렇게 완성된 길과 표지판을 보며 유아들은 완성되어 좋다고 이야기하며 길을 왔다 갔다 하였다. 그리고는 자신들이 놀았던 영역으로 가서 다시 놀이를 하였다.

지원이가 친구들이 가고 나서 길을 왔다 갔다 하더니 "왜 가는 화살표는 있는데, 오는 화살표가 없어요?"라고 질문을 하였다. "그럼, 어떻게 했으면 좋겠니?" 물으니 오는 화살표도 표시해 주면 좋을 것 같다고 하였다. 그렇게 반대 방향 화살표도 만들어 붙여 주었다. 유아들은 자연스럽게 가고 싶은 영역을 길로 다니며 길이 아닌 곳에 작은 표지판들을 세워 주었고, 이렇게 해야 여기는 다니는 곳이 아니라고 생각할 것이라고 생각에 생각을 더해 주었다.

    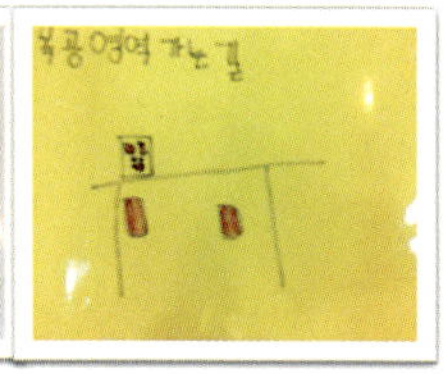

문제해결을 위한 방법 중 네 번째 방법이 다소 변형되었다. 울타리에서 나무 길로 변경되었고 유아들은 이 방법이 가장 적합하다는 결론을 내렸다. 이 길을 다니는 동안 친구의 조형물을 망가뜨리지 않기 위해 더 좋은 생각들을 서로 나누어 보고 적용해 보았다. 또한 유아들이 만든 조형물인 나무 길도 손상되지 않게 노력하는 모습들을 보며 유아들이 성숙해지고 있다는 것을 느끼게 되었다.

3. 깊이 사유하는 성향 개발하기

1) 진짜 '배려'는 무엇이지?

갈등경험과 문제해결과정은 유아들에게 깊은 사유하려는 성향을 발달시키는 것 같아 보였다. 유아들은 '배려'에 대한 진지한 생각을 하기 시작하였다. "미안하다고" 하면서 퉁명스럽게 이야기하고, 얼굴도 보지 않는 것은 미안한 맘이 아니야, 소리를 지르는 것도 상대를 기분 나쁘게 만들어." "마음이 행동을 하게 만들어요. 그래서 기분이 중요해요."

〈교사 저널〉

두 유아의 다툼의 상황은 유아들에게 '진짜 배려가 무엇인지?'에 대한 생각을 하게 만들었다. 유아들이 주제발생 초기에 가졌던 배려에 대한 피상적 견해를 보다 인과성을 찾으려는 깊은 사유를 통해 논리와 이론으로 만들려고 하였다. 또 다툼이 발생했을 때는 진정성을 갖고 마음을 나누어야지 피상적이고 형식적으로 미안하다고 하는 말은 상대에게 진정성이 없어 용서를 구하기 어렵다는 것을 인식하였다.

〈교사 저널〉

2) 기분(감정)이 무엇일까?

– 마음이 행동을 하게 만들어요. 그래서 기분이 중요해요

유아들은 행동이 나빠지는 것은 마음속에 있는 기분이 나쁘기 때문이라고 인식하면서, 좋은 행동을 하기 위해 마음속에 있는 기분(감정)이 중요하다고 인식하였다. 이때 도대체 우리의 마음속에 있는 기분은 왜 변화가 생기는지 궁금해졌고 기분의 변화에 대해 토의하기 시작했다. 유아들은 여러 종류의 기분이 있으며, 다양한 상황에서 다양하게 변화한다는 것을 이해하였다. 또한 기분은 나의 것과 타인의 것이 동시에 중요하다는 것을 이해하게 되었다. 기분이 행위를 만들게 된다는 사실을 이해하게 되었다.

(1) 행복했을 때

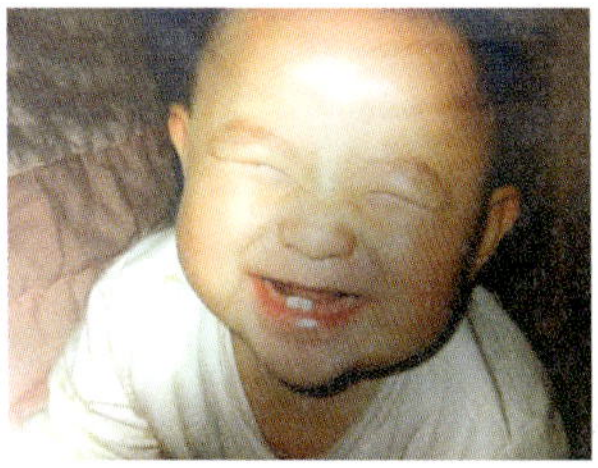

행복했을 때의 이야기를 나누기 전, 환하게 웃고 있는 아기의 사진을 보며 '이 아기는 지금 어떤 기분일까?'에 대해 알아보았다.

유아 1: 유아가 있네요~ 이가 빠졌네요.

유아 2: 빡빡이예요.

유아 3: 웃는 것 같아요.

유아 2: 웃음을 터트리고 있어요. 기쁜 것 같아요.

유아 1: 장난감을 사 줬나 봐요.

유아 3: 엄마가 웃겨 줬나 봐요.

유아 4: 엄마가 구름빵해 줘서요.

유아 3: 엄마가 맛있는 것 해 줘서요.

1 행복할 때 경험을 그림으로 시각화하기

(2) 슬펐을 때

슬프게 울고 있는 사람을 보며 유아들에게 어떤 생각을 하는지 물어보았다.

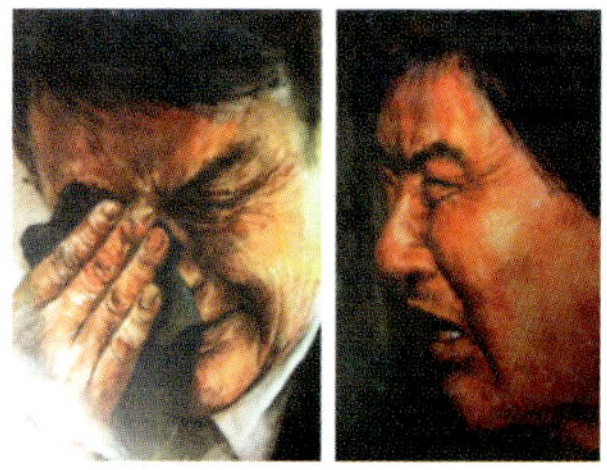

유아 1: 찌푸리는 것 같아요.
유아 2: 슬퍼서 우는 것 같아요.
유아 3: 누가 아픈가 봐요.
유아 2: 여자친구가 이제 같이 안 산다고 해서.
유아 4: 자기가 아파서?
유아 1: 어머니가 병에 걸려서요.
유아 2: 아기가요. 죽었어요. 슬펐어요.
유아 4: 할머니가 쓰러졌어요.
유아 5: 하나님이 계셨는데 이제 기도를 못 받아 준대요.
유아 4: 유아가 없어졌는데요. 엄마한테 혼날까 봐요.
유아 3: 돈이 없어서 제일 좋아하는 것을 못 사서요.

1 슬펐을 때 경험을 그림으로 시각화하기

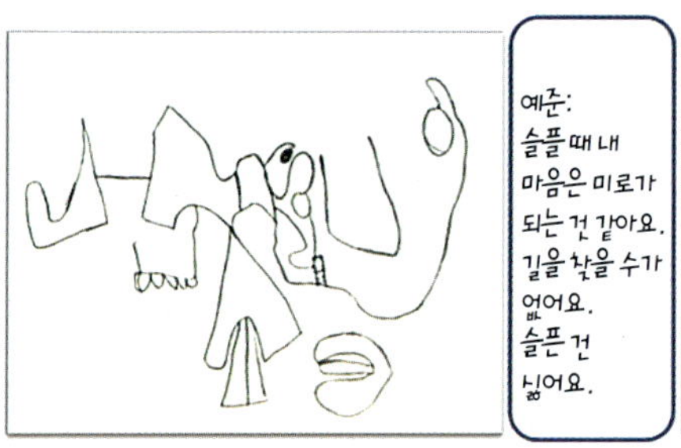

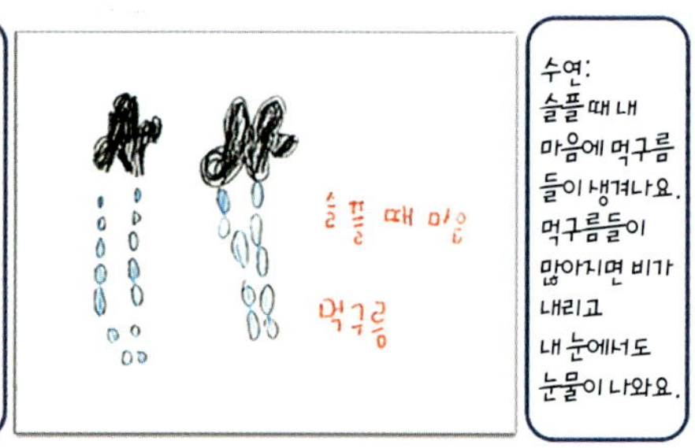

(3) 화났을 때

사진 속 유아의 표정을 보며 유아들에게 어떤 생각이 들었는지 물어보았다.

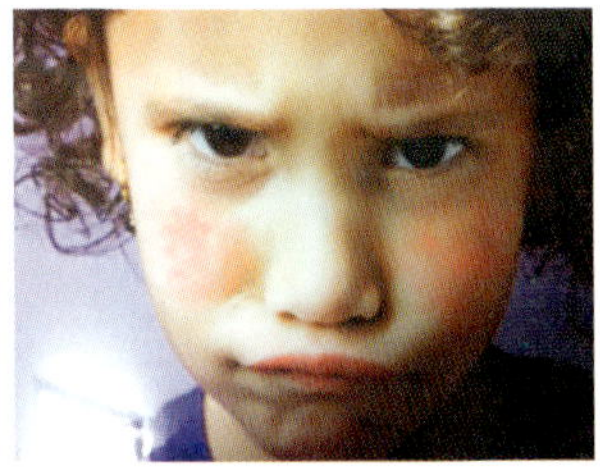

유아 1: 화가 나 있어요. 엄마한테 혼이 났나 봐요.

유아 2: 엄마가 불량식품을 못 먹게 했어요.

유아 1: 엄마가 맴매해서요.

유아 3: 도둑이 제일 좋아하는 장난감을 뺏어 가서요.

유아 4: 이런 표정이면 우는 거예요. 이제 곧 울 것 같아요.

유아 3: 엄마가 아이스크림을 사지 말라고 했는데 사 가지고 엄마가 뺏어 갔어요.

유아 2: 삐진 것 같아요. 스티커를 뺏겼나 봐요.

유아 5: 병원에 안 가고 싶은데 병원에 가서요.

1 화났을 때 경험을 그림으로 시각화하기

● 화가 나면 어떤 기분이 들까?

유빈:
화가 나면
삐죽삐죽한
집에 갇히게
되요.
들어가고
싶지 않아도
들어가요.

성칠:
화가 나면
마음속에서
전쟁이 일어나요.
착한 마음하고
나쁜 마음이
전쟁을 하는데
착한 마음이
지고 있어요.

정민:
화가 나면
착한 마음이
나쁜 마음한테
공격을 당해요.
그래서 온몸에
나쁜 기운이
넘쳐 나게 되요.

인성:
화가 나면 전쟁이
시작되요.
미사일을 발사하는데
미사일을 맞은
사람은 다치게 돼요.

유아 1: 싸움이 시작돼요. 슬프고 기분도 안 좋아져요.

유아 2: 속상하고 마음이 무너지는 것 같아요.

유아 3: 속상해져요. 마음이 찢어져서 친구나 가족을 때리게 돼요.

유아 2: 마음이 불타올라요.

유아 1: 던지게 돼요. 용의 분노가 느껴져요. 엉엉 울게 돼요.

● 화를 내는 건 나쁜 걸까?

유아 1: 상대방을 기분 나쁘게 하니깐 상대방도 나쁘니깐 또 똑같은 말을 안 하니깐 마음이 또 아프게 돼요.

유아 2: 다시 화내면서 하니깐 싸움이 생겨요.

유아 3: 소리 지르게 돼요. 얼굴도 망가져요.

유아 1: 화난 목소리가 나와요.

● 화를 다스리는 방법

유아 1: 화가 나면 참아야 해요.

유아 2: 화가 나는데 어떻게 참아?

유아 3: 그래, 어떻게 참아…. 폭발하는데….

유아 1: 참아야 행운이 찾아온다고 할머니가 그랬어요.

유아 1: 그런데 나는 참을 수가 없어요.

교　사: 그럼 어떻게 해야 할까?

유아 1: 일단 화가 나면 선생님께 안아 달라고 해요.

교　사: 선생님이 없으면?

유아 1: 선생님을 언제나 따라다닐 수가 없으니깐 숨을 쉬면서 참아야 해요. (몸으로 표현: 이렇게 들이마시고 내뱉고~)

유아 2: 옆 친구가 "친구야 왜 화가 났어? 친구야 화내지 마"라고 이야기해 줘요.

유아 1: 그런데 화가 나면 옆에 있는 친구를 확 때릴 수도 있어.

유아 3: 친구가 때리려고 하면 확 잡아야지.

유아 1: 일단 화가 나면 눈을 감고 숨을 쉬어요. 배가 불룩해져야 해요.

유아 2: 그래 7번 숨을 쉬면 좋겠다.

유아 1: 친구들이 화가 난 친구를 웃겨 줘도 좋을 것 같아요.
(감사합니다~를 보여 줌)

유아 4: 화가 나면 자요. 아니면 펑펑 울어요. 그럼 폭발해서 나중에 없어져요.

(4) 우리들이 정한 다른 사람에게 피해를 주지 않는 화를 푸는 좋은 방법

첫째, 화가 나면 눈을 감고 화가 풀릴 때까지 숨을 쉰다.

둘째, 친구들에게 나 화났다고 알려 준다(그러면 친구들은 나를 웃겨 준다).

셋째, 선생님께 안아 달라고 한다.

감정에 대해 이야기를 나눈 후 유아들은 친구들에게 자신의 기분을 솔직하게 전달하였다. 그리고 친구가 다른 친구의 마음을 속상하게 했을 때 그 친구에게 "너라면 어떻겠니?"라며 상대방의 마음도 생각하라고 알려 주었다.

유아들의 대화 속에서 유아들이 많이 성숙해졌음을 느낄 수 있었다.

(5) 유아들의 일상 속에 나타난 배려들

1 자연을 위한 배려

배려에 대해 이야기를 나누다가 자연에게도 배려가 필요하다는 유아들의 말을 듣고, 유아들의 생활 속에 나타나는 배려하는 행동들을 모두 찾아보기로 하였다. 그러는 중 환경미화원에 대해 이야기를 나누게 되었다.

교　사: 환경미화원이 없다면 어떻게 될까?
유아 1: 쓰레기가 많아져요.
유아 2: 쓰레기가 많아지면 지독한 냄새도 나요.
유아 3: 쓰레기 천지가 되어서 병에 걸리고 죽을 수도 있어요.
유아 2: 로켓을 타고 우주에 나가 지구를 보면 쓰레기로 보여요.
유아 1: 물도 더러워지고 공기도 더러워져요.
교　사: 고마운 환경미화원 분들을 위해 우리는 어떻게 해야 할까?
유아 3: 감사하다고 해요.
유아 1: 쓰레기는 쓰레기통에 버려요.
유아 2: 쓰레기를 보면 주워서 버려 줘요.
유아 3: 쓰레기를 아무 데나 버리는 동생들에게는 알려 줘요. 쓰레기는 쓰레기통에 버리라고요.

그날 오후에 종일반 친구들과 산책을 나갔다. 산책을 마치고 돌아오는데 길가에 담배꽁초와 과자 봉지, 휴지, 맥주캔 등 다양한 쓰레기가 버려져 있었다. 유아들은 곤충과 나뭇잎, 꽃들을 보며 관찰을 하고 이야기를 나누고 있었다. 동광이가 쓰레기를 발견하고는 조용히 쓰레기를 주웠다. 그리고 교사에게 보여 주며 "선생님, 쓰레기 주웠어

요."라며 보여 주었다. "쓰레기가 많이 있네. 쓰레기 담을 곳이 없는데 어쩌지?" "이렇게 가져가서 쓰레기통에 버리면 되지요. 다음에는 쓰레기봉투를 가지고 와요." "그래. 다음 번 산책에는 쓰레기봉투를 가지고 나오자." 그리고 나서 주변의 친구들과 동생들까지도 "우리도 같이 하자."라며 쓰레기를 열심히 줍는 모습을 볼 수 있었다. 이틀 후에 종일반 유아들과 공원으로 산책을 나가게 되었다. 유아들은 잊지 않고 쓰레기봉투를 준비해 달라고 하였다. 가는 길은 차가 다니지 않는 길이고, 산책로여서 쓰레기는 보이지 않았다.

가는 동안 유아들은 바람을 느끼고 나뭇잎과 꽃들을 보며 향을 맡았다. 그 아름다움을 눈과 마음에 담으며 하늘에 떠 있는 구름을 보고서 한참 동안 이야기를 나누다가 공원에 도착하게 되었다. 간식을 먹고 유아들이 자유롭게 놀이하도록 하였는데 예서가 동생들과 친구들에게 "우리 쓰레기를 주워 주고 놀까?"라고 제안을 하였다. 런닝맨 놀이에 푹 빠져 있던 유아들은 예서의 말 한마디로 동생들과 함께 공원의 풀밭과 꽃밭·나무 아래 등을 샅샅이 뒤지며 쓰레기를 찾기 시작하였다. "왜 놀이 먼저 하지 않고 쓰레기부터 줍는 거야? 10분 후에는 가야 하는데…. 그럼 조금밖에 못 놀잖아?" 하고 교사가 물었고 이에 예서는 "꽃이랑 나무가 쓰레기 때문에 숨쉬기 힘들잖아요. 우리가 도와주어야죠. 그래야 우리도 예쁜 꽃과 나무를 더 많이 많이 볼 수 있죠!" "그렇구나. 선생님은 무엇을 도와줄까?" "우리가 하는 거 지켜봐 주세요." 그리고 친구들과 동생들에게 다가가서 "우

리는 유아 환경미화원이다. 그럼, 하윤이랑 자연이는 저쪽~! 나랑 금성이는 이쪽~! 자, 어서 어서 쓰레기를 찾아." 산책 나간 모든 친구들이 자연스럽게 런닝맨 놀이를 멈추고 유아 환경미화원이 되었다. 그러던 중 쓰레기를 주워 온 친구들이 코를 막고는 "쓰레기 때문에 공기가 안 좋은 것 같지 않아?" "그래, 냄새도 안 좋은 것 같아." "그래서 우리가 쓰레기를 빨리 찾아서 버려 줘야겠어."라고 하였다.

그렇게 쓰레기를 주우며 환경미화원 놀이를 하였고, 원으로 돌아오는 길에도 열심히 쓰레기를 주워 주었다. 돌아오는 길은 차가 다니기도 하는 길가였다. 한참을 쓰레기를 줍더니 "선생님, 여기 풀밭에는 담배꽁초가 너무 많아요. 아빠들이 다 버렸나 봐요." "정말 담배꽁초가 많이 있네. 왜 이렇게 쓰레기통이 아닌 곳에 버렸을까?" "어렸을 때 쓰레기 버리는 것을 안 배웠나 봐요."

'세 살 버릇 여든까지 간다. 윗물이 맑아야 아랫물도 맑다.' 라는 속담을 이야기해 주었다. 그렇게 길가의 쓰레기를 줍고 나서는 "선생님, 공기가 조금 깨끗해진 것 같지 않아요?" "아까보다 좋은 향기가 나는 것 같아."

생명의 소중함을 알게 된 종일반의 산책길은 한걸음 한걸음이 소중하였다. 살아 있는 곤충과 동물이나 움직이지 않는 나무와 꽃, 그리고 풀들에게 관심을 갖고 고맙다며 인사를 나누었다. 그러던 중 무엇인가에 밟혀 길에 뭉개져 있는 지렁이를 발견하였다. 묻어 주어야 한다고 하였는데 옮기면 지렁이가 더 없어질 것 같다며 지렁이 있는 곳에 무덤을 만들어 주자고 하였다. 흙을 뿌려 주고 예쁘게 꾸며 주어야 지렁이가 행복할 것이라며 나뭇잎과 꽃잎에게 "지렁이를 위해 너희가 필요해. 조금만 가져갈게. 미안해." 인사를 하고 꽃과 잎을 가지고 와서 덮어 주었다. 그리고 사람들이 밟고 가지 못하도록 '지렁이 무덤'이라고 써서 지렁이 무덤 앞에 놓아 주었다. 며칠 후 지렁이 무덤 있는 곳에 갔을 때 아무것도 없었다. 유아들은 "우리가 예쁘게 묻어 주어서 지렁이가 좋은 곳으로 갔나 봐. 정말 다행이다."라고 했고, 그 이후에도 죽은 곤충들을 발견하면 꼭 무덤을 만들어 주었다.

2 친구를 위한 배려

● 다친 친구 도와주기

산책을 다녀오는 길에 동인이는 친구와 장난을 치다가 넘어져서 양쪽 무릎에 상처가 났다. 유아들은 서로 동인이를 도와주어야 한다며 동인이를 부축하여 교사실로 데리고 가서 치료를 받게 해 주고 화장실로 데리고 가서 손을 씻고 세수를 할 수 있게 도와주었다.

유아들은 동인이의 옷과 가방도 챙겨 주었으며 물을 마시고 싶다고 해서 물도 떠 주고 로션도 바를 수 있도록 가져다 주었다. 집에 갈 때는 집의 방향이 달라 다른 차량을 타야 하지만 동인이를 위해 동인이가 타는 차량까지 함께 가서 동인이를 자리에 앉혀 주고 자신들이 타는 차량으로 이동해 집으로 가게 되었다. 유아들은 일반적으로 알고 있는 단어의 개념적 '배려'가 아니라, 진정한 '배려'가 무엇인지 어떻게 실천하는 것인지를 생활 속에서 몸소 보여 주고 있었다.

● 친구들의 길이 망가지지 않도록 역할영역의 공간 줄이기

역할영역에서 놀이하던 친구들이 인형극 놀이를 한다며 인형들을 꺼내고 관객이 앉을 의자를 준비하였다. 그런데 관객이 앉아야 하는 곳에 카프라로 만든 길이 있었다. 이에 역할영역 친구들은 길이 망가지면 안 된다며 인형극장을 역할영역 안쪽으로 더 밀었고, 인형극장이 있었던 곳에 의자를 놓고 앉았다. 인형극을 하는 친구들은 자리가 좁아 불편했을 텐데도 무척 재미있게 웃으며 인형극을 했고 관람하는 친구들도 웃음소리에 덩달아 아주 재미있다며 한창 동안 관람하였다. 그리고 정리시간이 되었을 때는 관람했던 친구가 앉았던 의자를 조심히 들고 나와 길이 망가지지 않도록 제자리에 정리해 주었다.

● 아는 글자 지원하기

카프라로 길을 만드는 동안 동인이는 친구들에게 출구와 입구라는 글자를 써서 들어가는 곳과 나가는 곳을 알려 주려고 하였다. 그런데 '출' 자를 어떻게 써야 하는지 몰라서 교사에게 '출'은 어떻게 써야 하냐고 물어보았다. 이때 '출' 자를 쓸 수 있다며 예준이와 수연이가 동인이에게 다가왔고 써 주려고 하였다. 그러자 동인이는 내가 쓸 테니깐 어떻게 쓰는지 방법을 알려 달라고 하였다. 예준이는 "치읓을 먼저 써 봐."라고 하였는데 동인이가 고개를 갸우뚱거리자 "지읒 쓸 줄 알아? 지읒 위에 작대기를 그어 봐!" 이때 수연이가 "그 밑에 우를 쓰고, 그 밑에 리을." 그런데 동인이는 '찰'이라고 썼고, 수연이가 종이에 '출'을 써서 보여 주었다. 그리

고 동인이는 그것을 보고 출구와 입구라는 글자를 완성하였고, 들어가는 곳과 나가는 곳에 붙여 주었다. 유아들의 일상생활 속에서 친구를 배려하는 행동들이 종종 나타나고 있었다.

3 동생을 위한 배려

동생들과 함께 가을 산책을 나갔던 날, 5살(아스터반) 희진이가 넘어져서 무릎에 상처가 생겼다. 울고 있는 희진이에게 예서와 동광이가 달려가서 위로해 주고 상처에 연고를 발라 주고 밴드도 붙여 주었다. 유치원으로 돌아오는 길에 예서는 희진이가 힘들겠다며 업어 주었다. 가까운 거리가 아니었기에 힘이 들면 내려 주겠지 하였는데, 갈수록 너무 힘들어 보여 내려 주자고 하였는데 괜찮다며 끝까지 희진이를 업고 유치원으로 왔다. 아픈 동생을 배려하는 예서의 마음에 감동을 받지 않을 수 없었다.

동생반과 함께 견학을 가거나 산책을 나갈 때면 바이올렛반 친구들은 동생들의 손을 잡아 주는 것을 당연하게 생각하였다. 동생들이 선생님을 잃어버리지 않도록 보살펴 주고 힘들어하면 가방도 대신 메 주는 모습을 볼 수 있었다.

4. 감정과 행동을 인식하는 경험이야기

배려를 하면 친구들과 사이좋게 지내게 되고 마음이 건강해지고 행복해진다는 유아들의 이야기를 통해 배려를 하지 않는 친구나 동생들에게 배려를 알려 주기 위한 방법들을 생각해 보았고 유아들은 그동안의 경험을 책으로 만들기로 하였다. 제목은 '우리반 배려이야기', '배려는 이렇게. 따라 해 봐!' 모두는 이야기작가·글작가·그림작가가 되어 보기로 하였다.

디보 빌리지에서 화장실 슬리퍼를 다 정리해 주었어요~

정리하기 힘들어 하는 친구를 도와주었어요~

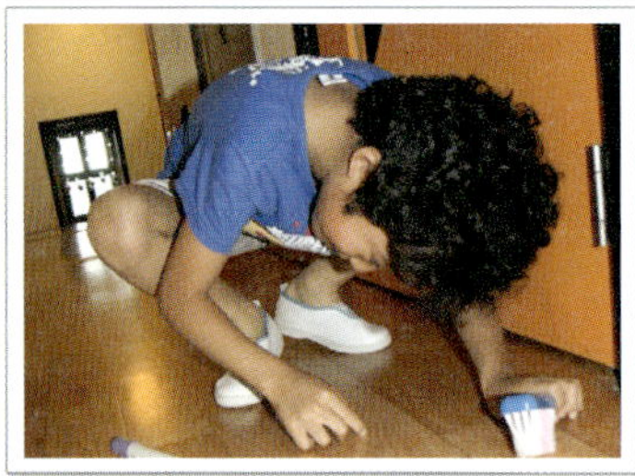

동생 반 복도가 더러워서 청소해 주었어요~

친구가 넘어져서 선생님께 데리고 가서 약을 발랐어요~

그렇게 유아들은 배려했던 이야기를 책으로 만들어 보기로 하였다. 책을 만들고 싶은 친구들이 모였고, 형님들이 만들었던 책을 보여 주며 책을 어떻게 만들면 좋을지 이야기를 나누었다.

교 사: 전에 형님들이 만들었던 동화책이야. 너희가 책 만드는 데 도움이 될 것 같아서 가지고 왔어.

유아 1: 형님들이 만든 거예요? 읽어 볼래요.

교 사: 겉표지에 뭐가 있어?

유아 2: 제목도 있고 그림도 있어요. 글, 그림을 누가 했는지 형아들 이름이 있어요.

유아 3: 웃음 출판사도 있는데요.

교 사: 그럼, 우리 무엇부터 해야 할까?

유아 1: 우리는 배려 출판사라고 해요.

유아 2: 제목이 필요해요.

유아 1: 배려하는 책.

유아 4: 배려 잘하는 책.

유아 3: 배려를 알려 주는 책.

유아 1: 배려는 이렇게. 해 봐!

유아 2: 배려는 이렇게 하는 거야.

유아 1: 그래? 동생들에게 알려 주는 거니깐 '배려는 이렇게. 따라 해 봐.' 라고 알려 주자.

유아 3: 그래. 누구한테 알려 주지?

유아 1: 배려를 안 하는 친구나 동생들에게 읽으라고 주자!

유아 4: 주인공이 있어야 하는데, 누구로 해?

유아 2: 우리가 이름을 정하면 어떨까?

유아 1: 그럼…. 바이올렛반 친구라고 해서 바올이라고 해요.

유아 3: 나도 바올이가 좋아.

유아 4: 나는 바울이가 좋은데.

유아 2: 나도 바울이 하고 싶은데.

유아 1: 그럼…. 예서랑 태민이는 바올이. 우빈이랑 나는 바울이. 바울이와 바올이는 자영이, 가영이처럼 쌍둥이라고 하자!

유아 2, 3, 4: 그래, 좋아.

교 사: 바울이, 바올이에게 배려를 알려 주는 거야?

유아 1: 네. 우리가 한 것으로 알려 줘요.

1) 이야기 만들기

유아들은 각자가 했던 배려들 중에서 한 가지를 골라서 동화를 만들기로 하였고 진지하게 이야기를 만들기 시작하였다.

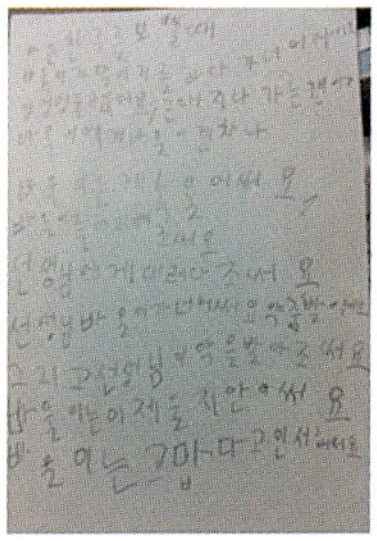

바울이가 달이기를 하다가 너머저써요
엉엉엉 울고있어요 근대 지나가는 우빈이가
바울이에게 바울아 겐차나
바울이는 계속 울어써요
바울이를 이리케 조써요
선생님에게 대려다 조써요
선생님 바울이가 너어써요 약줌 발아주세요
그리고 선생님이 약을 발아조써요
바울이는 이제 울지 안아써요
바울이는 고맙다고 인서해써요

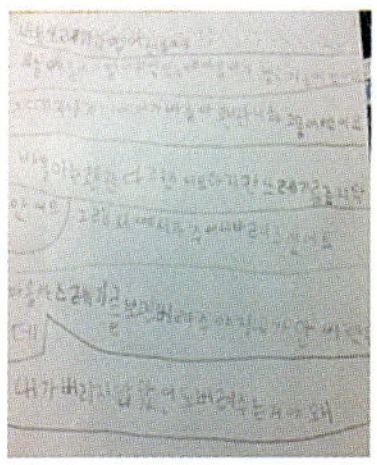

교실에 종이가 떨어져 있었는데 바울이가 발고
미끌어졌어요 그떼 지나가던 예서가 바울아 괜찬니
하고 물어보았어요 바울이는 괜찬다고 햇어요 하지만
쓰레기를 줍지 않았어요 그래서 예서가 주어서 버려
주었어요 바울아 스레기를 보면 버려주야지
내가 안버렸는데 내가 버리지 않아도 버려주는거야
왜 친구가 발고 넘어질수 있어 그리고 교실이더러워저
알았어

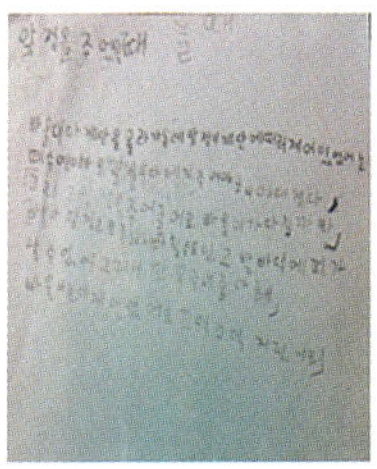

바울이가 계단을 올라가는데 압정이 계단에 떠러져
어 있었는데 수연이가 오 압정이다 네가 주어야해야
게겠다. 그리고 압정을 주어 좋어요. 바울이가 다칠까봐
바울아 압정은 뾰족해서 다칠수도있고 발바닥에
피가 날수 있어 그러니깐 꼭 주어좋아해
바울이는 이제 알았어요 끄덕끄덕 거렸어요.

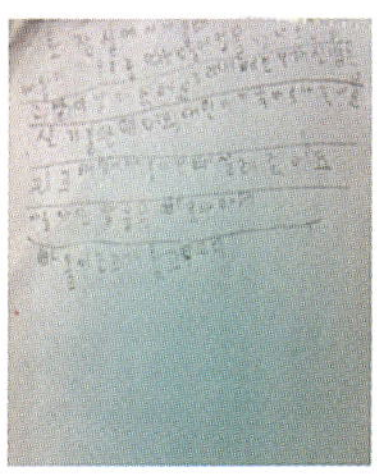

바울이가 우유를 먹고 화장실에 컵을 시고 나오는데
신발이 날아갔어요 그래서 태민이가 신발을 신기
불편했어요 태민이가 똑바로 나 좋어요
그리고 태민이가 바울이 앞태 알려줬어요
바울아 신발을 똑바로 나야대
바울이는 고게를 끄덕끄덕

2) 이야기 나눠 주기(사인펜으로 진하게 써 주기)

이야기 만든 것을 동화로 만들기 위해 유아들에게 종이에 쓴 글들을 나누어 주었다. 내용이 길면 그림을 그릴 수 없다고 하여 유아들은 짧게 나누어 쓰기 시작하였다.

유아: 바올이가 우유를 먹고 화장실에서 컵을 씻고 나오는데 신발이 날아갔어요.

3) 그림 그리기(색연필로 색칠하기)

내용을 읽어 보고 내용에 맞는 그림을 그려 주었고 색을 칠해 주었다. 글자는 사인펜으로 진하게 다시 써 주고 그림은 색연필로 칠해 주었다. 그림을 그리는 과정에서 태민이가 화장실에서 있었던 내용을 그려야 하는데 힘들어하자, 예서가 화장실을 두 번 보고 와서 태민이의 그림 그리는 것을 도와주었다.

4) 파스텔로 바탕 칠해 주기

바탕은 어떻게 할지 물어보니 요즘 파스텔로 그림을 자주 그렸던 예서가 파스텔로 칠해 주자고 제안을 하였고 유아들은 파스텔로 칠해 주며 신기하다고 막 문지르는 것 같은데 색이 너무 예쁘다며 감탄하였다.

5) 동화 완성

알정을 주었을때
쓰레기가
떨어져 있었을때
친 구들의 말을 잘들어주어야
해요.
잃어버린 물건을보았을 때
주인을 찾아주어요.
견학 갔을때는 동생들
손을 꼭 잡아조야해요.

6) 동화를 만드는 동안

동화를 만들면서도 유아들은 서로를 배려해 주고 도와주며 협력하는 모습을 보여 주었다. 이야기를 만드는 데 어떻게 이야기를 만들어야 하는지 고민하는 친구에게 아이디어를 제공해 주었고, 친구의 의견에 대해 좋은 생각이라고 격려도 해 주었다. 그리고 그림 그리기를 힘들어하는 친구들에게는 동화에 나와 있는 장면에 해당하는 장소('화장실에서 나올 때' 동화의 화장실)에 두 번씩 왔다 갔다 하며 대신 그림을 그려 주기도 하였다. 그러면서 유아들은 나보다 친구를 생각하는 마음을 키워 나가고 있었다.

5. 유치원 차원의 경험 공유하기

배려 동화책을 동생반에 들려주기로 하였다. 학급 차원의 관심으로 묶은 배려 동화책을 동생반에게 들려줌으로써 다른 연령의 유아들과 상호작용하는 활동을 제공해 준다.

완성된 동화를 보며 어떻게 하면 좋을지 이야기를 나누어 보았다. 유아들은 친구들에게 먼저 들려주고 동생반에 가서도 들려주고 싶다고 하였다. 먼저 바이올렛반 친구들에게 동화를 들려주었다. 유아들은 동화를 들을 때 더욱 귀를 기울여 듣는 자세를 보여 주었으며, 동화가 끝났을 때는 큰 박수를 보내 주었다. 용기가 생긴 유아들은 동생반으로 가서 동화책을 빨리 보여 주고 싶다고 하였다.

다음 날 동생들에게 읽어 주었는데 동생들 또한 형님들이 직접 만들어서 들려주니 무척 재미있었다며 "형님들 최고!"라고 하자 유아들은 행복한 미소를 지어 보였다. 그리고 동생들에게 배려는 무엇이고 왜 배려를 해야 하는지 유아들의 관점으로 설명해 준 후 만든 동화책을 선물로 주며 배려를 해 보라고 권유하였다.

유아 1: 배려는 친구들과 동생들, 형님들을 도와주고 내가 하지 않은 것도 하는 것이야.

유아 2: 배려는, 우리가 사이 좋게 지낼 수 있는 방법이야.

유아 3: 배려를 하면 사이 좋게 지낼 수 있고, 서로 사랑하게 돼.

유아 4: 배려를 하면 마음이 예뻐져. 그럼, 나도 너도 다 예쁘게 변하게 되는 거야.

6. 프로젝트를 마치며

처음 '배려'를 시작하며 유아들의 이야기에 귀를 기울인다고 하면서도 일반적이고 틀에 박힌 대답들에 만족하였다. 그래서 처음에는 깊이 있는 활동이 이뤄지지 못하였다. 이 점을 깨닫고 유아들의 마음의 소리에 귀를 기울이자, '배려'를 하는 유아들의 지혜와 다양한 비법들이 발현되기 시작하였다. 유아들은 배려를 하는 사람과 받는 사람뿐만 아니라 그것을 지켜보는 사람들까지도 행복하게 만들어 준다고 생각하고 있었다. 그래서 유아들은 '배려'를 생각하는 데서 그치지 않고 실천으로 이어 나갔다. 자신의 주장만 내세웠던 유아들은 친구의 이야기에 귀를 기울이고 관심을 가지게 되었고, 친구의 의견도 존중할 수 있게 되었으며 아픈 친구나 동생이 있는지, 친구나 동생을 위해 내가 어떻게 도와주면 좋을지를 생각하는 유아들이 되었다. 다른 사람을 생각하는 작은 행동 하나 하나가 모여 배려가 된다는 것을 비로소 깨닫게 된 것이다. 나 혼자만 살아가는 세상이 아닌 것을 알고 함께여서 좋은 점을 찾아내는 유아들로 자랄 수 있도록 같이 노력해야겠다. 서로 서로 배려하는 아름다운 사회를 만들기 위해 우리들의 '배려' 이야기는 계속될 것이다.

제11장 우리들의 시간상자 '카메라' 프로젝트

1. 카메라와의 만남

우연히 책상 위에 놓여 있던 카메라의 발견. 유아들은 카메라에 대한 경험을 이야기 나누며 호기심을 가지기 시작하였다. 유아들은 디지털 카메라로 자유롭게 사진을 찍어 보았다. 그리고 호기심을 보인 유아는 4명 정도였다.

유아 1: 나 카메라 찍어 본 적 있는데~ 한번 찍어 볼까?

유아 2: 나는 밖에 있는 구름 찍고 싶다!

유아 3: 우리 밖에 나가서도 찍어요~.

유아들은 먼저 넓은 세상의 모습들을 카메라에 담고 싶어 했다. 그리고는 유치원 주변을 탐색하며 자신들의 눈에 비친 다양한 모습들을 카메라에 담아 내기 시작했다. 과연 어떤 것들을 담아 내고 싶었던 것일까?

(1) 유아들이 찍은 사진들

그리고 유아들은 점차 친구의 몸짓, 행동, 표정에 관심을 가지기 시작했다. 사진의 대상이 자연물에서 인물에게로 옮겨진 것이다.

유아 1: 나는 가은이 찍어 볼게~ 너 예쁜 표정 지어 봐!

유아 2: 이렇게?

유아 1: 아니. 더, 더~ 웃어~웃어~.

유아 1: 너가 가만히 있어야 돼~ 자꾸 움직이면 흔들린단 말야~.

2. 카메라 탐색하기

자신들이 찍고 싶었던 것들을 자유롭게 담아 내고, 카메라에 대한 관심이 최고조에 달하자 유아들은 카메라가 어떻게 작동하는지 궁금해하기 시작했다. 이때는 처음의 유아보다 4명의 유아가 관심을 보여 프로젝트 인원이 8명으로 늘어났다.

하루는 준서가 집에서 카메라를 가져왔다. 그리고는 친구들과 모여 카메라를 보며 이야기를 나누기 시작했다. 유아들은 카메라의 생김새를 살펴보면서 카메라 속의 모습과 카메라 렌즈를 통한 모습들에 관심을 가졌다.

준서가 가져온 카메라는 유아들이 갖고 있는 카메라보다 크고 복잡해 보이는 카메라였다.

유아 3: 카메라 속은 거미줄 같아~.

교　사: 왜 거미줄 같아?

유아 3: 카메라 안에는 거미줄처럼 뭐가 많아요.

유아 4: 우리가 찍는 게 다 들어 있는 것 같아요~.

유아 3: 여기 눈 대니까 김승후도 보이고 다 보이네?

유아 4: 다른 사람들도 다 보여! 선생님도!

교　사: 카메라 속에는 무엇이 담겨 있을까?

교사는 유아들에게 카메라에 대해 생각하고 있는 것을 그림으로 표현해 보도록 격려하였다.

예쁜 하트가 있어요. 이 카메라로 예쁜 우리 엄마 맨날 보고 싶어요. 나랑 같이 놀아 주면 좋겠어요.

토끼사진을 엄마한테 보내 주고 싶어요. 엄마가 사진을 보고 부드럽다고 생각할 거예요. 별이 반짝이는 것처럼, 엄마한테도 부드러운걸 보여 주고 싶어요.

호랑이가 있어요~ 호랑이는 멋지니까 찍으면 더 멋있을 거예요. 그래서 엄마랑 같이 볼래요.

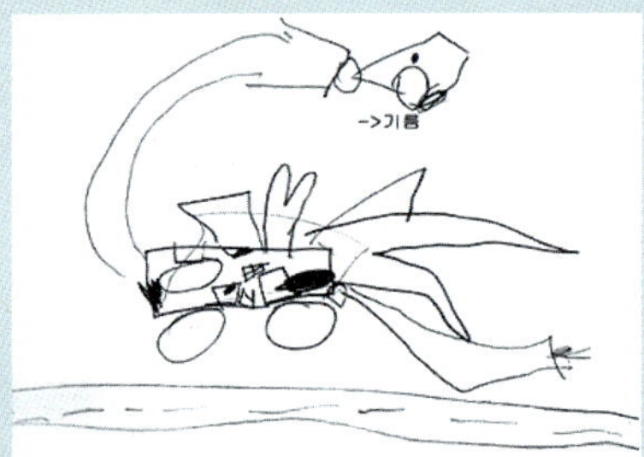

여기다 기름을 부어서 카메라를 찍어요. 여기에 예쁜 선생님이 있어요~ 선생님이 좋으니까 찍을래요.

유아들이 생각하는 카메라에는 유아들이 좋아하는 것, 또 소중한 것들에 대한 마음이 담겨 있었다. 또한 유아들이 자신이 찍은 사진들을 좋아하는 사람과 함께 공유하고 싶어함을 알 수 있었다. 그렇게 우리는 카메라와 더 친해져 보기로 하였다.

3. 사진 찍는 경험 충분히 제공하기

유아들은 카메라를 통해 바라본 세상에 관심이 많았다. 사진을 찍고 싶어 하는 유아들의 의견에 따라 친구와 함께 사진 찍는 경험을 충분히 가져 보기로 하였다.

너희들 찍어 줄게~
잠깐만 멈춰 있어 봐!

우리 랄라(소라게)를 찍자~
나중에 못 볼수도 있잖아.

저거 보여? 우리 저기 있는 새집 찍자.
새도 같이 찍으면 좋을 텐데..

시소에 앉아 봐.
우리 나중에 놀이터
놀러 왔던 생각할 수 있게~

각자 좋아하는 것, 소중한 것에 대한 의견을 공유하고 하나의 의견으로 모아 사진을 찍어 나갔다. 그리고 함께 모여 사진의 의미에 대해 공유하는 시간을 가졌다.

자신의 생각을 카메라에 담아 내고, 함께 토론하고 공유하는 시간은 유아들이 타인과 소통하는 법에 대해 민감하게 해 주었다.

유아들은 친구들을 사진에 담기도 하고 피사체가 되어 찍히기도 하면서 사진 찍기를 즐겼다. 찍은 사진을 모니터로 보면서 찍었던 순간을 다시 되새기며 즐거워하는 시간을 가졌다.

4. 카메라와 '관계' 맺기

유아들은 자연스럽게 카메라를 주고받으며 서로의 모습들을 찍었다. 카메라를 찍으려고 하면 찍히는 유아들은 재밌는 표정이나 웃긴 행동을 하며 포즈를 취하였다.

유아들의 여러 가지 표정과 생각을 바탕으로 표정 책자를 만들어 언어영역에 비치하였다.

1) 표정 책자 만들기

유아 1: 난 웃긴 표정. 나 봐 봐~ 나 웃기지?

유아 2: 나는 화났어~ 화나면 눈꼬리가 올라가야 돼!

♡ 나는 김승후야^^

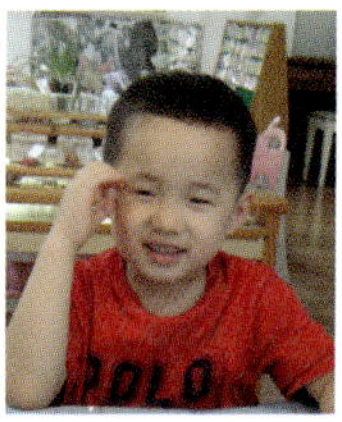

"나는 어떤 표정짓지?
나는… 재밌는 표정 짓고 싶은데
쉽지가 않네~ (긁적 긁적)

♡ 나는 박시후야^^

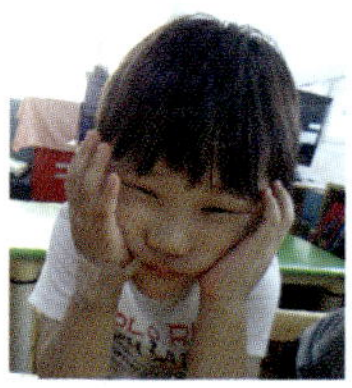

"난 표정짓기 자신있어….
손을 이렇게 하면 못난이 표정이지!^^
어 근데 고양이 얼굴 같기도 해~"

♡ 나는 안세진이야^^

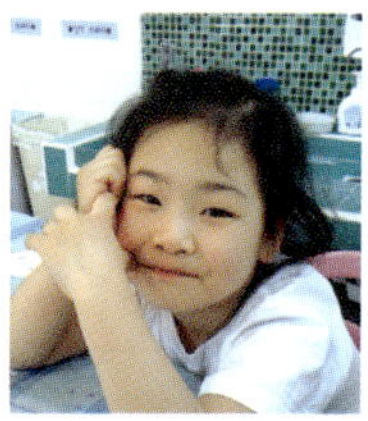

"음··나는 사람들이 나를 보면 기분이
좋았으면 좋겠어~
그래서 나는 맨날 웃고 싶어…. ^^"

♡ 나는 오수연이야^^

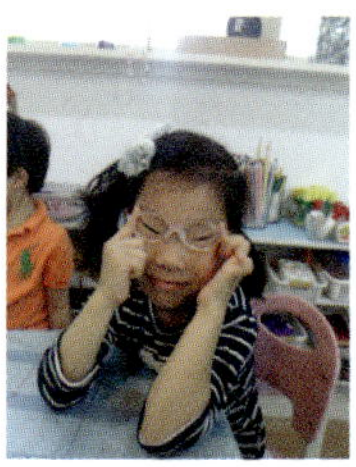

"헤헤 내 표정 어때?
눈을 삐죽삐죽하니까
화난 표정 같지 않아?"

♡ 나는 우수연이야^^

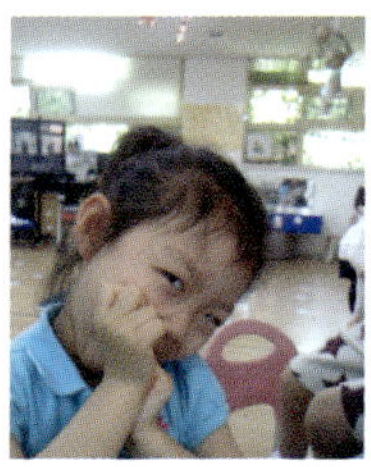

"나 우스운 표정 지을 수 있어
나 봐 봐~ 웃기지??
내 표정 어때?"

♡ 나는 이가은이야^^

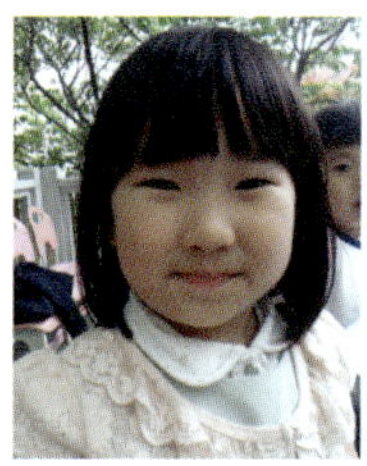

"나는 활~ 짝 미소짓는 표정 지을래~!!
약간은 부끄럽지만 이 표정이
가장 자신있는 표정이라구~^^"

♡ 나는 이준서야^^

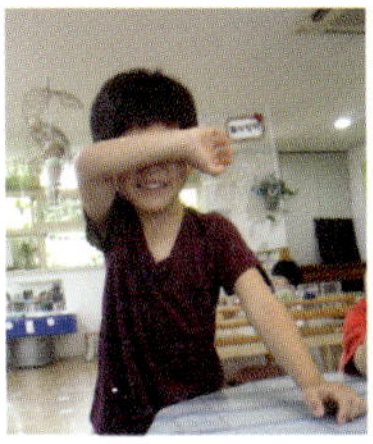

"나는 어떤 표정 지을지 모르겠어~
나는 그냥 눈을 가릴래!!
어때? 무슨 표정인지 맞춰 봐!!^^"

♡ 나는 최우찬이야^^

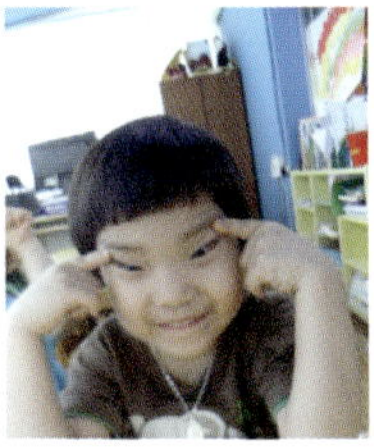

"으흐흐 나는 화난 표정인데··
어때 무섭지??
도깨비 얼굴같지 않아?"

♡ 나는 천승현이야^^

"눈을 옆으로 쳐다보면···
삐진 표정 이야··.
나 어때?
나 좀 무서워 보이지?"

표정책자를 만드는 작업은 매우 유쾌하면서도 의미 있는 시간이었다. 표정을 통해 드러나는 다양한 감정을 생각해 볼 수 있었고, 유아들의 재미있는 생각들을 들여다볼 수 있는 기회가 되었다.

2) 유아와 사진의 관계

유아들이 찍은 사진들은 단순히 흥미 있는 것들이 아니라 사진에 대한 나름대로의 의미가 있었다. 그것은 유아 주변의 모든 '관계' 들이었다.

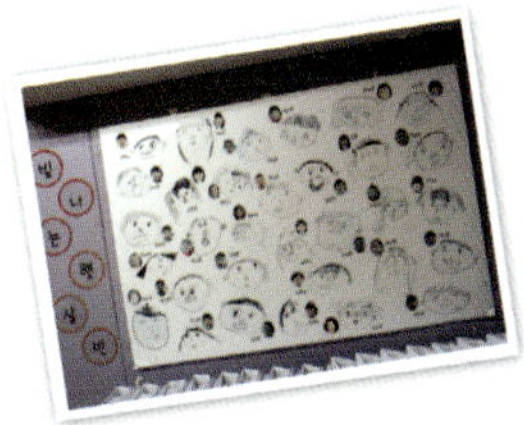

커서도 햇살반 친구들이랑 놀고 싶어요.

민서랑 은서랑 친해지고 싶어요. 착하고 정리를 잘해요.

나중에는 커질 거니까 작은 거북이가 보고싶을 거예요.

어른이 되면 카메라 프로젝 친구들이 생각날 것 같아요.

유아들은 사진이 기록이며 기록은 미래에 과거를 기억하게 해 주는 중요한 기록물이라는 생각을 하게 되었다. 그래서 미래에 기억하고 싶은 장면들이 무엇인지 의논한 후, 필요한 사진을 찍었다.

5. 우리들의 '추억' 공유하기

유아 3: 우리가 찍은 사진을 카메라 프로젝트 안 하는 친구들한테 보여 주고 싶어요.

유아 4: 우리가 찍은 사진 다~ 보여 주고 싶다.

유아 3: 사진을 벽에 붙여 놔서 친구들한테 보여 줄까?

유아들은 자기가 좋아하는 사람과 사진을 공유하고 이야기 나누고 싶어하였다. 그래서 친구들이 사진을 잘 볼 수 있는 장소를 선정하였다.

교　사: 1층에서 3층까지 계단에 다 붙일까?

유아 4: 친구들이 밟고 다녀서 잘 안보이잖아~.

유아 3: 햇살반 교실에 붙일까?

유아 4: 그럼 햇살반 친구들밖에 볼 수 없어~

교　사: 그럼 계단 벽은 어때?

유아 4: 여긴 무지개반 동생들도 조금만 올라오면 볼 수 있어~.

유아들은 자신들이 찍은 사진에 대해 만족해하면서 다른 반 유아나 동생들에게 보여 주기를 원했다. 유아들은 친구들에게 보여 주면 좋을 것 같은 사진들을 고르기 시작했고 사진마다 왜 이 사진을 전시해야 하는지를 이야기했다. 유아들은 진지하게 토의하였으며 장시간의 논의 끝에 의미 있는 사진들을 선택하게 되었다.

6. 사진 전시회

1) 사진 전시회 준비

유아들은 협동하여 직접 찍은 사진들을 벽에 붙이기 시작하였다. 그리고 친구들, 선생님이 보러 올 수 있도록 초대장과 화살표를 만들기로 하였다.

유아 3: '우리 사진 많이 많이 보러 오세요~' 이렇게 적을까?
유아 4: 친구들이 길을 잘 모르니까 벽에 화살표를 붙여 놓자.
그거 미술관에서 봤어~.

유아들은 전시하기 전 사진을 돋보이게 하기 위해 사진을 검은 종이에 붙였다. 그리고 사진에 대한 간단한 설명을 덧붙였다. 이러한 활동은 학급의 모든 학생들과 함께 협동으로 이루어졌다. 전시를 위한 초대장은 프로젝트를 진행한 유아를 중심으로 만들어졌다. 또한 전시된 장소를 잘 찾도록 안내하는 화살표도 만들었다.

2) 사진 전시회 초대하기

유아 3: 우리가 직접 친구들을 초대하러 다닐까?

유아 4: 눈으로만 보는 거니까 만지면 안 된다고 써 놓자!

유아 3: 안녕하세요. 우리는 카메라 프로젝트예요. 그림 사진 전시회를 열었으니 많이 많이 보러 와 주세요.

(1) 각 반의 선생님, 친구들을 사진 전시회에 초대하는 유아들

사진 전시회를 바르게 관람할 수 있도록 지켜야 할 에티켓에 대해 이야기하며 사진 전시회를 열고 함께 관람하였다.

프로젝트에 참여한 유아들은 초대장을 들고 각 반에 들어가 초대장을 주고 '카메라' 프로젝트에 대해 설명하였다. 그리고 전시회에 꼭 올 것을 부탁하였다. 이러한 유아들의 행동은 매우 자신감이 있어 보였고, 스스로를 대견스럽게 생각하였다. 이러한 경험은 유아들이 자존감을 갖고 능동적인 행동을 하는 데 도움이 될 것이다.

7. 프로젝트를 마치며

우연히 발견한 교사의 카메라. 유아들은 카메라를 탐색하고 촬영해 보며 흥미를 더욱 가졌다. 유아들은 카메라에 많은 것을 담아 내고 싶어 했다. 그래서 혼자, 또는 팀을 이루어 자유롭게 사진을 찍어 보았다. 유아들은 처음에 주변에 있는 사물이나 풍경 등을 담았다. 유치원의 주변을 살펴보면서, 그동안 무심코 지나쳤던 풍경들을 카메라에 담았다. 카메라의 시선은 점차 옆에 있는 친구의 몸짓, 행동, 표정으로 옮겨졌다. 그리고 카메라에 대한 유아들의 자유로운 생각을 알아보기 위해 표상 활동을 하였고 그것을 통해 유아들은 자기가 좋아하는 것이나 소중한 것들을 사진에 담아 내고 싶어 한다는 것을 알 수 있었다.

또 지금 이 순간에 기억하고 싶은 모습들을 담아 내기도 하였다. 유아들은 사진을 통해 아름답고 소중했던 '추억' 들을 간직하고 싶어 하였다. 그 소중한 '추억' 들을 여러 사람들과 공유하기도 하였고 그 방법에 대해 토론하면서 스스로 문제에 직면하고 해결해 가는 능력을 배우게 되었다. 더불어 다양한 의견들을 수렴하고 결정하는 의사결정능력 또한 학습하였다.

사진 전시회를 준비하면서 유아들의 기존 경험들이 많이 도움이 되었다. 사람들이 전시회에 쉽게 찾아올 수 있도록 초대장과 화살표를 만드는가 하면 공공장소에서 지켜야 할 에티켓에 대해서도 이야기를 하였다. 유아들이 직접 사진 전시회를 열면서 한층 더 성숙한 문화인으로 성장할 수 있었던 계기가 되었다. 이 사진들을 통해 유아들의 바람처럼 소중한 추억과 기억들을 영원히 마음속에 간직하길 바란다.

제12장 우리들의 공간 '텐트' 프로젝트

우리의 생활 속에서 쉽게 접할 수 있는 천. 옷, 이불, 소품을 만들 때나 무언가를 덮을 때 사용되는 등 다양한 용도를 갖고 있는 천을 샘물반 유아들이 만난다면 어떤 특별한 놀이를 만들어 낼지 궁금증이 생겼다. 딱딱하지 않은 부드러운 느낌, 그리고 혼자서는 놀이하기 힘든 아주 큰 크기의 천. 자연스럽게 혼자만의 놀이가 아닌 친구들과 함께하는 놀이를 이끌어 낼 수 있을 것이라는 기대가 생겼다. 천을 유아들의 많은 생각과 이야기들을 이끌어 내기에 충분한 매체라 여겨 학기 초 하얗고 커다란 천을 지원해 주게 되었다. 교실 한쪽 넓은 공간에 커다랗고 하얀 천 2개가 놓였고, 유아들의 이야기는 시작되었다.

1. 천과의 만남 - 함께하는 즐거움

1) 천을 이용한 다양한 놀이의 탄생!

유아들은 "선생님, 이걸로 뭐해요?" 하며 천을 만져 보고 펼쳤다.

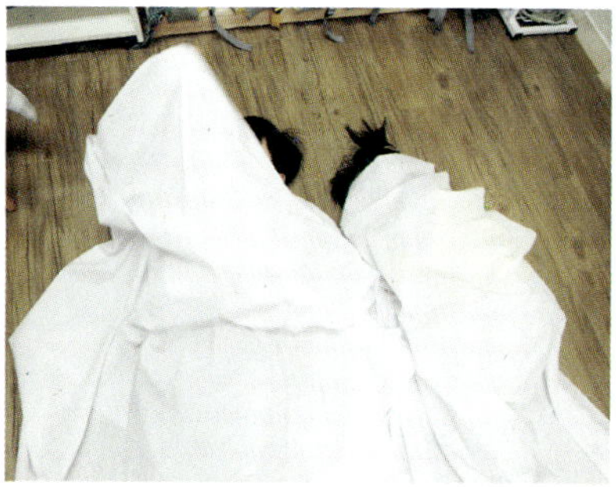

그리고 천을 살피며 탐색하기도 잠시, 금세 천을 흔들고 던지면서 즐거워하였다. 천 속에 쏙 들어가 숨기도 하고, 이불을 덮듯이 천을 덮고 친구들과 함께 누워 잠자는 척하기도 하였다.

유아 1: 우리 이불 덮고 자자. 쿨쿨….
유아 2: 우진아 일어나~ 유치원 가야지.
유아 3: 슈퍼맨~ 이것 좀 묶어 주세요.
유아 4: 슈퍼맨 변신~.

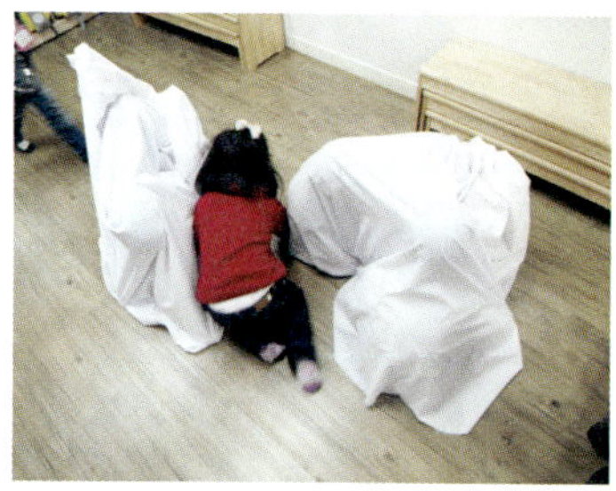

유아들은 슈퍼맨이 되었다가, 드레스를 입은 공주님도 되었다. 교실 한쪽 구석의 천 속에서 무언가가 꿈틀꿈틀하는 것을 보고 친구들이 다가갔다.

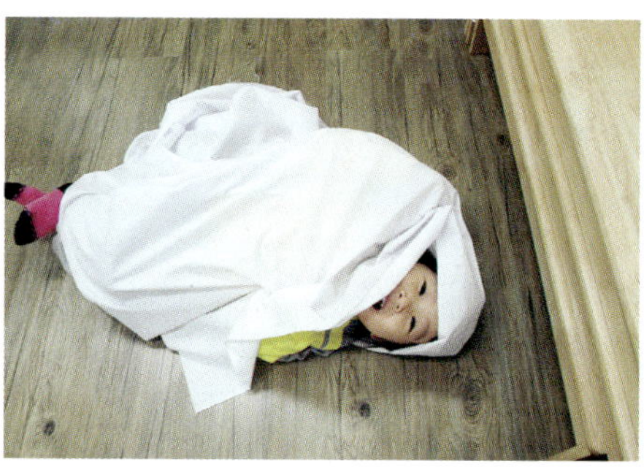

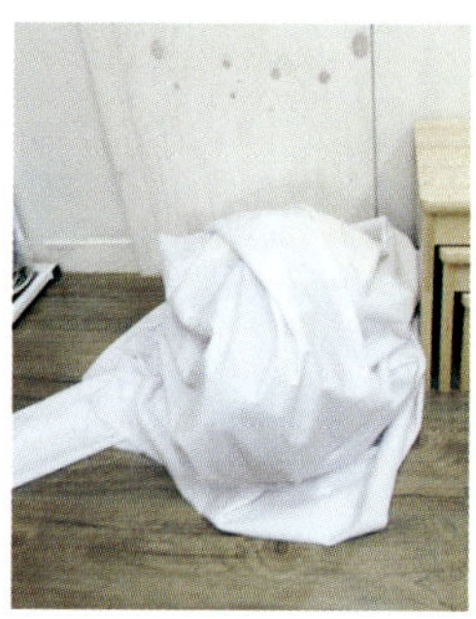

유아 5: 너 누구야!

유아 6: 여기 안에 누구 숨어 있다.

교 사: 얘들아. 여기 누가 숨었을까?

유아 7: 짠! 나야 나! 내가 들어갔지! 하하하

유아 6: 선생님~ 윤지가 숨어 있었어요!

유아 5: 얘들아. 우리 숨바꼭질하자~. 나도 할래~. 꼭꼭 숨어라. 머리카락 보일라.

유아 8: 꼭꼭 숨어라. 다 숨었니! 다 숨었다~. 찾으러 간다~. 꺄~

천 속에 여러 명의 유아들이 숨으려 노력하는 모습이 재미있다.

커다란 천이 아니었다면 좁은 공간에서 이야기를 나눌 일도, 친구와 껴안을 일도 많지 않았을 것이다. 숨바꼭질 놀이, 천 속에 숨어 있는 친구를 알아맞히는 놀이, 친구와 함께 천 속에 숨어 이야기도 나누고, 지나가던 친구들을 놀래켜 주기도 한다. 천과 함께 놀이하는 유아들의 웃음소리는 끊이지 않았다.

(1) 혼자가 아닌 함께함, 협력을 알게 되다

유아 1: 선생님, 이걸 펴고 싶은데 잘 안 펴져요.

교 사: 어떻게 하면 잘 펼 수 있을까?

유아 1: 친구가 2명 더 필요해요.

교 사: 왜 2명이 필요해?

유아 1: 4개니까 우리 둘이랑, 친구 2명이 잡으면 돼요.

교 사: 아, 그렇구나~ 그럼 친구들 더 데리고 와 볼까?

유아 1: 친구야, 우리 좀 도와줘~. 여기 끝에 한 명씩 잡아 줘(4명이 천을 같이 잡아 평평하게 편다. 다 같이 잡고 한참을 뛰다가 천을 내려놓고 옹기종기 모여 앉는다)

유아 2: 우리 소풍 왔어요~. 우리 도시락 먹자.

유아들은 넓게 편 천 위에 모여 앉아 역할놀이를 하였다. 뭐든 혼자 잘할 수 있을 것만 같았던 유아들은 이제 친구와 함께하면 더 쉬운 일이 있다는 것을 알게 되었다. 그리고 문제를 해결한 성취감과 함께, 친구들과 더 뿌듯한 마음으로 놀이하였다.

유아 1: 우리가 그네 태워 줄게! 꼭 잡아~

(2명의 친구는 천을 잡고, 1명은 천 위에 앉는다)

유아 3: 와~ 재밌다! 이번에는 내가 태워 줄게~. 더 세게, 더 세게~.

새 학기여서 서먹한 시기의 샘물반 유아들은 천을 이용해 놀이하면서 가까운 거리에서 친구들의 이름을 더 많이 부르고 더 행복하게 웃을 수 있게 되었다. 유아들은 친구들과 함께해야 할 수 있다는 것, 그래야 더 기쁘다는 것을 조금씩 느끼고 있었다.

2. 텐트 프로젝트의 시작

1) 천, 그리고 꼭꼭 숨고 싶은 유아들

여전히 천을 이용해 다양한 놀이를 하던 유아들은 어느 날, 천을 들고 책상 밑으로 들어갔다.

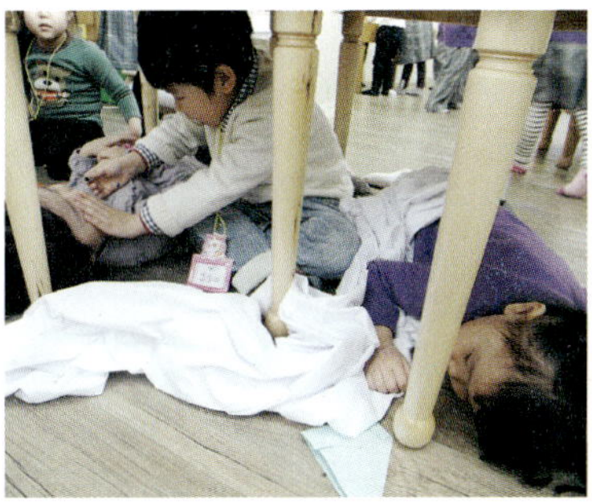

교 사: 너희 거기 왜 들어갔니?

유아 3: 엄마, 아빠 놀이 하려구요. 여기는 지금 병원이에요. 아픈 사람 이불 덮어 줘야 돼요.

교　사: 아~ 그런데 책상 밑에 들어가면 위험하지 않을까?

유아 3: 조심히 놀면 돼요. 여기가 좋은데.

책상 밑은 유아들만의 놀이 공간으로 그 속에서 천은 다양한 용도로 사용되었다. 하지만 책상 밑은 유아들에게 위험한 공간이기 때문에 유아들에게 다른 공간에서 놀기를 권하였다.

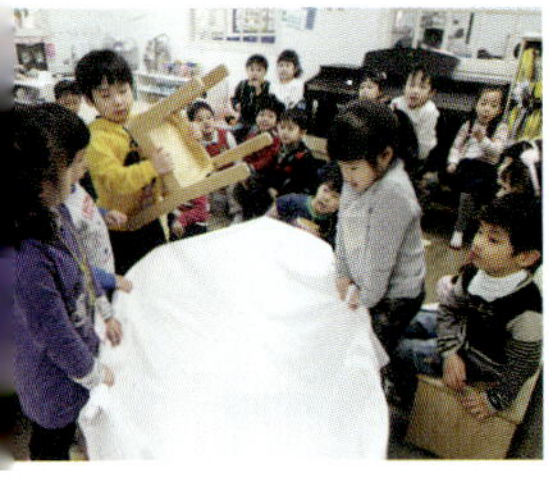

교　사: 책상 밑보다 더 안전한 곳은 없을까? 역할놀이 하기 좋은 곳이 어디일까?

유아 4: 우리 반에 있는 천에 들어가면 돼요. 천은 너무 이불 같잖아. 천이 딱딱하면 잘 들어가질 텐데.

유아 3: 천에 딱딱한 것을 넣으면 위로 올라와요.

교　사: 어떻게 하면 천이 딱딱해져서 위로 올라올까?

유아 4: 벽돌을 쌓아서 만들어요. 오늘 먹은 요플레 통!

유아 5: 소파를 천으로 덮고 들어가요.

교　사: 소파에 천을 덮으면 너희는 어디로 들어가?

유아 3: 아~ 그럼 의자로 하면 되잖아요.

유아 4: 의자를 이렇게 동그랗게 놓고요. 그 위에 덮으면 돼요.
(회상하기 시간에 승별이가 의자를 동그랗게 놓는다.)

유아 5: 우리가 도와줘야 돼요.
(여러 명의 유아들이 나와 의자 위에 천 덮는 것을 도와준다.)

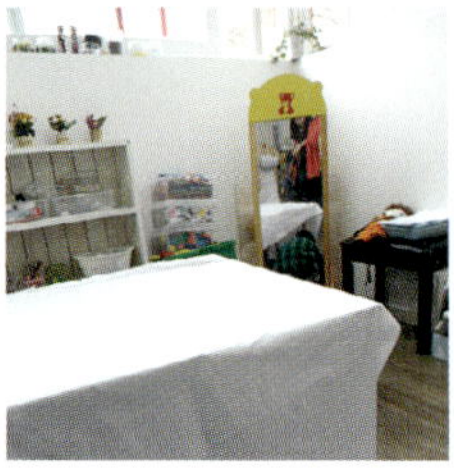

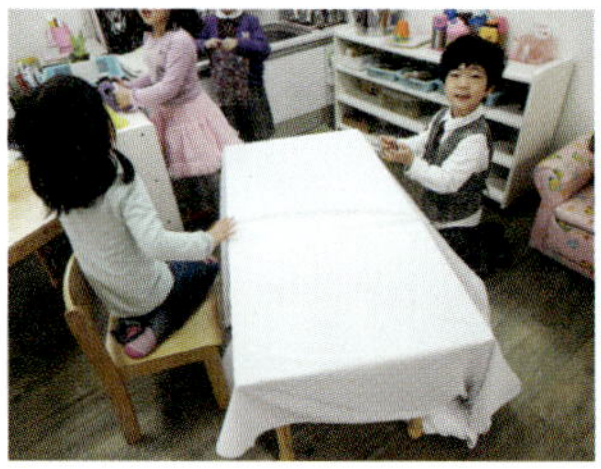

천 속에 들어가려 하자 떨어지는 천 때문에 실망하는 유아들. 놀이 시간, 친구들과 함께 의자 텐트를 만드는 중.

2) 우리 책상에 하자!

의자로 만든 공간에 들어갈 수 없자, 책상을 덮어 책상 밑으로 다시 들어가는 유아들.

유아 3: 의자로 만들면 너무 좁아요!

유아들은 의자로 만든 자신들만의 공간이 너무 비좁고, 천이 고정되지 않아 불편했는지, 또 다른 해결방법을 찾았다. 결국, 유아들이 생각해 낸 해결방법은 천으로 책상을 덮어서 공간을 만들어 내는 것이었다. 유아들에게는 역할놀이를 할 수 있는 공간만 필요했기 때문에 책상을 놓고 천을 덮는 방법이 가장 쉬웠던 것 같다.

교　사: 책상 밑은 너무 좁고 불편한데, 어떻게 하면 좋을까?
유아 4: 책상을 더 많이 해요.
유아 3: 그럼 위험해. 천이 더 커야 돼요. 작아서 못 들어가나 봐요.
유아 5: 그럼, 텐트 같은 걸 만들어요.
유아 6: 텐트는 넓고 좋아요. 나도 바다 갔을 때 텐트에서 잔 적 있는데!
유아 4: 텐트를 만들려면 천이랑 쇠랑 벽돌이 있어야 해요.
유아 3: 텐트는 천으로 만들었으니까, 천만 있으면 우리가 만들 수 있어요.

텐트라는 명칭의 등장으로, 유아들의 관심은 천에서 텐트로 발전했다.

3) 우리 텐트 만들어요!

유아들만의 공간을 만들기 위해 1차 표상을 하여 텐트에 대한 유아들의 생각과 경험을 알아보았다.

유아들의 생각 속의 텐트는 마치 지붕이 있는 집 같았다. 이전에 경험했던 현실 속의 텐트보다는 상상 속의, 유아들 나름의 텐트 이야기가 펼쳐졌다. 아마 교사가 생각하는 텐트와 유아들 나름의 텐트는 조금 다른 것이라는 생각이 든다.

표상활동 후, 유아들은 놀이시간마다 계속해서 천을 이용한 유아들만의 공간 만들기를 시도하였다.

유아: 벽돌로 텐트를 만들어요! 나무로 만들까? 문도 있어야 돼요. 뭐가 더 필요해요.

이 과정에서 유아들은 텐트를 만들 때 필요한 것을 생각하게 되고, 관찰력도 향상되었다. 그리고 유치원에 있는 다양한 물건에 관심을 갖고, 텐트 만들기에 사용하길 원하는 유아들의 모습에서, 텐트를 향한, 자신들만의 공간을 향한 유아들의 호기심과 열정이 느껴졌다.

유아들이 가장 쉽게 구할 수 있었던 것은 벽돌블록이었다. 동생반에서 발견한 벽돌블록을 실제 벽돌 대신 가져와 텐트 만들기를 시도해 보았다. 벽돌블록을 높이 쌓던 유아들은 작은 움직임에도 벽돌블록이 쓰러지자 더욱 튼튼하게 만들기 위한 방법들을 생각하기 시작했다.

(1) 손으로 잡고 있지 않으면 쓰러지는 기둥

유아들은 네모난 벽돌블록을 찾아와 지지대를 만들었다.

유아 3: 잡고 있어 봐~. 내가 테이프 가져올게. 이거 빙글빙글 돌려서 붙여야 잘 붙어. 내가 잡고 있을게, 너가 붙여.

유아들에게 내 것보다는 우리의 것이라는 생각이 점점 더 많아지는 것 같다. "같이 하자!"라고 이야기하며 함께하기에 더욱 잘할 수 있는 것들을 생각해 갔다.

높아진 기둥을 보며 유아들은 다른 매체의 필요성을 이야기하였다. 그런 유아들에게 어떤 매체가 필요하고, 그것을 어떻게 사용할 것인지에 대해 이야기를 나누며 다시 한 번 더 표상을 했다. 벽돌 기둥을 만든 후여서일까? 직접 경험해 보아서일까? 유아들의 표상에 작은 변화가 생겼다. 1차 표상의 텐트가 마치 집 같았다면, 2차 표상의 텐트는 세모난 천막 같았다. 유아들의 표상은 각각 비슷한 특징을 갖고 있고, 알아보기 쉬우며, 만들기 쉬워 보였다. 유아들도 더 텐트의 형태를 갖추고 만들기 쉽도록 방법을 생각해 낸 것이 아닐까 싶다.

또한 표상에 대한 유아들의 설명은 조금 더 구체적이었다.

유아 4: 텐트를 만들려면 줄 같은 게 필요해요. 줄로 천을 묶어야 해요. 갈고리나 돌 같은 데다가 묶으면 돼요.

유아 3: 삐죽한 우산 같은 게 필요해요. 우산 안에 있는 철봉 같은 거.

유아 4: 세모처럼 만들려면 가운데에 나무막대기를 세워야 해요. 그러면 뾰족해져요.

유아 5: 텐트 속에는 문도 있어야 되고 창문이랑 불 켜는 것도 있어야 돼요.

유아들이 텐트를 만들기 위해 선택한 재료는 천, 벽돌(벽돌블록), 테이프, 나무막대, 철봉(우산살), 딱딱한 돌, 줄, 깃발 등이었다. 처음에는 단순하게 들어갈 수 있는 공간만을 생각했던 유아들이 천이 축 처져 공간이 생기지 않는 특성을 고려하여, 줄과 나무막대, 천정을 지지해 줄 우산 등을 생각하게 되었다. 그리고 유아들의 의견과 표상을 토대로 필요한 매체들을 지원해 주었다.

(2) 우산 같은 텐트(문제의 해결방법 찾기: 전략 1)

유아 5: 여긴 너무 좁아.

유아들이 만들어 놓은 벽돌기둥은 어떤 용도로 사용될까?

유아 3: 자~ 잘 잡아 봐. 여기 위에다가 천을 덮자!
유아 4: 선생님~ 여기에 테이프가 필요해요. 둘둘 돌려서 천을 붙일 거예요.

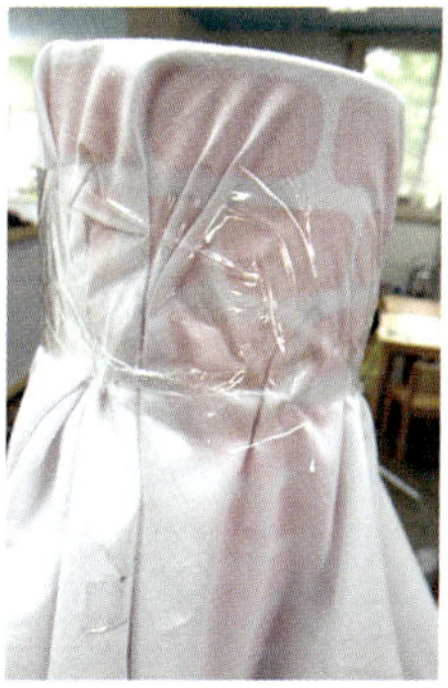

유아들은 기둥에 큰 천을 덮은 후, 맨 윗부분을 테이프로 돌돌 감아 천을 고정시켰다. 천이 고정되자 유아들은 기쁜 마음으로 텐트 속에 들어갔다.

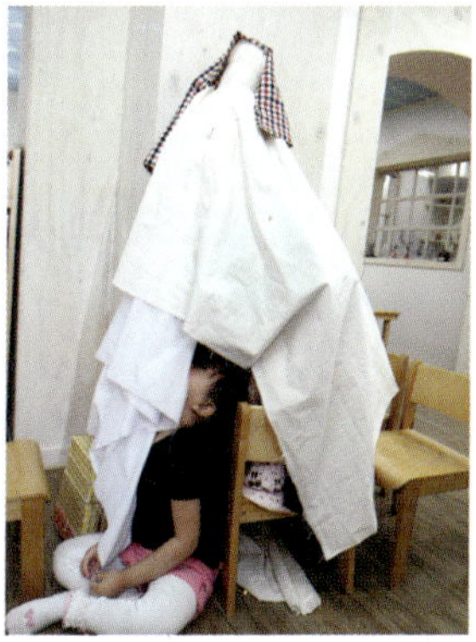
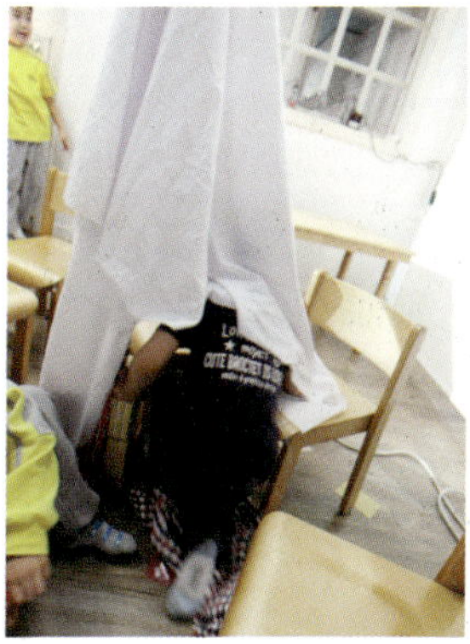

유아 3: 이거 텐트가 꼭 우산 같지? 여기 들어갈 수가 없어. 천이 이렇게 펴져야 들어갈 수 있는데. 어떻게 하지?

텐트를 만든 후 유아들은 모두 들어가서 놀고 싶은 마음이 큰지 너도나도 좁은 공간에 들어가려 애를 썼다.

유아 5: 텐트가 왜 이렇게 좁아!

천이 세모 모양으로 덮이고 그 밑으로 보이는 유아들의 다리와, 뒷모습. 그래도 웃음소리가 나고, 친구들과 껴안고 좋아하는 모습이지만, 서로 들어가고 싶어하는 유아들에게는 너무 좁은 공간이었다. 편안히 놀 수도 쉴 수도 없고 아슬아슬한 텐트의 문제점을 찾고, 새로운 해결점을 찾았다. 유아들은 캠핑을 갔을 때처럼, 혹은 어디에선가 보았던 멋진 모양의 텐트를 원하는 것 같았다. 그래서 생각만큼 멋진 모습, 넓고 편한 공간이 아니라는 실망감을 느끼기도 했지만, 유아들은 원하는 것을 포기하기보다는 더 많이 탐색하고 새롭게 시도하여 더 좋은 방법을 찾아 가고 있음을 느낄 수 있었다.

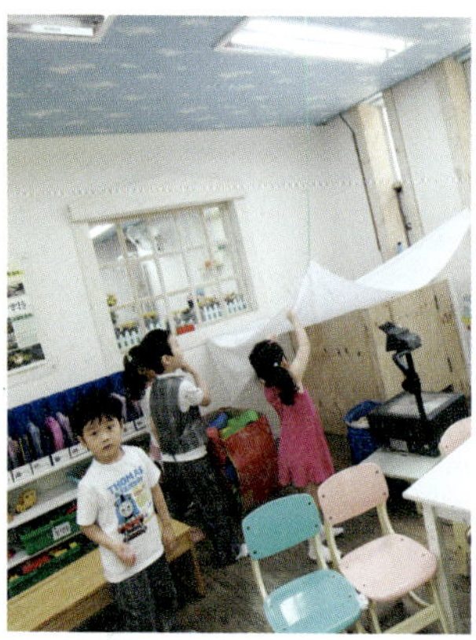

유아 3: 천을 잡고 있으면 안 넓어져요. 계속 잡기 힘들잖아.
유아 4: 저기, 동생반에 가면 텐트 같은 거 있어요!

동생 반에 있는 텐트는 어떤 텐트를 말한 것일까? 동생반의 OHP영역에 그림자놀이를 위해 설치해 놓은 천을 보고 말한 것이었다. 그 천은 높이 떠 있어서 많은 유아들이 들어갈 수 있을 것만 같았다.

유아 4: 동생반에는 하늘에 있는 선풍기에 끈을 묶고, 창문에도 묶었어요.

유아 3: 우리 텐트는 굴뚝 같은 걸 없애야 겠어.

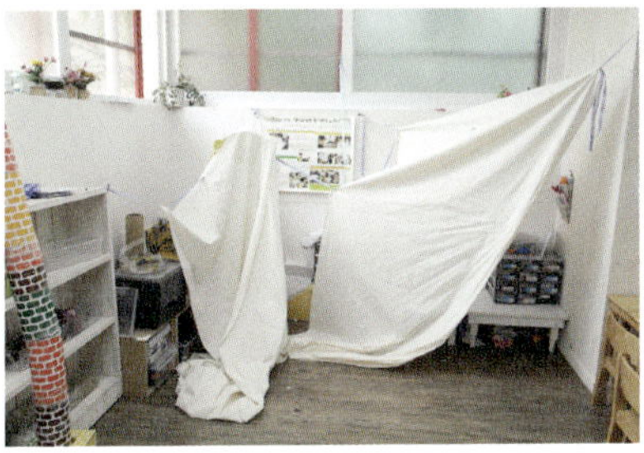

유아들은 동생반에 다녀온 후, 선풍기와 창문 등 고리와 끈을 달 수 있는 곳을 모두 묶어 주길 요청했다. 생각지도 못했던 유아들의 생각이었다. 유아들이 생활 속에서도 텐트라는 이름을 생각하고 있다는 사실에 놀라웠다. 유아들이 계속해서 주변에서 갖가지 방법과 해결점을 찾아 텐트에 적용하는 또 다른 모습을 발견했다. 유아들의 텐트를 향한 열정이 작고 사소한 것들까지 관찰하게 하는 것 같다. 그리고 그 발견하는 것들이 텐트에 적용되어 더욱 텐트의 형태를 갖춘 유아들만의 공간이 만들어지기 시작하였다.

(3) 설계도(문제의 해결방법 찾기: 전략 2)

유아들의 끝없고 특별한 생각을 텐트 프로젝트를 통해 새삼 더 느끼게 되었다. 유아들은 그늘막 같은 텐트 아래에서 친구들과 놀이를 하며 편안한 시간을 보냈다. 하지만 아직 유아들이 처음에 계획했던 텐트의 모습은 아니었다. 지난 2차 표상을 통해 표현되었던 유아들의 텐트 재료(철봉, 우산, 나무 막대기, 벽돌, 줄, 지퍼 등)를 지원해 주었다. 재료를 지원해 주기 전에 이 재료를 이용해 어떻게 텐트를 만들지, 소그룹으로 공동표상을 해보았다. 집과 비슷한 모양의 텐트를 만들어 보자는 의견과 함께 지원해 주었던 재료들을 그림 속에 담았다.

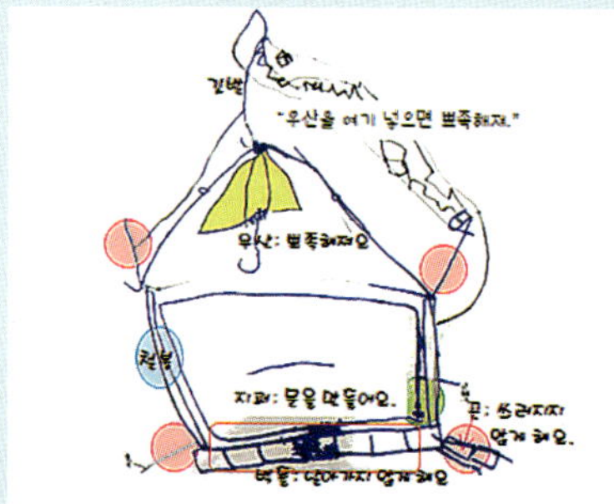

그렇게 만들어진 유아들의 텐트 설계도에는 단순해 보이지만 표상 속의 작은 재료들까지도 담겨 있었다. 그리고 유아들은 설계도를 보며 우산, 나무막대, 철봉을 들고 텐트를 직접 만들기 시작하였다. 긴 막대기로 천을 들어 올리는 모습이 위험천만해 보였지만, 유아들의 행동에는 다 이유가 있었다.

(4) 또 다른 형태의 텐트(공동표상을 토대로 지은 텐트)

유아: (설치되어 있는 천막을 나무막대기로 찌르며 천을 위로 올려 본다)

유아: (예전에 만들었던 벽돌기둥을 옮겨 온다)

유아: (철봉과 키가 맞는 천에 철봉을 걸어 보려 한다)

계속해서 천을 찌르던 유아들은 철봉과 나무막대기를 고정할 수 없다는 것을 알게 되었다.

유아 1: 여기다 넣어 봐! (유아들은 철봉 1개와 나무 막대기 1개를 벽돌기둥에 꽂았다)

유아 2: 이렇게 하면 되잖아! (한쪽에 있는 우산을 가져온다)

유아 3: 우리 이거 펴자!

유아 2: 어떻게 피지?

유아 3: 이거 열면 되는데….

유아 1: 같이 펴자. 내가 잡아 줄게.

(우산을 점점 편다)

유아 2: 조금 남았어! 다 됐다!

유아 3: 이거 어디에다가 달지?

유아 1: 여기(벽돌기둥의 구멍)에 넣으면 되지.

(벽돌기둥의 구멍에 우산을 넣으려 한다)

교 사: 얘들아, 거기는 안 들어갈 것 같은데?

유아 2: 거기는 안 들어가요.

유아 3: 여기에 붙여요 그럼! 제가 테이프 가져올게요.

테이프로 빙빙 돌려 감아 본 경험이 많기에 유아들은 테이프를 감아 붙이기로 한다. 교사와 친구들과 함께 나무막대기와 철봉, 우산 손잡이 3개를 한꺼번에 테이프로 칭칭 감아서 붙였다.

유아 3: 와 붙였다!

유아 2: 이거 의자 가져다 놓고 앉아서 먹는 파라솔 같애.

유아 3: 진짜 놀러가서 쓰는 것 같애.

(유아들은 의자를 가지고 온 후, 그 위에 올라간다.)

(5) 파라솔 같은 텐트에서 진짜 텐트처럼

유아들이 천을 가져온다.

유아 3: 선생님 천을 달아야 해요. 여기 기둥에 붙일까?

유아 2: 여기에 이렇게 붙여?

교 사: 거기에 붙이면 친구들이 천 안에 들어갈 수가 없는데.

유아 3: 그럼 여기에 붙여야죠(우산 윗부분을 가리키며).

유아 2: 네~ 여기 끝에.

유아 1: 저번처럼 천에 구멍을 뚫고 우산 여기에 꽂으면 돼요(구멍을 뚫고 꽂는다).

교 사: 꽂으면 금방 떨어지네.

유아 3: 그럼 테이프랑 풀이랑 붙이면 돼요.

유아 2: 본드로 붙여요. 안 떨어지게.

교 사: 그럼 선생님이 구멍 뚫어서 붙여 놓을게.

유아들과 함께하려 했으나, 놀이시간이 마무리되어 교사가 붙여 놓기로 하였다.

천을 붙이기 전

천을 붙인 후

공동표상에서 새로운 텐트가 만들어지기까지 유아들의 말과 행동 속에서 놀라운 것들을 발견하였다. 유아들과 토의하고, 함께 그림을 그리며 잘 지어질 수 있을까 걱정했던 것과는 달리 생각보다 유아들은 협력하여 잘 해내었다. 공동표상을 할 때 자신의 주장을 하기 바쁜 유아들도 많았지만, 비슷한 의견들이 많았는지 대개 동의하고 서로의 생각을 이해하는 편이었다. 유아들이 지을 텐트의 형태가 정해지자 유아들은 설계도를 보면서 직접 재료를 움직였다. 처음엔 나무막대기와 철봉을 하나씩 들고 천을 찌르는 위험한 모습에 놀랐었다. 하지만 유아들의 그 행동들에는 다 이유가 있었다. 철봉과 천이 맞닿으면서 텐트가 집 모양처럼 쉽게 고정될 것이라 생각했던 유아들이었다. 하지만 그게 쉽지 않았는지 다른 방법을 생각해 냈다. 지난번에 필요 없다고 제거했던 벽돌기둥을 가져와 텐트 가운데의 지지대로 사용했다. 그리고 우산을 펼쳐 유아들의 계획대로 가운데에 우산을 고정시켰다. 다양한 방법을 시도해 보는 유아들의 모습에서 텐트에 대해 많은 관심과 애정을 갖고 있다는 것을 새삼 더 느끼게 되었다. 그리고 친구와 함께 서로 잡아 주며 하나씩 만들어 가는 모습이 더 놀랍기만 했다.

어느 정도 텐트가 만들어지자 텐트 놀이를 하지 않던 다른 친구들도 와서 관심을 보이며 함께 참여하였다. 이제 어느 정도 형태가 잡히고 텐트의 모습이 나오자 유아들의 자신감과 해내었다는 성취감이 더욱 고조되었다. 만들어진 멋진 텐트는 모양도 독특하고, 공간도 많이 넓어져서 유아들은 그 공간 속에서 책을 보거나, 역할놀이를 하거나, 이야기를 하며 유아들만의 특별한 공간이 되었다. 하지만 유아들은 그 텐트가 만족스럽지 않은 듯 더 많은 것들이 필요함을 이야기하였다. 그래서 조금 더 이야기를 나누어 보았다.

교 사: 텐트에 더 필요한 거 있니?

유아 3: 지퍼 달아야죠. 문을 닫아야 해요.

교 사: 우리 지퍼 달기로 했었지? 지퍼도 달아서 문 만들고 또 뭐하면 좋을까?

유아 1: 저게 자꾸 넘어져서 똑바로 세웠으면 좋겠어요. 삐뚤어요.

교 사: 맞아 자꾸 쓰러져서 너희가 불편해 보이더라. 더 튼튼하게 해 줘야겠다.

유아 2: 텐트에 색이 없어요. 색칠하면 좋겠어요.

유아 4: 빨간색으로 색칠해요.

유아 5: 초록색으로 색칠해요.

유아 2: 색칠도 하고, 그림도 그리면 되죠. 천을 떼서 그림을 그리고 다시 붙여요.

교 사: 떼기 힘들 것 같은데~.

유아 2: 그럼 그냥 붙이고 그림 그려요.

유아 4: 우산 위에다가 친구 얼굴을 그려요.

교 사: 우산은 너무 높은데….

유아 2: (천을 가리키며) 그럼 밑에다가 그려요. 자기 얼굴 그리고 이름 쓰고 하트를 그려요.

교 사: 어떤 재료로 그리지?

유아 2: 물감이랑 붓으로 그려요.

교 사: 너희 물감으로 그림 잘 그릴 수 있어? 물감으로 얼굴을 그릴 수 있을까?

유아 4: 색연필로 그려요.

유아 5: 사인펜으로 그리면 되잖아요. 잘 그려질 거 같은데.

독특한 모양의 나름 귀엽고, 커지고 더 튼튼해진 텐트가 마음에 드는지 유아들은 텐트 속에서 유아들만의 시간을 보내고 있다. 하지만 더 특별해지고 더 멋져질 수 있는 텐트이기에 유아들은 더 많은 아이디어를 생각하려 한다. 더 보완해야 할 점, 조금만 더 튼튼했으면 하는 점과 더 아름다웠으면 하는 마음으로 염색크레용을 이용해 그림을 그리고, 친구들의 얼굴을 담아 우리의 텐트가 만들어졌다.

유아 1: 우리 여기서 블록놀이 하자. 여기 들어와. 선생님도 들어올 수 있어요?

우산과 천이 만나 만들어진 우리의 공간, 우리의 그림과 친구들의 얼굴을 담은 세상에 하나뿐인 텐트가 완성되었다. 유아들은 매일매일 그 공간에 들어가 그들만의 나눔을 갖고 재미난 추억들을 쌓아 갔다.

3. 우리만의 텐트, 그리고 끝이 없는 텐트 이야기

유아들의 사랑과 정성이 담긴 텐트가 완성되고 유아들은 텐트 속에서 많은 것들을 나누었다. 지난 밤에 있었던 일들도, 속상했던 이야기도, 둘만이 나누고 싶은 비밀들도 이야기하며 유아들만의 텐트 속에서 지내는 시간이 길어지며 유아들은 텐트의 아쉬움들을 발견하기 시작하였다. 그리고 실제로 텐트를 보고 와서 붙여 놓았던 사진, 집에서 가져와서 붙여 놓았던 어른들이 만들어 놓은 텐트 사진을 보며 유아들은 또 다른 텐트 이야기를 시작하였다.

유아 1: 우와 이 텐트 멋지다. 선생님~ 우리 다른 텐트도 만들어 봐요.
유아 3: 이번에 만들면 더 튼튼하게 만들어야겠다.
유아 2: 수박텐트가 제일 멋지다~ 만들면 멋질 것 같아.
선생님~!!!! 우리 이것 만들어요~

수박텐트를 실제로 우리가 만들어 낼 수 있을까, 의문이 생길 정도로 특이한 텐트 사진을 보며 무척 행복해하는 유아들의 초롱초롱 반짝이는 눈망울을 보며 도저히 텐트 이야기를 멈출 수가 없었다. 그래서 다시 한 번 더 수박텐트 이야기를 시작해 보았다.

유아 2: 수박이니까 빨간색, 초록색 천이 있어야 겠다.
유아 3: 쇠 같은 걸로 텐트 모양을 만들면 튼튼한데.
유아 2: 세모 모양으로 만들어야 돼. 수박은 세모니까.
유아 3: 나무로 만들어야 되나?
유아 4: 근데 우리가 어떻게 만들어.

1) 유아들이 마음에 들어 했던 수박텐트

유아 4: 이건(나무 혹은 철봉으로 만든 기둥)
우리들이 만들 수는 없어.
유아 2: 맞아, 어른이 도와줘야 해.

만들고 싶지만 고민이 되는 것들이 많은 유아들이 수박모양의 기둥을 세우는 것은 자신들이 하기는 어렵다며 도움을 요청하였다. 유아들도 지난 경험을 통해 조금 더 튼튼하고 멋진 텐트를 만들고 싶었나 보다. 그래서 유아들의 설계도를 바탕으로 유치원 실장님의 도움을 받아 튼튼한 수박모양의 틀이 만들어졌다. 이젠 수박모양의 틀에 유아들의 생각을 모아 더해 보았다.

만들어진 틀 모양을 표상 종이에 미리 그려 주고 유아들이 생각을 표현할 수 있도록 지원해 주었다. 이전의 표상이 구조물 중심, 텐트를 튼튼하게 세우는 것에 초점이 맞추어져 있었다면 이번에는 텐트를 꾸미는 방법과 그 안에 필요한 것들을 표상하기 시작하였다.

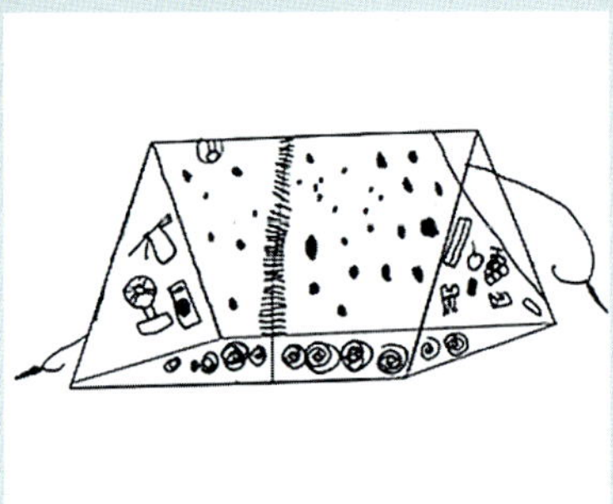

유아 1: 바닥에 용수철이 있으면 재미있을 것 같아요.

유아 3: 천에 구멍을 뚫어서 창문을 만들어요.

유아 4: 갈고리로 줄을 묶어요.

유아 1: 지하에 미끄럼틀 있는 놀이터가 있어요.

유아 3: 문은 여기랑 여기 두 군데에 만들어요.

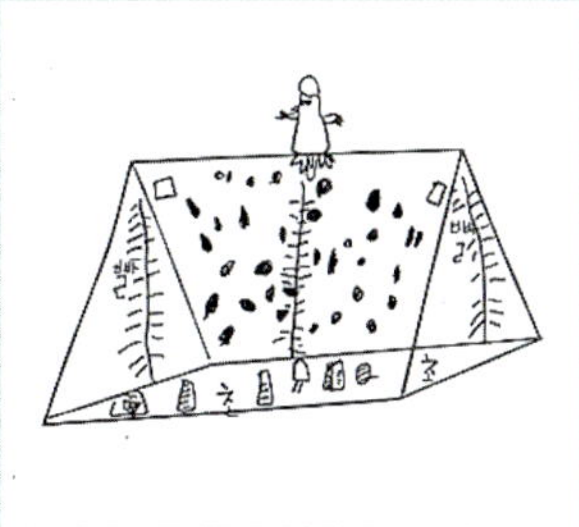

위에 전등을 달아요.

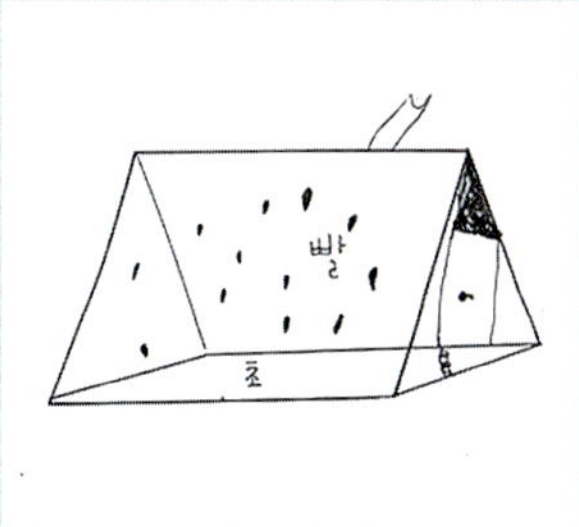

굴뚝이 있으면 좋겠어요.

줄을 달아서 튼튼하게 해요.

유아 1: 수박씨를 많이 붙여요.

유아 2: 초록색은 물감으로 해요.

유아 1: 위에는 빨간색이 필요해요.

유아 3: 지퍼를 3개 달면 좋겠어요.

소그룹에 참여하지 못했던 친구들을 위해서 표상에 대해 설명하는 유아들의 모습이 담긴 영상을 함께 보았다. 다 본 후에 수박텐트를 어떻게 만들지 함께 고민해 보았다. 텐트 프로젝트를 진행할수록 유아들의 재미있고, 무한한 생각을 알 수 있었다.

교 사: 텐트를 만들 때 필요한 재료는 무엇으로 할까?

창문은 천에 구멍을 뚫어서, 전등과 문은 지퍼로, 씨앗은 감 씨앗으로, 빨간색 천, 하얀색 천(초록색으로 색칠), 고정은 갈고리와 줄, 굴뚝 등으로 결정하였다. 그리고 꽃과 그림으로 장식하기로 했다.

교 사: 텐트를 어떻게 만들지?

유아 2: 아주 큰 빨간색 천을 사고, 하얀 천을 사서 초록색으로 색칠을 해요. 텐트 틀에 빨간 천을 덮은 후, 텐트 크기에 맞춰 천을 자릅니다. 그리고 하얀색 천을 노랑, 초록색으로 색칠하여 실제 수박같이 만들어요.

유아 3: 땅에 닿지 않게 잘라야 겠다.

유아 1: 수박씨는 너무 작으니까 커다란 감 씨앗을 붙여요.

유아 5: 선생님~ 집에서 감 씨앗 가져왔어요!

유아들은 텐트를 만들기 위해 집에서 감 씨앗을 모아 유치원에 가져왔다. 그리고 수박씨처럼 까맣게 색칠하였다.

유아 3: 창문은 천에 네모로 구멍을 뚫어서 만들자(교실에 있는 도구를 이용하기로 하며, 책으로 창문의 크기를 정함).

유아 4: 이 책이 제일 크니까 이걸 창문으로 해요.

유아들과 함께 창문의 위치를 정하고, 선을 그린 후, 가위로 오려서 창문을 만들었다.

장식은 여러 가지 그림을 그린 후 천에 붙였다. 크리스마스 장식을 달아 꾸몄고, 문은 양쪽 끝과 가운데에 지퍼를 달기로 하였으며, 텐트 안이 어두울 수 있으므로 전등을 달기로 하였다.

유아들은 텐트를 만드는 중에도 "빨리 텐트에 들어가고 싶다!" 하며 텐트에 들어가 친구들과 함께 놀이할 날을 기대하는 모습을 보였다. 이러한 과정을 거쳐 만들어진 텐트의 모습은 사진과 같다.

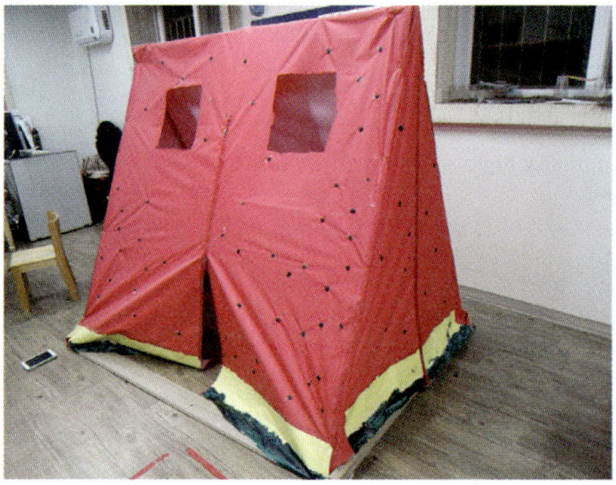

4. 텐트 속에서

유아 1: 선생님~ 우리 이제 텐트에 들어갈 수 있어요?

유아 2: 우리 텐트에서 책 봐도 돼요?

유아 3: 넓어서 좋다~.

유아 4: 난 쿨쿨 잘래.

유아 1: 우리 여기에 누워 보자!

유아 2: 아 좋아~~.

유아 4: 친구들이 너무 많이 들어왔어.

유아 5: 우리 앉아서 놀자!

유아 6: 뭐하고 놀까?

유아 1: 선생님, 이거 불 좀 켜 주세요~.

반짝반짝거리는 텐트 안에 들어가 놀고 있는 유아들의 모습이 무척 행복해 보였다. 유아들에게 수박텐트는 책을 보는 공간, 친구들과 모여 블록놀이를 하고, 역할놀이를 하는 공간이다. 지금도 샘물반 유아들은 텐트 속에 숨어 재잘재잘 유아들만의 이야기꽃을 피우고 있다.

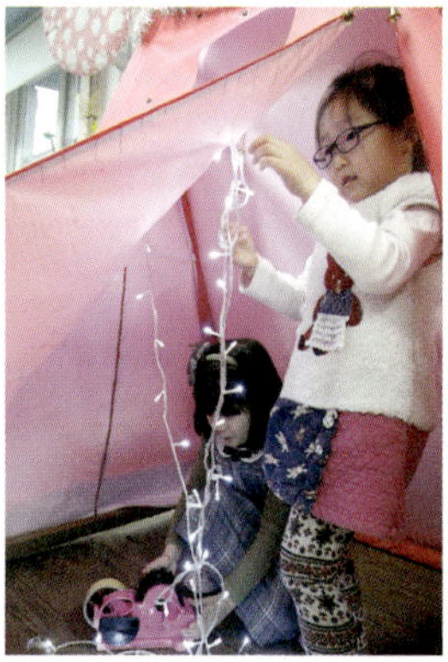

5. 프로젝트를 마치며

지금까지 혼자 혹은 두 명의 형제 속에서 자란 유아들이 놀이 속에서 내 것을 찾는 모습을 흔하게 보게 된다. 많은 매체들을 긁어모아 자신의 앞에 놓으며 "내거야!", 큰 롤테이블 종이 위에 선을 그리며 "내거야!", 자신이 만든 작품을 가리키며 "내거야! 만지지 마!" 라고 외치며 유아들이 내 것임을 주장하고 친구들의 개입을 원하지 않는 모습들이 점점 많아짐을 관찰하게 된다. 이제 막 사회 속에서의 자신의 모습을 인지하기 시작하고, '친구들이 생각하는 나!', '선생님이 생각하는 나!' 등 사회 관계 속에서의 자신을 인식하기 시작하는 시기인, 만 4세 샘물반 유아들이 혼자만의 즐거움이 아닌 함께함의 즐거움을, 함께함의 필요성을 자연스럽게 느껴 갈 수 있기를 기대하며 혼자서 자유자재로 놀이하기엔 너무 큰 천이라는 매체를 유아들에게 지원하였다.

유아들은 큰 천을 가지고 이전처럼 혼자 놀이하며 탐색을 하기 시작하였다. 그렇게 천은 이불, 옷 등으로 변신했지만 유아들은 이내 천이 너무 커서 어려움을 느끼기 시작하였다. 혼자 놀이하려고 고군분투하던 유아들이 힘을 합치기 시작하여 함께라면 더 재미있게 놀이할 수 있다는 것을 이야기하고, 함께 놀이하며 역할을 정해 서로를 도와주는 모습을 보며 놀이의 힘과 교사의 매체 지원의 중요성에 대해 다시 한 번 더 깊이 느낄 수 있었다. 아마 교사가, "같이 하자", "함께해야지~"라는 이야기들로 권유하고, 설득했다면 과연 유아들의 이야기 속에서 놀랍고 창의적인 말들이 나올 수 있었을까하는 생각이 든다.

그렇게 그냥 큰 천 조각으로 시작하여 유아들은 공간을 만들기 시작했다. 어른들이 샘물반이라고 만들어 준 유아들만의 공간에 이젠 유아들 스스로가 자신들의 공간을 만들기 시작하였다. 책상 밑과 의자 사이를 천으로 덮어 자신들만의 구별된 공간을 만들기 시작하였다. 그 공간의 이름은 텐트다. 그리고 유아들이 텐트라는 공간을 만들기 위해 힘을 합쳐 가는 모습을 통해 '하고 싶은 마음', 즉 자발적인 동기부여의 중요성을 다시 한 번 느꼈다. 누가 하라고 하지도 않았는데 여기

저기서 보았던 것들을 모아 자료를 만들고, 유치원 구석구석의 작은 것들 하나 놓치지 않고 텐트에 적용하여 더욱 텐트처럼 만드는 모습들을 보며 참 대단하다는 생각이 들었다.

"내가 그의 이름을 불러 주었을 때 그는 나에게로 와서 꽃이 되었다." 김춘수 시인의 〈꽃〉에 나오는 한 구절처럼 유아들이 이름을 붙여 주고 관계를 만들어 주자 천은 텐트라는 이름으로 유아들에게 새로운 꽃이 되어 주었다. 교실 속 유아들만의 공간으로 새롭게 태어난 수박텐트 속, 그 속에서 유아들의 웃음소리가 끊이지 않았다. 또한 유아들은 서로 함께함의 즐거움과 필요성을 알게 되었고, 서로 힘을 합쳐 만들어 낸 텐트를 보며 뿌듯해했다.

유아들은 이제 그 텐트 속에서 더 많은, 또 다른 이야기들을, 또 다른 생각의 꽃들을 피워 낼 수 있지 않을까?

참고문헌

김경미·배성옥 (2012). 영유아프로그램과 평가. 부산: 도서출판 에듀인.

김대현·왕경순·이경화·이은화 (1999). 프로젝트 학습의 운영. 서울: 학지사.

김은희·고문숙·정정희 (2003). 진정한 유아기 레지오 에밀리아의 현장적용. 서울: 정민사.

김은희 (2000). 레지오 에밀리아 접근법의 이해와 현장 적용. 서울: 창지사.

김창숙 (2012). 레지오 에밀리아교육의 한국 적용에 따른 여정. 서울: 꼬망세미디어.

김희진 역 (1998). 레지오 에밀리아의 유아교육. 서울: 정민사.

류창열 (2000). 기술교육 원론. 충남대학교 출판부.

류현수·김주아 (2008). 영유아교육프로그램 및 평가. 서울: 동문사.

신화식 외 (2004). 영유아교육 프로그램. 서울: 교문사.

염지숙·이명순·조형숙·김현주 (2011). 유아교사론. 서울: 정민사.

오문자 (2010). 레지오 알아가기. 서울: 정민사.

오문자 (2012). 어린이들의 수많은 언어. 서울: 정민사.

오종숙 (2003). 레지오 에밀리아 교육사상과 그 실천에 관한 연구. 홍익대학교 대학원 박사학위논문.

오종숙 (2008). 레지오 에밀리아 교육을 적용한 유아들의 자화상프로젝트. 아뜰리에 교육연구소.

유승희·성용구 (2007). 프로젝트 접근법: 레지오 에밀리아의 한국 적용. 경기: 양서원.

이명조·배미희 (2007). 유아교육현장에서 쉽게 적용할 수 있는 프로젝트접근법. 동문사.

이선희·채지나·김미경 (2008). 체계 밖 시간에서의 어린이들의 일상적 대화. 한국레지오교육협회 현장연구발표회 자료. 한국레지오교육협회.

지옥정 (2002). 증보: 유아교육 현장에서의 프로젝트 접근법. 서울: 창지사.

지옥정 (2006). 유아교육현장에서의 프로젝트 접근법. 창지사.

하성수 (2008). 프로젝트 접근법이 비 장애학생의 장애수용 태도변화 및 태도 지속에 미치는 효과. 대구대학교 대학원. 박사학위논문.

하순련 (2008). 다중지능이론에 접근한 프로젝트 접근방법의 이론과 실제. 경기: 양서원.

한미영 (2009). 경험의 연속성 측면에서 프로젝트 접근법을 통한 초등학교 저학년의 학교생활 적응

연구. 대구교육대학교 대학원. 석사학위논문.

함종규 (1998). **학습지도.** 서울: 문음사.

Dewey, J. (1938). *Experience and education.* NY: Macmillian.

Katz, C. & Chard, C. S. (1989). *Engaging Children's mind: The project approach.* Norwood. NJ: Ablex publishing Corperation.

Katz, C. & Chard, C. S. (2000). *Engaging Children's mind: The project approach*(2nd). Stanford: Ablex publishing Corperation.

Kilpatrick. W. H. (1919). *The project method.* NY: Teachers College, Columbia University.

New, R. S. (1999). What should children learn? Making choices andand taking chances. *Early Childhood Resrarch & Practice*, 1(2).

Stewart. J. (1986). *The making of the primary school.* Milton Keynes: Open University Press.

저자소개

• 홍순옥: 경성대학교 유아교육과 교수

미국 California State University, Northridge 객원교수

일본 세이난 가쿠인 대학교 교환교수

• 임영심: 경북대학교 아동가족학부 교수

미국 University of Nebraska, Lincoln 교환교수

• 김창숙: 현재, 단국대학교 교직교육과 초빙교수

한양여자대학교 유아교육과 겸임교수 역임

교육부 장관상 수상 교과지도부분

그림유치원 원장

레지오 에밀리아 교육에서의 프로젝트 이야기

초 판 1쇄 발행 2013년 8월 31일
초 판 3쇄 발행 2018년 11월 1일

지은이 | 홍순옥 · 임영심 · 김창숙

펴낸이 | 김기섭
편집인 | 홍정희
펴낸곳 | 창지사 www.changjisa.com
153-802 서울시 금천구 가산디지털 1로 83 파트너스타워 1차 (9F, B1F)
전화 (02) 719-2211~3
팩스 (02) 701-9386
등 록 | 1977년 4월 28일 · 제1-421호

ISBN 978-89-426-0732-7 (93370)

값 16,000원